キリスト教概論

新たなキリスト教の架け橋

古川敬康
Furukawa Takayasu

勁草書房

推薦のことば

　本書は聖書そのものを初めて読んでみようとする青年たちのために書き下ろされた入門書である。これまで聖書について何度か耳にしたり，読みかじってきた青年たちも少なくないだろう。しかし，多くの場合，聖書は「おとぎ話」であったに違いない。初めから終わりまで，神とその独り子イエス・キリストが主人公で，すべてのエピソードが予定調和で起きてゆく。そのようなフラットで退屈な書物を，なぜ大学生になってまで講義で読まされるのか。

　本書は，その「おとぎ話」の背後に，生身の人間の経験と感覚が潜んでいることを，実に読みやすい言葉で明らかにして行く。聖書の人々は自らの経験と感覚で捉えた「意味」を，神とイエス・キリストを主人公とした「文学」に盛り込んだのだ。本書は「意味論的解釈学」を軸にして，その「文学」の読み方を現代の青年たちに取り次ごうとしている。

　どのような物語も，主人公が書いたわけではない。聖書の場合も同じである。書いたのは，どこまでも生身の人間である。「おとぎ話」を突き抜けて，どこまでその人間たち自身に迫ることができるか。本書はそのための最良の手引きとなるだろう。

東京大学名誉教授　大貫　隆

はじめに

　国内経済の行き詰まり，避けられない外圧によるグローバル化傾向，原発に象徴される経済的効率優先主義への体制批判など，現代の日本の「状況」を打開するには，これまでに当然としてきたことの全体を根本的に転換することがサバイバルへの道である，という認識が昨今普及した。しかし，依然として，東日本大震災の被災者の生活の回復と被災地の復興の課題は未解決であり，途上国と先進諸国に共通して所得格差の問題は深刻化し，自然の恩恵を脅かす地球温暖化の問題は予断を許さない段階にある。
　このような転換期の中で，世界と日本の危機的な現状を自ら意識し，これからの課題は何かを自ら見極め，それに取り組む積極性と創造性を自ら養う力が自分には与えられている，という「自分を信じる自己理解」を持つことが，若者には期待されていると言っても過言ではないであろう。
　このような課題に取り組む知恵を，明治維新から学ぶ人が昨今多い。その時代に教育界で最も功績のあった人物として，慶應義塾の福沢諭吉，同志社の新島襄，同人社の中村正直を紹介したい。まず，非キリスト者であった福沢の「『天は人の上に人を造らず人の下に人を造らず』と言えり」「ただ学問を勤めて物事をよく知る者は貴人となり富人となり，無学なる者は貧人となり下人となるなり」「専ら勤むべきは人間普通日用に近き実学なり」という英国の功利主義に基づく言葉は有名である。つまり，人間平等に生まれても，実学的な学問で差がつく，というのである。諸大家の説を写しとった写本がなくなった時に自分の学問がなくなった，というのは愚かである，という例えがある。実

はじめに

学とは、写しとる技術や知識のような一過性のものではなく、自分は「どう活かし、どう成長し、何に使うか」という「自分の説」（一己の定見）を見い出すことというわけである。つまり、自分にとっての「意味」を発見し活かすことが「実学」なのである。福沢の精神を受け継いだ小泉信三は、この実学を「万巻の書をよむより、優れた人物に一人でも多く会うほうがどれだけ勉強になるか」という言葉で表現した。次に、キリスト者であった新島襄は、「自由」と「良心」に立つ人間育成をめざすキリスト教主義による人格教育を施した。その良心とは、一人ひとりの個性と人格を丁重に尊重することであった。個人の自由と良心を尊重し、個人の自由と良心による国家と国際社会の形成を目指したと言えよう。両者の間の折衷的な存在として、中村正直がいる。彼は、英国に留学し、キリスト教が英国の根幹をなしていると見て、帰国後、禁令であったキリスト教の宣教の自由を主張し、自らキリスト者となり宣教に参加した。晩年、仏教と儒教をも融合した。彼の訳したサミュエル・スマイルズ『西国立志編』（Self-Help with Illustrations of Character and Conduct）は、多くの「人物と行動」から自分を活かす知恵を学ぶことを奨励するものである。

本書は、三者の知恵の習得方法を、聖書解釈方法に取り入れた。その方法とは、聖書というテキストが語る内容である人物とその行動を、自由に学問的良心にしたがって批判的に咀嚼し、そのテキストの伝えようとしている「意味」がわれわれをどういう行動へ駆り出そうとしているかを、学びとる方法である。この方法で、聖書と向き合った結晶が本書である。

本書は、キリスト教を知らない若者向けの「入門書」である。しかし、キリスト教の知識や情報の書ではない。むしろ、キリスト教の目指す「人格的人間形成」と「われわれの行動」を聖書全般の流れにわたり手引きしつつ、共に人生の新しい意味を探し求める「旅」のような入門書である。

ここに収めた30項目の選択に当たっては、読者が、今までとは異なる自分自身を発見したり、新しいことに興味を抱くようになったり、今までは思いもしない考え方に触れたり、あきらめていたことをもう一度やってみようとするチャレンジ精神がわいてきたり、生きることがこれまで以上に面白いと思うようになることが起きるような内容のものであるかどうかを念頭においた。読む途中で、ぜひ、聖書を座右におき、気になる箇所や興味のある箇所の前後に目

を通していただきたい。

　一般には，「あっさりした入門書」が多い。昨今，聖書の批判的解釈の方法には大きな変化があり，これまで「史実」を追求する歴史的批判の方法が主流であったが，新たに聖書テキストの「意味」を探求する文学的批判の方法が提唱されたのである。この変化を本書に反映する工夫をした。本書は，事実は事実として踏まえ，その上で，「聖書のこの箇所は，本当は何を訴えようとしているのか」という問いを持ちながら，意味を探求する立場で，聖書全般の30項目を記している。いわば，意味論的解釈学の立場を軸に，両者を補完的に用いている。しかし，聖書解釈は，時代の課題の変化とともに推移するので，それを反映させたいが，筆者一人では「改善 remedy」に力が及ばない。光栄にも，神学生時代からご指導をいただいている守屋彰夫先生（東京女子大学教授）には旧約聖書についてのご指導を，日本新約学会でもご指導をいただいている大貫隆先生（東京大学名誉教授）には新約聖書についてのご指導をいただくことで，学術面でもより親切で丁寧な入門書になったのではないかと思う。

　これに加えて，草創期のバイオエシックス（生命倫理）を国際的に牽引された木村利人先生（恵泉女学園大学前学長，早稲田大学名誉教授）に，ここまでのお話を申し上げたところ，「それなら，本の題には，副題にでもいいから『新しいキリスト教の架け橋』というのが相応しいし，多くの人が読めるようになったら良いことです」とご教示下さった（先生は「幸せなら手をたたこう」の作詞者でもある）。その「架け橋」の意味は，本書が精神科医の V. フランクルの意味論や，WHO の「健康の定義」，環境破壊，ナチによるホロコーストやルワンダ内戦のジェノサイド事件，さらに，仏教の輪廻の思想などを取り入れており，これらの他の分野との架け橋となるキリスト教入門書ということにある。キリスト教を知らない学生のための本書を，そのような「架け橋」となる一般向けの入門書としても手に取っていただければ，幸いである。

　構成としては，第1章は緒論である。その第4節は聖書全体の紹介なので何度も読んでいただきたい。第2章は私たちの根本問題を扱い，第3章はその解決としてのイエス以前の聖書文学を紹介する。その最終的な解決は，「キリスト」の出現を待つという開かれた終わり方をする。第4章は「イエスがそのキリストである」というキリスト教の誕生を扱う。第5章は「生前のイ

はじめに

エス」に迫り，第六章はイエスの死後に誕生したキリスト教の信仰，希望，そのエイジェントである教会を紹介する。

聖書の代表的な用語の読み方

用語	読み	意味
主	シュ	神の別名で「ヤハウェ」の訳
出エジプト記	シュツエジプトキ	エジプトからの解放・脱出の物語の書
申命記	シンメイキ	旧約聖書の第5番目の書
十戒	ジュッカイ（ジッカイ）	神から与えられた10の戒め，ユダヤ教の憲法に相当
安息日	アンソクビ	週の第7日目。一切の仕事を止め休む日
割礼	カツレイ	アブラハムから始まった男子の前の皮（性器の包皮）を切断する儀式
義	ギ	罪の反対。義しい（タダしい）こと
罪	ツミ	義の反対。神との契約に違反すること
咎	トガ	神から責められる行為
罪人	ツミビト	罪を犯す人
贖罪	ショクザイ	罪を贖う（ツミをアガナう）こと
燔祭	ハンサイ	祭壇で全てを焼いて神に捧げる犠牲
過越祭	スギコシサイ	出エジプトを記念する祭（旧約の3大祭の1つ）
五旬祭	ゴジュンサイ	「過越から50日目」の意味。十戒の授与を記念する祭（旧約の3大祭の1つ）。キリスト教では教会誕生の記念日
仮庵祭	カリイオサイ	秋の果実の収穫を祝う祭（旧約の3大祭の1つ）
霊	レイ	それ自体は見えないで働きをする存在。風，息，魂など
聖霊	セイレイ	神とキリストの霊
悪霊	アクレイ	疾病などをもたらし，その最高統率者はサタン
陰府（黄泉）	ヨミ	死者の住む世界
架刑	カケイ	十字架による刑
甦り	ヨミガエリ	復活
顕現	ケンゲン	復活のイエス・キリストが人の前にあらわれること
高挙	コウキョ	キリストが神により天に上げられること
現臨	ゲンリン	神やキリストがともにいること，臨在ともいう
再臨	サイリン	世の終わりにイエス・キリストが再び来臨（ライリン）すること

目　次

推薦のことば　　　　　　　　　　　　　　　　　　　　　　　　　i
はじめに　　　　　　　　　　　　　　　　　　　　　　　　　　　iii

第1章　現代とキリスト教　　　　　　　　　　　　　　　　　　3
1.1　科学の時代にキリスト教を学ぶ意義 ....　3
1.2　聖書とイエス・キリスト ....　7
1.3　聖書の世界：意味論的解釈 ....　12
1.4　聖書の構成と概要 ....　17

第2章　私たち人間の根本問題　　　　　　　　　　　　　　　　27
2.1　人間の関係性：「イマゴ・デイ（神の像）」の意味するもの .....　27
2.2　アダム物語：関係性と高慢 ....　32
2.3　カイン物語：自尊心と嫉妬 ....　38
2.4　バベルの塔物語：関係性と権力欲 ....　43

第3章　旧約聖書の文学：「救い主・キリスト」待望論への道　　49
3.1　アブラハム物語：関係性回復の使命と信仰 ....　49
3.2　ヨセフ物語：関係性回復と思考的次元 ....　55
3.3　出エジプト物語 ....　60
3.4　ダビデ物語：関係性回復にとってのリーダーの在り方 ....　66
3.5　「ソロモン王から南北王朝」物語 ....　72
3.6　預言者の活動：体制批判と「救い主・キリスト」待望論 ....　79

目 次

第4章　イエスとキリスト：キリスト教の誕生　　89
4.1　イエスの死後にキリスト教が誕生したなぞ......................89
4.2　イエス・キリストに対する2つの信仰......................93
4.3　イエス・キリストの復活......................99
4.4　イエス・キリストの神性と人間性：まことの神・まことの人....105

第5章　新約聖書の文学：豊かな内容への福音の拡張　　113
5.1　イエスの説く「神の国」......................113
5.2　弟子たちの選び......................118
5.3　手本としての主体的愛：「我と汝」「アガペーとエロース」......125
5.4　イエスの生命を賭けた無条件の赦し......................131
5.5　イエスによる全人間性回復の癒し......................137
5.6　「ゲッセマネの祈り」に示されるイエスにとっての苦難の意味：喪失と癒し......................144
5.7　イエスの死に見る逆説的勝利......................150

第6章　新約聖書の示す希望：イエス・キリストを信じる者の幸い　　157
6.1　逆説的弱さ：恵みを体験する「実存」としての弱さ............157
6.2　実存的自由：近代の人権的自由と実存的な救済的自由..........163
6.3　真の平和を目指して：世界人権宣言の基礎となっている聖書の示す「平和：シャーローム」......................170
6.4　永遠の生命への希望：美しい新しい国・世界への旅立ち........175
6.5　福音のエイジェント：教会とは......................182

註　　191
むすび　　201
索引　　203

キリスト教概論
新たなキリスト教の架け橋

第1章　現代とキリスト教

1.1　科学の時代にキリスト教を学ぶ意義

　読者のほとんどはキリスト教を学ぶことが初めてで，これを学んで何になるのだろうと思っている者も少なくないであろう。「学ぶ」とか「教育」が意味を持つのは，学ぶ者に変化が起きることにあるが，結論から言えば，現代的なその意義は，次の2つであろう。1つは，自分の尊さに気づくことである。もう1つは，科学を用いる責任ある人間としての自分の人間性を養うことである。聖書は，この2つを，「イエス・キリストの示す神に対する信仰」によって育まれると教えているが，しかしキリスト教学は，宗教ではなく「学問」である。つまり，聖書の記す人間の尊厳と人間性を科学的に究明する学問である。人類史的には，学問は，人間の文化を築くためにあることから，以下では，「教育」と「文化」の観点から，キリスト教を学ぶこの2つの意義を見よう。

1.1.1　科学的教育の時代にキリスト教を学ぶ意義
　明治維新以後の日本の教育は，近代化を成し遂げた欧米諸国を追い抜くことを目指してなされた。そのため，近代産業に必要な人間育成を求め，数学と外国語（英語）を必須とし，科学的な客観的知識に基づく学問の教育が重視された。この点は，戦後の教育も一向に変わっていないと言えよう。
　科学的教育は，習得した知識を試すことで人間の成長というものを測る。こ

第1章　現代とキリスト教

れは現代の試験でも同じである。評価の公平性の観点から，評価の客観性が求められ，その客観的で確かなことの一つとして知識の有無が重視される。そこで，入学試験や資格試験では，一般に，受験者の知識の有無を問うことが主流を占めやすいのである。この傾向を反映して，受験を目指す者は，受験準備に役立つ科目とその科目の中でも合格に直結する事項には興味をもち時間を使うが，それ以外には無頓着というのが現状である。

　学校の選択では，良い就職へ直結する大学や短大，その学校へ直結する高校への受験という線でなされるのが主流である。入学後の履修科目の選択も，一般に，この線でなされていると言えよう。このように，日本では，小学校から高等教育機関に至るまで，客観的な知識の教育が主流となっている。

　しかし，ここに現代教育の落とし穴が潜んでいる。すなわち，近代以降，今の日本も含め先進諸国の人間は，科学の成果と歩調を合わせて自分の力を数値で測れるもの，つまり，見えるものによって判断してきた。たとえば，国家は，科学の進歩による生産力や経済力，それに軍事力などによって，国力を測ってきた。国民も同様に，自分の拠り所を，自分の属する企業の経済規模や力，その恩恵である個人的な経済力などに見出す者が少なくない。しかし裏を返すと，現代人は，このような見えるものが見えなくなったときに，実にもろいということになる。というのは，自分の価値も生きる意味も，見えるものに依存しているからである。近年，一家の支柱である働き盛りの中高年が経済的不景気による失業や倒産に直面し自殺するケースが非常に多くなっているが，見えるものに依存する価値観や生きる意味の喪失との関係は決して小さくないであろう。生徒や学生も，就職や受験での見通しが利かなくなった時に，自分の将来がもうないかのように思いつめ，自分自身の価値や自分が生きる存在意義にすら疑問を抱くに至り，ややもすると絶望的になってうつ状態になる。生きる気力もやる気も失い，以前よりも勉学不振となってしまう。古代人が，運命や神々に見捨てられたと思う時に，生きる力を失ったのとどこか似た現象と言えるかもしれない。

　キリスト教は，古代人にとっては，「あなたは神に見捨てられることはない」というメッセージであったが，現代のわれわれにも同じなのである。すなわち，それは，「見えない神の愛に目を向けよ」と語りかけ，私たちすべて

に「生きよ」と語りかける，神の愛のメッセージなのである。あなたの尊さは，科学的知識の有無や多寡によって，一切左右されない。あなたは，かけがえのない人，あなたという人間は，あなたであることが貴い。聖書はこのことを次のように神のメッセージとして記している。

    あなたはわが目に尊く，
    重んぜられるもの，
    わたしはあなたを愛する[1]

1.1.2 科学による「文化」の時代にキリスト教を学ぶ意義

　近代の科学は，ニュートン（1642-1727）に始まる。彼は，『回想録』に，数本のりんごの木陰で茶を飲んだ時のことを，「昔，万有引力の考えが心に浮かんだときとそっくりだ」と記している。彼は，力学と天文学とを結び合わせ，果実を落下させる地球の引力（重力）が月にまで及んでいるのではないかと発想し，あの有名な「万有引力の法則」を打ち立てたのである。

　ニュートンら近代科学者は，ガリレオ（1564-1642）のいう「宇宙という書物は数学の言葉で書かれている」という宇宙観にみられるように，科学は宇宙の創造主である神（聖書の創世記1章）の意思を探求するものという点で共通していた。すなわち，宇宙は「造物主である神が書いた書物」であるとし，科学は「宇宙という書物を読む行為」であって，同時にその著者である「神の宇宙制作の意図を読み解く作業」であると信じていたのである。

　しかし，19世紀後半から20世紀にかけての科学の急速な発展により，ニーチェ（1844-1900）の「神は死んだ」という言葉に象徴される時代となった。すなわち，宇宙はもはや神の作品ではなくなり，まさに著者を失い著者を必要としない「それ自体で存在するもの」となった。「神の死」以前における科学は，宇宙に存在するものを調和する法則的秩序を，神の人類創造の意図から発見することを目的としたが，今や，神の死によって「神なき科学」となり，一体，誰の意思を尊重し，誰のために科学を用いるのかということの基準となる物差しを失ったのである。では，この変化は，どのような科学の歴史を生み出すことになったのであろうか。

第1章　現代とキリスト教

　近代において，科学の性質が一変したことを象徴すると思われる事件が，3度起きている。

　1つ目は，1851年にロンドンで開催された第1回万国博覧会で起きた。当時「世界の製鉄所」といわれたイギリスを尻目に，プロシアのアルフレート・クルップのクルップ工場製の6ポンド野砲が，階段正面展示室に展示され，最高賞を得たのである。それまでは平和の道具であった科学が戦争の道具でもあることが示され，われわれに不安をもたらすものとなったのである。

　2つ目は，世界が第1次世界大戦（1914），そして第2次世界大戦（1939）を体験したことである。しかも，ナチスドイツは，ただユダヤ人という理由だけで，無差別に600万人ものユダヤ人を殺害した。これは，ヨーロッパの全ユダヤ人800万人の75％に当たる。殺害の手段は近代科学の先端技術を駆使して行ったものであった。

　3つ目は，米国によって広島と長崎に投下された原爆である。無数の貴い命が一瞬にして犠牲者となった。ここに至って，科学というものは，人類の進歩に寄与する以上に，人類にとって危険な存在となることが歴史上明らかとなったのである。

　21世紀になり，テロ，米国のイラク侵攻，多国の核兵器開発に見られる戦争勃発の危機，地球温暖化や原発事故による環境破壊など，科学の目覚しい発展が，皮肉にも今日では人類の生存そのものを脅かしている。本来，科学には宇宙論であると同時に人間の生存の調和的秩序を明らかにするコスモロジーとしての意味があった。今や，本来の科学を復権させることが，課題といえよう。

　しかし振り返ると，科学は，あくまでも人間の道具である。それを用いるのは人間であり，すべては，科学を開発し用いる人間の人間性にかかっている。人間性とは，人間としての質である。

　物理学者であるアインシュタインによると，科学は「存在」を扱うにとどまる。つまり，物事は実際にどうであるかを探求するものである。英語ではbeの問題であり，ドイツ語ではsein ザインの問題である。これに対し，人間性に問われていることは，「当為」である。すなわち，物事をいかに用いるかという英語のshouldの問題であり，ドイツ語のsollen ゾレンの問題である。そ

して，真の問題は，人間性をどこで養うのかという課題である。アインシュタインは，この課題への答として，ユダヤ・キリスト教をあげる。キリスト教も仏教も，宗教とは本来そのように人間性を養うものであろう。

1.2 聖書とイエス・キリスト

1.2.1 古典文学としての聖書

　世界で最も読まれてきた聖書は，人類にとってベストセラーとなっている古典文学である。古典というものは，長い人類の歴史の淘汰を経て人類遺産として残った文学の頂点にある作品群である。ホメロスの『オデュッセイア』，紫式部の『源氏物語』，シェークスピアの『ハムレット』など，時代を問わず，どこの国のどの民族の人が読んでも，生きることについて考える示唆を与えられるような，得るところが大きいものが古典である。古典文学の特徴は，それ自体の文化や時代，民族を超えて，文字通り，人類の宝となっていることにある。聖書は，そのような文学である。

　ここで読者には，一つの断りが必要である。「古典」，中でもギリシア時代の作家や聖書文学の時代の著者たちには，事実（fact）とフィクション（fiction）との区別がわれわれの近代感覚のようにはなされておらず，その線引きが曖昧なままに作品が作られている。テリー・イーグルトン（英国，文芸批評家）によると，両者を区別しようとすること自体が問題なのである。

　もう一つ断ると，「聖書は文学である」という説明に，一般の読者が「なるほど」と思っても，後で述べるように「信仰の正典」ということで躊躇を感じるキリスト者も少なくはないのである。しかし，昨今，筆者と同じ立場の神学者は，ユダヤ教の立場では，ロバート・オルター，メイアー・スターンベルグなどがおり，キリスト教の立場では，デイビッド・ロバートソン，ノースロップ・フライ，ポール・リクールなど多いのである。

　「聖書は文学である」とは，聖書が人間の作品である，ということである。聖書の中の分かりやすい例として「雅歌」という書物を紹介しよう。以下は，第2章からの引用で，若者とおとめとのやり取りである。

第1章 現代とキリスト教

（若者の歌）
おとめたちの中にいるわたしの恋人は
茨の中に咲きいでたゆりの花。

（おとめの歌）
若者たちの中にいるわたしの恋しい人は
森の中に立つりんごの木。
わたしはその木陰に慕って座り
甘い実を口にふくみました。（略）
ぶどうのお菓子でわたしを養い
りんごで力づけてください。
わたしは恋に病んでいますから。

一読してわかるように，雅歌は純文学である。次の項目で触れることであるが，聖書に収容されている作品はどれも，もともと「聖書」として書かれたものではない。後世の信仰者の会議で，正典としての聖書に収容することがふさわしいかどうかを判断する基準などを定め，一つ一つの作品につき吟味している。雅歌は，実際の男女の恋愛歌であって，元来，信仰とは何ら関係がないものであるが，その2人の愛の美しさと純粋さに魅せられ，聖書に収められた。男女の恋愛関係を神と信仰者との素晴らしい関係の表現（正確にはメタファー）として転用したのである。

ここで挙げなくてはならないことは，聖書に収められた作品については，聖書自らが「聖書はすべて神の霊の導きの下に書かれ，人を教え，戒め，誤りを正し，義に導く訓練をするうえに有益です」[2]と記していることである。純文学である雅歌の恋愛歌も，1回も「神」という言葉が出てこなくても神の霊感を受けて書かれた文書ということになっている。

もちろん，文学と言えるには，広い意味での著者（編集者なども含む）による作品として，ある文学的意図とその達成のための構造が必要である。聖書には，神と人間の関係を示すという文学的な意図と構造がある。先の雅歌を例に取ると，関根正雄という聖書学者は次のように整理している。

- 雅歌は，元来は男女間の「世俗的」な愛の歌である。
- 全体として文学的構造が認められる「芸術的作品」である。
- 「エローティクの昇華，醇化を通しての抒情詩の成立」となり，性的な関係の精神性を「神秘主義的なもの」へ近づける道を開いたものである。

つまり，雅歌は，元来は世俗的恋愛歌であるにも拘わらず，このような文学作品性を通して，神と信仰者（その共同体）との神秘的な関係を表現するものとして，聖書の一部となっている。

1.2.2 信仰の正典としての聖書

聖書は，キリスト教の正典である。正典とは，「まっすぐな棒」を意味するカノンの訳であって，それが教義の基準や信仰生活の規範として「特別な権威」を与えられていることを意味する。ここでは，正典としての位置づけを述べることにとどめ，構成や内容は第4節で述べることにする。

聖書には，「旧約聖書」と「新約聖書」とがある。区別は，書かれている時期がイエス・キリスト出現の前後いずれかによる。元来，聖書には，今の聖書全体の4分の3を占める旧約聖書と呼ばれている部分しかなく，ユダヤ教では，今でもそれが聖書である。旧約聖書は，「キリストの出現を約束し予言している書物」である。キリストというのは，一つの称号であって，もともとはイスラエルの「王」を意味していたが，救いのもたらし手であるということで，キリストは「救い主」を意味するものとなった。

では，出現が約束されているキリストは，一体，いつ出現したのであろうか。ユダヤ教では，その出現はまだないとする。そこで今も，その出現を待っている。しかし，イエスの弟子たちは，自分たちの先生であるイエスが十字架の上で殺害された後で，「このイエスこそ予言されていたキリストである」と信じた。「イエス・キリスト」とはこの信仰を端的に表した用語であり，こう信じる弟子たちにより誕生したのがキリスト教である。その伝道によりキリスト者が増え，そればかりか，イエス・キリストを証言する文書がいくつも書かれた。これらの文書は，ユダヤ教の「聖書」に対して「聖なる文書」と呼ばれた。聖なる文書には，イエス・キリストによる「新たな契約（新約）」が記さ

れている。それは，イエスの人格を通して神の支配（神の国）が実現するという契約である。この聖なる文書が，いろいろに取捨選択される経過をへて，やがて新しい契約の書として「新約聖書」と呼ばれるものとなったのである。

キリスト教の側では，新約聖書を聖書に加えた。しかし，その際に大変なことが起こった。ユダヤ教の聖書を，「古い契約の書」として，「旧約聖書」と呼ぶことにしたのである。つまり，旧約聖書という呼び名は，あくまでイエス・キリストによる新たな約束（新約）を重視するキリスト教の側の呼び方なのである。ユダヤ教の側では，イエス・キリストを否定しているので，新約聖書を聖書に含めないのである。

ユダヤ教の聖書，つまり，キリスト教にとっての旧約聖書は，ユダヤ人によってヘブライ語で書かれ，広く「ヘブライ語聖書」と呼ばれ，39巻からなる。39巻に整ったのは1世紀の終わりである90年頃，パレスチナのヤムニヤ会議においてである。この会議は，ユダヤ教のラビ（教師）で構成された会議であった。キリスト教の中でも，プロテスタントはこの39巻に限っているが，カトリックでは，「外典」「偽典」と呼ばれる文書も含めている。

新約聖書は，「イエスはキリストである」という信仰に基づき，当時の世界の共通語であるギリシア語で記されたもので，27巻からなる。50年頃から150年頃までに書かれたキリスト教の文書は多く存在するが，397年のカルタゴ会議で，現在の新約聖書にある27巻だけを正典と定めた。

聖典とする判断基準は，紀元後2世紀には，合意による形成がされていたらしい。すなわち，当の文書の内容につき，まず①神に関しては，神が「唯一」であり，天地を創造し隅々まで支配し，この世界が人間にいかに損なわれても受容する決断をしている方であること，次に②キリストに関しては，神と等しい方として天地創造に先立って存在する「先在」の方で，かつ，人間のあるがままにすべてを無条件に受容する神の支配を実現するために，本当の人間として生まれ「受肉」した方であることを記していること，この2点である。

このような聖書は，現在では，ユダヤ教（旧約聖書），キリスト教（新・旧約聖書），イスラム教（新・旧約聖書とコーラン）にとって，欠かせない存在となっている。イスラム教は，「コーラン」を加え，旧約聖書の「ヤハウェ」という神と新約聖書の「イエス・キリストの父なる神」を，唯一絶対の「神・アッ

ラー」と同一視としている。ユダヤ教徒，キリスト教徒，イスラム教徒を合わせると，世界人口の約半数となる。つまり，2人に1人が聖書を読んでいるのである。

1.2.3 聖書の中心としてのイエス・キリスト

キリスト教では，聖書の中心はイエス・キリストである。新約聖書はイエスの言葉として，「あなたがたは，聖書の中に永遠の命があると考えて，聖書を研究している。ところが，聖書は，わたしについて証しするものだ」[3]と記している。ここの「聖書」とは旧約聖書のことであるが，新約聖書もイエス・キリストを証しするために書かれている。つまり，聖書全体が，イエス・キリストが聖書の中心であることを書いているわけである。

一体，イエス・キリストがどういう意味で聖書の中心なのであろうか。聖書では，イエス・キリストは，「神の子」とか「(神の)独り子なる神」と呼ばれている。このイエスが「父」として呼びかけ，われわれに指し示した神が「父なる神」である。父なる神や子なる神から送られて，われわれに宿り，イエス・キリストへの信仰をひき起こす神の霊は，「聖霊」と呼ばれている。

聖書も聖霊も，われわれをイエス・キリストへ導き，イエス・キリストが，われわれに父なる神を指し示し，父なる神がどのような方であるかを明らかにするのである。

古代世界では，ヨセフスの『ユダヤ古代誌』や『バビロニア・タルムード』というユダヤ教文献でも，セラピイオンの手紙やタキトゥス『年代記』という非ユダヤ教文献でも，イエスの実在性を疑うものはいなかった。

新約聖書のイエスに関する記述を検討すると，原始（初期）キリスト教団にとっては不利となる記述が種々ある。典型的なものは，原始教団の信仰では，イエスは，罪がなく，しかも，イエスの先生であったバプテスマのヨハネという人物以上の存在とされているが，聖書には，ヨハネから「罪の赦しを得させる」バプテスマという儀式を受けたことが記されている[4]。これでは，イエスに罪があり，ヨハネ以下の存在ということになってしまう。この記述は，原始教団には，信仰に反する不都合で抹消したい事件だったに違いない。それをあえて記述しているからには，この事件は実際にあったことであろう，という主

張がなされている．つまり，イエスが実在していたことの間接証拠になると言うのである．

実は，イエスの実在については，19世紀にドイツのブルーノ・バウァーという学者が詳しい資料をもとに否定している．20世紀でも，ロンドン大学教授 G.A. ウェルズが1971年に否定したが，彼は2009年に肯定へと変わった．

1.3 聖書の世界：意味論的解釈

1.3.1 古典文学としての読み方

日本のわれわれが『源氏物語』を読むとすると，まず古語辞典，古語文法の本が必要となる．さらに著者である紫式部の時代についての知識もある程度は必要である．それは，当時の文化を知り，当時の習慣などを知らないと，テキストの意味が分からないからである．シェークスピアの作品を読むにしても同じである．そして，この点は聖書も同様なのである．聖書の書かれた時代の文化，すなわち，制度，風俗や習慣などを知っていると，「テキスト」（読んでいる箇所）の意味が浮かび上がってくる．たとえば，「だれかがあなたの右の頬を打つなら，左の頬をも向けてやりなさい」という有名な言葉が，マタイによる福音書第5章39節にある．われわれの日常生活では，自分の右の頬が打たれるには，相手が左手で叩かないと無理である．では，マタイは相手が左手で叩く場合を想定しているのか，というとそうではない．当時の文化には，人が他人を侮辱する際には利き手の甲（裏）で相手の頬を打つという習慣があった．そこで，当時の読者なら，ここの言葉から「だれかが，侮辱するために，右手の甲であなたの右の頬を打つなら，反対側の頬も向けてやりなさい」という意味を了解したのである．このように，聖書を読むに当たっては，読んでいるテキストがいつごろの時代のどういう文化や習慣などを前提に書かれたかという知識を提供する本が手元にあると便利である．岩波書店の新約聖書や旧約聖書などは，必要最小限の註が施されており分冊でも購入でき便利で使いやすい．

『源氏物語』は何のために書かれたのか，という意識をもって読むと，面白

さは幾倍も増し，書いた紫式部の心も見えてくる。その心を，古くは「司馬遷の筆法を学ぶ」ことにあるとし，時代を下って，本居宣長は「物のあわれ」にあると言った。他にも，実らぬ恋を描くことで，俗世と仏門との間を行き来する人間の悶える姿を描くことにあったとする見解など様々である。いずれも，テキストの主題を問うもので，専門家の間でも一致しない。聖書テキストの解釈でも同様である。

　例として，「福音書」という文学形式を創作しイエス物語を最初に書いた『マルコによる福音書』を取り上げてみよう。2 世紀前半のヒエラポリスの司教パピアスは，イエスの弟子ペトロの語ったことを，ペトロの弟子であるマルコが正確に記すことを，その主題と考えた。しかし現代の多くの学者は，マルコの本意は別なところにあるとする。すなわち，当時の読み手であるキリスト者の状況を調べると，彼らは苦難のさなかにいた。彼らの間には，イエスが死者の中から復活したという信仰があり，イエスの死者の中からの復活のお陰で，自分たちはもう苦難を味わうことなく復活に至るのではないか，という夢のような思いが広がっていた。その誤解を修正するため，マルコは，イエスが十字架による処刑という苦難と死を経たからには，イエスに従う彼ら自身も同様な「苦難」を経ることを覚悟する必要があるということを暗示し悟らせた。このように，マルコによる福音書の意図は，復活という素晴らしい出来事の前に，まずイエスの苦難と同様な苦難という実際の体験があることを述べ，地に着いた信仰生活を促す点にあったと解釈されている。同時に，彼らと同じ思いに至りやすいわれわれへの警鐘とも読める。

　このようにテキストの解釈で重要なことは，どのような問題に直面している状況下の読者に向かって書かれ，何をテーマとして訴えているのかを意識して読むことである。

1.3.2　「文学のテキスト」として読む解釈行為：意味の探求

　聖書のテキストの主題を探求する方法として，近代科学の思考形態が聖書の読み方や解釈の方法に大きく影響を与えてきた。その思考形態は，原因−結果の事実関係を合理的に追求するものである。しかし，現代においては，事実そのものよりも「私たちにとっての意味」が重要なのであるという反省がなさ

れ，その反省は聖書テキストの解釈の方法にも影響を及ぼしている。

　科学の時代には，事実を探求する実証主義（positivism）が支配的である。というのは，事実だけが信頼できるものという風潮が起きたからである。以来，聖書の解釈でも，事実の探求を重視する傾向が一般的である。それは，聖書解釈に，理性的な合理性を取り入れた実証主義的な取り組みといえよう。すなわち，「事実は一体どうなのか」ということが問題であるから，聖書の記述の中でも，事実と非事実とが区別されることが重要となるのである。

　聖書の中の福音書を例にとって説明しよう。福音書はイエス物語を記しているが，そこには生前のイエスの実際の発言や行動の「事実」の記述と，福音書を書いた記者の手による「作り話」などの付加的な記述とが混在していることが，聖書学者の間では広く認められている。

　実証主義的な立場では，どのように読むかというと，何よりも生前のイエスに迫ろうとし，実際に生前のイエスが語り行動した事実の探求に焦点を合わせようとする。そのために，まず聖書を文字通り「そのまま」には読まない。文字通りに読むのは生前のイエスの言葉と行動だけに限られる。特に問題となるのが，イエスによる奇跡物語である。たとえば，ルカによる福音書第5章1節から11節に，大工育ちで漁は素人のイエスが，不漁を嘆く漁師の兄弟に，もう一度網を下ろすよう指示し，兄弟が指示に従って網を下ろすと大漁となったという物語がある。また，イエスが手のなえた人を癒す奇跡を行ったという物語，イエスが風と荒波を鎮めたという物語もある。聖書が記すイエスのこれらの奇跡を事実と読むのか作り話と読むのかが，実証主義的解釈では決定的な問題となるわけである。

　実証主義的な聖書解釈は，史的事実の探求をテーマとし，その事実に迫るために，史的事実と作り話などの加筆部分との峻別作業を行う。峻別の判断には，解釈者の客観的基準に基づく主体的決断が必要となる。その区別に当たり，大貫隆氏が提示している判断基準は，現代のわれわれの感覚からみて一つの有効な助けとなる。すなわち，まず，単純に形式的に近代科学の法則だけを基準とする割り切り方が避けられている。その上で，病気の癒しは福音書での記述の回数が多いことから，イエスによるその癒しには史実性があると見ている。しかし近代以前の自然法則からみても，経験則上はありえない奇跡の記述

1.3 聖書の世界：意味論的解釈

は，作り話であるとしている．厳密には，言い伝えの段階での作文か，あるいは福音書記者による作文かといった，差があるかもしれない．作り話の例として，イエスによる死者の蘇生行為や水上歩行の物語があげられている．

実証主義的な解釈に対して，文学批判的な立場からの解釈は，史的事実の伝達が聖書のテーマではなく，その史的事実がわれわれ人間に対してどのような「意味」を持っているかを明らかに示すことが聖書のテーマであるとする．すなわち，聖書は，ある史的事件を信仰の立場から出来事として解釈し，その意味を伝達しようとするものである．聖書解釈にとって，信仰の立場から見た事実の出来事としての意味が決定的であるとする．

具体的な説明のために，ここでは，「イエスの十字架の死」を取り上げよう．十字架は，奴隷の重罪者や州の反逆者に対するローマ帝国の処刑法であった．イエスの死は，ローマ帝国の立場から見れば，単に「民衆を扇動した犯罪人の死」である．また，ユダヤ教徒には，「キリストを自称して神に呪われた者の死」でしかない．しかし，イエスの弟子たちにとっては，「キリストの死」なのである．このように，同じ史的事実がもつ意味は，立場の違いによって異なる．問題は，その事実を指し示している「指」がどの立場の者の指であるかなのである．すなわち，イエスを指し示す指が，ローマ帝国の立場に立つ者の指なのか，ユダヤ教の立場に立つ者の指なのか，それとも，イエスをキリストと信仰する者の指なのかが問題なのである．

そこで，聖書は，読む者に対して，この出来事の意味を読み取るように要求していると言えよう．たとえば先の「病人の癒し」を例にとる時，実証主義的な解釈では，それが史実か作り話かが決定的なことであるが，文学批判的な解釈では，作り話は，大貫氏が「生きるために必死な『作り話』」と言うように，読者に何とかして事件の出来事的な意味を伝え訴えようとする，著者の真摯な修辞学的工夫なのである．作り話は，事実ではないが，「真実」なのである．したがって，病の癒しの奇跡物語で究明すべき意味は，医療行為がなされたという「報告的意味」よりも，神が介在しわれわれ人間を救済し元のように回復したという「出来事的意味」なのである．

出来事的意味を，詳細に分析すると，内容的には次の2つのことから成っている．1つは，テキストが読み手に対して何を述べようとしているのか

(What does the text want to say?）という意味である。もう1つは，テキストが読み手の内に何を惹き起こそうとしているか（What does the text want to do?）という意味である。テキストは，読み手の内に，テキストによる出来事が起きる，実存的な変化を期待しているのである。「実存的変化」とは，人間存在として自分が変わることである。聖書テキストによるこの変化を，「テキスト的衝撃（textual impact）」という（この考えは，説教学者Dr. Thomas Longに負う）。

1.3.3　解釈の対象としての「テキスト」の意味

　実証主義的な解釈においては，「テキストの背後にある事実（facts behind the text）」が重要であるが，文学批判的解釈にとっては，「テキストの前面に見出される意味（meanings in front of the text）」が重要である。

　実証主義的な聖書解釈にとって，テキストは事実を見出すための「ドキュメント的資料」である。いつ，どこで，誰が，何のために，何について，どのように書いたかを知る資料である。先の例で言えば，福音書は，生前のイエスの言動を取り出すための資料であって，その取り出した事実から生前のイエスの実像を再現し，その本音をも読み取ろうと作業するのである。「作り話」などの加筆部分と判断された箇所は，史的事実を知る上での二次的な価値をもつ資料となるのである。

　これに対し，文学批判的な聖書解釈にとって，テキストは，その意味を汲み取ろうとする場合に，一旦，文学作品として成立する。すると，H. ガダマーが述べているように，他の文学作品と同様に，テキストはその実際の著者の手を離れ，独立した書物となる。つまり，究明すべきものは，実際の著者の内面的な意図ではなく，文学作品から読み取れるテキスト上の意味になる。文学作品は，読者に伝えたい意味を作品上に浮かび上がらせる技法として構想ないし筋（plot）を創作する。読み取る側からすると，どのような筋道で物語が展開しているかという問題である。解釈の作業は，登場人物，登場人物や作品が全体として主張する価値や規範，それに対立的な人間関係や事件に注目して，作品が訴えている意味を究明することになる。実証主義的解釈と異なり，テキストの背後にある事実，すなわち，実際の著者，執筆時代，場所などは，テキストの意味究明のための二次的資料に留まる。これは，先に述べたように，一般

の古典文学を読む場合と同じである。

1.3.4 聖書解釈への本書の姿勢：史的な出来事とその意味の探求

　キリスト教は，仏教のような悟りの宗教とは異なり，イエスの十字架刑による処刑という史的事実に基づいて成立している。聖書テキストの背後にある，この史的出来事から離れた解釈は，キリスト教信仰に基づく聖書の意味を探求することには通じ得ないであろう。その意味で，史的事実を探求する実証主義的な解釈を踏まえる必要がある。しかし，明らかとなった史的事実自体は，意味論的に無色中立的であり得る。だからこそ，純文学の『雅歌』を含め，聖書は，テキストの背後にある出来事の意味を様々な修辞学的技法を用いてわれわれに伝えようとしているのである。つまり，究極的には，聖書の文学批判的解釈は，実証主義的解釈によって明らかとなった生前のイエスの史的事実について，聖書が伝える「キリスト」としての意味を究明するものと言えよう。

　本書の執筆段階での聖書解釈は，史的事実を実証主義的解釈の手法で探求し，その史的事実の意味を文学批判的解釈の手法で究明する手順を努めた。特に，生前のイエスに関しては実証主義的解釈に力を入れ，旧約聖書の物語では，文学批判的解釈に力をいれた。しかし執筆段階では，この順にあまりこだわらず，力が及ばないが，テキストが伝えようとしている出来事の意味をできるだけ分かりやすいように構成し書くように努めた。

1.4　聖書の構成と概要

《中心的テーマ》

　聖書は，前節で述べたように旧約聖書と新約聖書からなる。旧約聖書は，ユダヤ教徒に対してキリストの出現を約束し予言し，ヘブライ語で書かれ39巻からなる。新約聖書は，「イエスはキリストである」という信仰に基づき，ユダヤ教の狭い民族的な枠を破り，イエス・キリストについて，当時の世界では共通語であったギリシア語で記す27巻からなる。合計66巻である。天地創造と人間創造で始まる物語は，神と人がともにいる新天地出現の幻の預言で完成する。

第1章 現代とキリスト教

なお，聖書を読むためには，各巻の文には，「書物名」「章」「節」という順で示す名称があるという初歩的知識が必要である．たとえば，聖書の最初の頁にある「初めに，神は天と地とを創造された」という文は，「創世記第1章1節」という．「創世記」とあるのが書物名である．文の外の柱にある太字の数字を「章」，文の中にある細かく小さな数字を「節」と読む．実は，この章や節の表記方法は，もともとは聖書に存在しなかった．16世紀に，R. ステファンヌス（ラテン名，ローベル・エティエンヌ，1503-1559）が便宜的に用いたに過ぎないが，便利なので今日まで国際的に普及している．

1.4.1 旧約聖書の構成と概要

旧約聖書の構成は，ユダヤ教とキリスト教では異なる．まず，キリスト教の旧約聖書の構成は，「律法書（五書）」「歴史書」「文学書」「預言書」からなる．「律法書」は，天地創造物語に始まり，イスラエル民族の歴史的起源，神によるカナンの地の約束，紀元前13世紀に起きたエジプトでの奴隷状態からの脱出物語（出エジプト物語），それに，イスラエル民族と神との契約による規範である律法を記している．続く「歴史書」は，出エジプト物語の続きとして，約束の地カナンへの帰還と定着，王国建設，王国の南北分裂，北王国の滅亡，南王国のバビロン捕囚，ペルシア帝国支配下での帰還という紀元前6世紀までの民族史を記している．「文学書」は，非因果応報的な苦難の現実への問い，神への賛美と祈り，格言，純恋愛詩などからなる文学作品集である．最後の「預言書」は，3つの大預言集と12の短編的な小預言集からなり，歴史書に記されている破局へと向かう歴史の意味を明らかにしつつ南北のイスラエル王朝を批判し，未来の歴史を指し示してキリスト出現を予言している．

ユダヤ教では，「律法書」「預言書」「諸書」の3つに区分している．すなわち，「律法書」は同じであるが，ヨシュア記から列王記までを「前の預言書」，イザヤ書，エレミヤ書，エゼキエル書，12小予言書を「後の預言書」として，両者を「預言書」とする．残りを「諸書」と呼び，知恵文学，詩歌に加え，ルツ記，エステル記，エズラ記，ネヘミヤ記，歴代誌，ダニエル書が含まれる．

創世記からエステル記まで

『創世記』から『ネヘミヤ記』までは，天地創造の神話にまで遡りつつ，一連の歴史物語の形式をもって書かれている．その中の『ルツ記』と『エステル記』は，ある時代の女性を主人公に仕立てて歴史小説風に描いている．

『創世記』『出エジプト記』『レビ記』『民数記』『申命記』は，旧約聖書の根幹をなす書物で，「律法書」という．伝説では，これらをモーセが書いたということで「モーセ五書」ともいう．

物語は，神が天地創造し人間を創る話で始まる．しかし，最初の人間は神に背を向けて堕落し，責任を相棒に転嫁してしまう．さらに，その長男は次男を殺し，その後も人間が欲にかられる物語などが続く．ついに神は，人間創造を悔いて洪水を起こし，ノアという正しい人物の1家族を除いて，すべて溺死させ，その家族に人類の新しい再出発を期待する．しかし，物語は神の期待通りには行かない．人間は権力や自己顕示への欲望を集団的力の結集により満たそうとし，神がその野望を未然に阻止する「バベルの塔」の物語へと続く．ここまでは，人間の悪の根源を語る神話である．しかし，その後物語は一転する．神は，人類の救済に手を付けるのである．神は，最初に，「アブラハム」という人物を人類救済の任務を遂行するために選んだ．同時に恵みとして，「星の数ほどの子孫の約束」と「カナンの土地を与える約束」をする．この時から，アブラハムとその子孫に選びのしるしとして「割礼」が始まる．以後，アブラハム，イサク，ヤコブ（別名，イスラエル）という3代にわたる「族長物語」となる．ヤコブの時に飢饉が起こり，ヤコブの12人の息子らを含む一族は，約束の地カナンを離れエジプトへ移住した．ここで『創世記』が終わる．

400年を経て，ヤコブの子孫はエジプトで「イスラエルの民」として殖えたが，新しい王（ファラオ）が外国人である彼らを恐れ，突如，奴隷とし，町建設の労働力としてしまった．このようなイスラエル民族にとって最悪な事態の時に，旧約聖書で最も重要な「出エジプト」の出来事が起きた．すなわち，神はモーセという指導者を立ててエジプトから脱出させ，奴隷状態から解放した．この救済史的出来事は，過越祭としてイエスの時代でも現代でも祝われている．脱出後，イスラエルの民は，40年間もシナイ半島で放浪した．この

間にシナイ山で，神は，契約として生活規範となる十戒（モーセ律法）を彼らに与えた。ここに，律法を中心とするイスラエル民族の歴史が始まった。彼らは，かつてアブラハムに約束されたカナンの地をめざして進んだが，十戒を守らず罪のゆえに約束の地へ到達せず，モーセも約束の地をピスガの山頂から眼下に眺めて死に，ヨシュアが後継者となった。ここで「モーセ五書」は終わる。

『出エジプト記』はエジプトからの脱出物語の中心部を記し，『レビ記』は宗教儀礼法が中核であり，『民数記』は物語と規定が交差し，『申命記』も律法を中核とする。モーセ五書に続く，『ヨシュア記』『士師記』『サムエル記（上下）』『列王記（上下）』は，イスラエルの歴史の流れの続編を物語る一つのまとまった「歴史書」である。

『ヨシュア記』はモーセの後継者であるヨシュアに率いられたイスラエル民族が，カナンの約束の地を占有民族と衝突しながら奪回し，ヤコブの子孫である「12部族」に分配する様子を物語っている。カナンに定着後は，神により「士師」と呼ばれるカリスマ的指導者が立てられ，土地と生活が守られていく経過を『士師記』が物語っている。しかし，その後，事態が一変する。そもそも，ヤコブの子孫の12部族は，神を王とするゆるやかな12部族連合を結成し，王制を拒んできた。王制は同じ民族の間に奴隷を生むからであった。ところが，この知恵と神からの警告を無視した民衆は，王制導入を強行した。初代の王はサウルで，2代目のダビデは統一王国を樹立した（前1003年頃）が，権力を濫用して姦淫と殺人の重罪を犯し，晩年は身内の地位争いによる苦難の連続であった。ここで『サムエル記』が終わる。

ダビデの晩年に後継者争いが始まり，やがて王国は分裂し滅亡へと落ちていく。3代目王となったソロモンは，神殿や宮殿を建て未曾有の発展と栄華をはかり重税と徴兵制度をしいた。その死後，北の10部族が民衆の苦しみを訴えて平等的正義を求め，負担の軽減の要求をしたにもかかわらず，ソロモンの後継者である息子は拒絶した。そのため，王国は南北に分裂した（前922年）。しかし両王国とも良い王に恵まれず，神の裁きにより，北王国はアッシリア帝国によって滅び歴史から消えた（紀元前722-721年ごろ）。その後，ダビデ王朝を継承した南王国もバビロニア帝国により滅び，人々は首都バビロンへ強制連

行（バビロン捕囚）された（前587-586年ごろ）。以上の物語を『列王記』が語っている。この後に続く物語は，幸いなものである。被支配民族への寛大政策をとるペルシア帝国の王キュロスはバビロニア帝国を滅ぼし（前539年），戦利品返還を含む解放勅令が出されたことによって，捕囚の民は，約束のカナンの地へ帰還し，第2神殿を完成させたのである（前515年）。『エズラ記』と『ネヘミヤ記』は，この帰還と再建の様子を物語っている。

異色なのは『歴代誌』である。紀元前5世紀から紀元前3世紀の作で，滅亡した北王国への関心はほぼない。サムエル記と列王記を底本とし，ダビデ王朝に連なるダビデの子孫からメシアが生まれるという当時の信仰と結びつき，ダビデとソロモンの否定的記述を省いて2人を理想化し，正しい王は栄え，悪しき王は災いにあうという因果応報の法則による教訓を強く示している。あわせて，捕囚から解放されたイスラエル民族に，自信ある民族的アイデンティティを持たせようとしている。

預言書（イザヤ書からマラキ書まで）

『イザヤ書』から『マラキ書』までを「預言書」という。未来のことを予告することを予言というが，「預言」とは，神の意志を伝えるために神から言葉を預かって民に語ることを意味する。それが過去のことか，現在のことか，未来のことかは問わない。預言書は北王国への預言を記した『アモス書』に始まる。預言書の内容は，ソロモンの死後の南北王朝の悪政に対する神の警告と，バビロニア帝国で捕囚状態の民に対する希望のメッセージである。

預言書の内，『イザヤ書』『エレミヤ書』『エゼキエル書』を「3大預言書」といい，残りを「12小預言書」という。12小預言書は，全体で一つのメッセージを語る1冊の預言集であるとする学説も有力である。ただ，『ダニエル書』は，真の預言書とは異なり「事後預言の書」と言われている。というのは，未来のことの予告を書いているが，「未来」とされている時が，実は，作者がこれを書いている時なのである。預言形式を借用したに過ぎない。『哀歌』も「文学書」で「預言書」ではない。

アモスに始まる北王国への預言活動は，アッシリア帝国による王国滅亡までなされ，紀元前8世紀のものである。北王国の支配者は弱者を抑圧し搾取し

ていた。アモスは，それを摘発し社会的正義を訴え，彼らに亡国の危機を警告し，ついには，北王国の滅亡が不可避であることを予言した。対照的なのはホセアで，神の忍耐強い憐みを強調し続けた。すなわち，北王国の罪を夫婦間の不倫に喩えて告発しその滅亡を警告するが，神に立ち返ることで赦され回復するという希望を告げた。北王国の滅亡はホセアの預言の直後のようである。

紀元前8世紀後半以降の南王国も，悪さは北王国と同質であったが，しかし南王国滅亡前に，イザヤとミカが現れ，ダビデの子孫から救い主が出ると予言している[5]。そればかりか，紀元前7世紀末から前6世紀初頭に現れたエレミヤは，王らに，王国にふりかかる捕囚の苦難を謙虚に受け止めて甘受し，その上で神の赦しと救いを待ち望めと説いた。さらに，心に律法（＝神の教え）を刻む新しい救いの時が来ることを予言した[6]。南王国の滅亡は，エレミヤの活動のさなかに起きた。彼らの預言は『イザヤ書』（1-39章）『ミカ書』『エレミヤ書』に記されており，南王国に関しては，さらに『ナホム書』『ゼファニヤ書』『ハバクク書』『オバデヤ書』がある。

バビロニア帝国によってバビロンへ強制連行された捕囚民の中に祭司出身の預言者エゼキエルがいた。彼は，散らされた羊の群れを集める牧者のように，民を導く救い主であるダビデの姿を描き出し，平和の到来を予言し（34章），神殿の再建の幻を告げた。その預言が，『エゼキエル書』に記されている。この時期にイザヤではない匿名の詩人による預言が，「イザヤ書40-55章」と「イザヤ書56-66章」に記されている。前者は「第2イザヤ」，後者は「第3イザヤ」と呼ばれている。第2イザヤは，解放を予言し，救い主が苦難の僕（しもべ）の姿で人々の罪を贖うと告げている。第3イザヤは，前535年頃からカナンの地へ帰還して，回復の困難な状況下で，世の終わりにおける，新しい天と地の出現の予言をしている[7]。

帰還後の預言書には，『ハガイ書』『ゼカリヤ書』『マラキ書』があり，『ヨエル書』もここに入ると推定されている。『ヨナ書』は，ヨナという預言者を主人公とする物語で正確には預言書ではない。

文学書（ヨブ記〜雅歌，哀歌）

残りは，従来「文学書」と呼ばれているもので，6つの作品が収録されてい

る。『ヨブ記』は，人間の不幸が起きることを許す神は正しいかというテーマを扱う。『箴言(しんげん)』は，神への畏怖を中心とする実生活上の処世訓を記した知恵文学である。『コヘレトの言葉』は，悪人も栄える現実から因果応報の思想への疑問を投げかけ[8]，人生の空しさを扱う。以上の3作は人類に普遍的な人生哲学を提供するもので，「知恵文学」と呼ばれている。『詩編』は，宗教的抒情詩の集大成であり，個人の嘆きも神への信頼と讃美に至るものである。『雅歌』は，男女間の恋愛歌を昇華し芸術まで高め，神と人との関係の比喩としたものである。『哀歌』は，南王国の滅亡とバビロン捕囚を嘆き，苦難から学び，神による救いを望む歌である。以上の3作は，その形式から詩歌としての共通性をもつ。

1.4.2　新約聖書の構成と概要

　新約聖書は，『福音書』『使徒言行録』『手紙』それに，『ヨハネ黙示録』からなる。分類すると，4つの福音書と使徒言行録は歴史書であり，21の手紙は書簡集であり，そして黙示録は預言書である。

歴史書：福音書と使徒言行録

　福音とは「良い知らせ」という意味であり，福音書とは，神の国の地上での実現を使命とするイエスの言動と処刑，復活，そして，昇天を物語るために，マルコ福音書の著者が創作した文学形態である。福音書は，4つある。最初に70年頃『マルコによる福音書』が記され，80年代に『マタイによる福音書』が，90年代に『ルカによる福音書』が，そして100年頃に『ヨハネによる福音書』が記された。

　今日の研究では，イエスに関する資料は4つある。すなわち，マルコの手による「マルコ福音書」，マタイとルカとが共通に利用した資料（これは，ドイツ語の資料を意味するQuelleの頭文字をとり「Q資料」という），それに，「マタイの特殊資料」と「ルカの特殊資料」の4つである。マタイもルカもマルコ福音書を入手した上で別々に「Q資料」を利用し，その上で，マタイは「マタイ特殊資料」を用い，ルカは「ルカ特殊資料」を用いて各福音書を書いたとされる。マルコ，マタイ，ルカ福音書は，密接な関係から内容的に類似性や共

通性をもち，共観福音書と呼ばれている。
　『ヨハネによる福音書』の著者もマルコの考案した福音書という文学形式を用いているが，マルコ福音書を知っていたかは不明であるし，イエスの十字架刑の日時が共観福音書とは1日ずれている。「今」という用語も「イエスの時」だけを指しているのではない。著者のいるヨハネ共同体が語る「イエスの言葉を聞く時」も，「今」であり，その時が人生を左右する決定的な時（さばきの時）であるとする。このように，独自な神学をもつことから，共観福音書とは区別されている。
　福音書に続く『使徒言行録』は，『ルカによる福音書』の続編としてルカが書いたもので，初代の弟子の時代の伝道活動を中心とする，初代教会の歴史物語である。イエスの弟子たちによる教会の誕生物語に始まり，続いて，キリスト教を弾圧していた熱心な青年ユダヤ教徒が，復活のイエスに出会う不思議な体験により回心して自らキリスト者となる。彼は名をパウロといい，異邦人への宣教を使命とする使徒として，キリスト教を世界へと広める基礎をつくった。やがて，パウロ自身も，殉教に至るような危機の中で獄中生活を過ごす。ここで物語は終わる。

信者間の手紙集
　手紙集でまず挙げられるのは，パウロ直筆の手紙である。それは，パウロが初期の教会の様々な問題を解決するために記した手紙であって最も古い。『テサロニケの信徒への手紙Ⅰ』『コリントの信徒への手紙Ⅰ，Ⅱ』『ガラテヤの信徒への手紙』『フィリピの信徒への手紙』『フィレモンへの手紙』『ローマの信徒への手紙』の順に書かれ，時期は50-56年と推定されている。
　『テサロニケⅠ』は，新約聖書最古の文書である。当時，復活し昇天したイエス・キリストは，自分たちの生きている間に再びあらわれる，という期待が信者の中にあった。だがその再臨が遅れ，信者の中に死者が出始めると混乱が起きた。その収拾のために書かれたのが，この手紙である。『コリントⅠ，Ⅱ』は，教会内の分裂や教会からの質問，それにパウロとのぎくしゃくした関係の修復，貧しいエルサレム教会への献金協力の依頼など，多岐にわたる手紙である。『ガラテヤ』は，パウロの説いた，イエス・キリストを信じれば救われる

という福音に反して，救われるには一旦ユダヤ人にならなくてはならないというユダヤ主義的な福音が教会内に広がった事態に対処するものである。『フィリピ』は，ユダヤ主義的な傾向への誘惑が，パウロと最も親密な教会を襲った事態に対し，警告とともに，喜びと感謝を述べたパウロの獄中からの手紙である。『フィレモン』は，唯一個人宛ての手紙で，パウロが獄中から出している。パウロによって信者となった主人のもとから逃亡してきた奴隷の解放的な処遇をその主人に願う手紙である。『ローマ』は，発見されているパウロの手紙の最後のもので，しかも他の人の手によって設立された教会へパウロが送った唯一の手紙である。パウロの語る福音の総集編である。

『テサロニケの信徒への手紙Ⅱ』『エフェソの信徒への手紙』『コロサイの信徒への手紙』『テモテへの手紙Ⅰ，Ⅱ』『テトスへの手紙』にもパウロの名が差出人として用いられているが，これらは彼の死後にパウロの教えを引き継ぐ者がパウロの名で書いたものであるとされ，「パウロの名による手紙」と呼ばれるものである。この手法は，真の作者が別の人物であることが判明されない技術を要するものであったが，古代では少なくなかったらしい。

これ以外にも，「公同書簡」というものがある。それは，手紙の形式を取りながら，不特定多数の信者に読まれることを想定しているものである。1世紀末から2世紀半ばまでに書かれたらしい。これには『ヤコブの手紙』『ペトロの手紙Ⅰ，Ⅱ』『ユダの手紙』『ヨハネの手紙Ⅰ，Ⅱ，Ⅲ』がある。

『ヤコブ』は，本来，信仰とは，身心のすべてのことであって，単に理性的な思考にとどまらず，行動も伴うものであることを訴える作品である。『ペトロ』は，変革できない苦難の中にいる者に対して，各身分に応じ家訓に従って積極的に生きるように勧告する文書（Ⅰ）と，イエスの再臨などを否定する考えに対抗してパウロなどの伝統的なキリスト教の内容を記す文書（Ⅱ）である。『ユダ』は，「わが身を養い，あなたがたの親睦を汚す」偽教師の異端的な教えに対して，「使徒たちが語った言葉を思い出しなさい」と正統な信仰を保つように勧める文書である。

『ヨハネの手紙』は，ヨハネ福音書を書いた人物と同じ，ヨハネ共同体の著者による。イエス・キリストが実際の血肉をもった人間であり，血肉のある人間を愛することの重要性などを説いている。

第1章　現代とキリスト教

『ヘブライ人への手紙』は，後代の人が名称をつけたもので，内容は，80年代の説教的な論文である。ローマ帝国のドミティアヌス帝による迫害下にあって苦しみ弱っている教会に対し，キリストが大祭司職にあり，多くの人の罪を贖う犠牲となって赦しをもたらし，神のみもとに行く道を開いた。しかもキリストは人として苦しみや弱さを経験し，神への従順を学んだ。そのキリストが教会と連帯しているとし，このキリストへの信仰に固く立つように奨励している。

ヨハネ黙示録

新約聖書の最後の書物であり，ドミティアヌス帝による迫害下の90年代に書かれた，と推定される。創世記から始まっている神による歴史支配の計画がついに完成に至るという幻が示されている。新しい天と地が現れ，神と人間との関係が完成し，「もはや死もなく，もはや悲しみも嘆きも労苦もない」[9]ことになると予言する。この時の到来によって，聖書のすべての物語は完結する。

聖書の各巻は，本来は，独立した文学作品であった。したがって，詳細な部分では不統一である。しかし，全体を単一の集合的作品として見ると，神の人間に対する壮大な構想を語る文学といえよう。

第2章　私たち人間の根本問題

2.1　人間の関係性：「イマゴ・デイ（神の像）」の意味するもの

《中心的テーマ》

　宗教とは何であろうか。20世紀の著名な神学者ティリッヒは，「究極的なことの問いに対する解決をもたらすものである」，と述べている。本書もこれに従うことにする。

　たとえば，仏教の開祖であるゴータマ・シッダールタは，人間の苦しみに目を留め，人間の究極的問題は「苦」から解き放たれることであり，苦の究極的根源は「煩悩（欲）」である，と悟った。

　聖書に信仰の基準を置いているユダヤ-キリスト教では，人間の究極的な問題は人と人との関係のあり方である，としている。つまり問題は，人間関係を損なうものは究極的に何かということである。この問いを前にして，古代のユダヤ人が神話のもつ力を用いてそれを明らかにしようと提供するものが，創世記第3章から第11章に見られる物語なのである。

　では，損なわれる前の人間関係の究極的な原型は何か。この問いに答えを提示している箇所が，創世記第1章である。創世記の第1章から第11章までの物語を，「原初史」という。これは，歴史性のない神話である。実は，多くの研究によると，第2章以下は，第1章よりかなり先に書かれたか，同じ時代に書かれたとされている。つまり，第1章は，第2章以下の「序章」として設けられているのである。

第2章 私たち人間の根本問題

創世記第1章の中心的用語は、「創造する」という意味のヘブライ語「バーラー」である。この用語は、作者が苦心して「神」だけに用い、しかも被造物では、「人間」の創造にだけ用いる用語として選択したものである。この用語の働きは、1つには、究極的な存在は神だけであることを表わすことにある。そこでよく「無からの創造」を表現する用語とされている。2つには、人間の創造が、神には無からの創造と等しいエネルギーを使うほど重要であることを示すことにある。

ここで、創世記の流れを述べておこう。第1章から第11章まで、「創世記」の名のごとく、すべての始まりを神話的に語る。すなわち第1章は、天地、すべての生き物、人類、これらの始めについて、儀式で朗々と読み上げるように語る。第2章は、絵画的に、神と人間との関係や男女の関係を美しい関係の原型として物語る。しかし、第3章から第11章は一転して暗い物語となる。すなわち、神の創造したこの世界に、このような関係を破壊する悪がどのように存在し現れ始めたかを物語る。同時に、悪を行う人間への罰と救いというテーマで神の苦悩を物語る。第12章からは、聖書の究極的目的である「救い」の物語が始まる。神は人類救済のすべてを託して、アブラハムという歴史上の人物を選ぶ。ここに、聖書の民、イスラエルの民の歴史物語が始まる。

2.1.1 「神の像」としての人間の尊厳：第1章26節から27節

聖書の最初の頁の最初の言葉は、何の断りもなく、「初めに神は天地を創造された」（創1・1）と語り出す。この文章の豊かさは、何百年もの時を経て成長してきた思惟の凝縮にある。それほどに考え抜いた挙句、天地創造の由来を物語る。すなわち、最初に光を造り（第1日）、続いて大空（第2日）、陸海と植物（第3日）、大小の光（太陽・月）と星の天体（第4日）、魚と鳥（第5日）、そして動物を造り、天地創造の頂点として最後にもってきたのが、人間の創造である（第6日）。この物語の狙いは、読者に、「神に創造された人間としての自己理解」を持つように促すことにある。

人間のアイデンティティについて、神が人間を「神にかたどって創造された。男と女に創造された」[1]と記されている。「神にかたどって」という文は、英語では in the image of God と訳されている。つまり、被造物の中で人間だけ

2.1 人間の関係性:「イマゴ・デイ(神の像)」の意味するもの

を神に似せて「神の像(かたち)」に創造したというのである。この「神の像」をラテン語では Imago Dei と表わし,「イマゴ・デイ」と読む。

　実は,このイマゴ・デイ,つまり神の像は,古代オリエント世界では王だけに許された「王の称号・尊称」を表わす用語であった。というのは,王は,地上で,神の尊厳と支配とを具現する存在だったからである。つまり,創世記の著者は,ユダヤ人を含めすべての人間が王の称号・尊称としての神の像である,と言い切っているのである。しかし,この創世記の迫力はそれに留まらない。前章第4節で,紀元前6世紀に,ダビデ王朝を継ぐ南王国の民がバビロニア帝国の首都バビロンへ強制連行され捕囚民となったと述べたが,創世記の第1章の基本的な内容は,バビロンの捕囚地で成立したようである。つまり,バビロニア帝国で王より下の一般のバビロニア人よりさらに下にいて最低の状態にある捕囚民のユダヤ人が,帝国の頂点に君臨する王の称号を,大胆にも自分たちの称号とし,自己アイデンティティを確立するために借用したのである。

　聖書の普遍的な意義は,民族や時代を超え,身分の上下,人間の良し悪しとは無関係に,「人間はすべて,平等に地上の王と同じ尊厳と支配権を持つものとして神に創造されている」と宣言している点にある。われわれは,職業のあるなしや,職種の違い,地位・富・学歴・資格の有無などによって,自分とは何であるかという自己アイデンティティを軽く思ってはならないのである。しかも,ここで重要なことは,同じ「神の像」という用語でも,その前提にある「神」には,古代オリエント世界の神ではなく,「天地創造の神」が入れ替わっていることである。

　創世記第1章は,神の形状に一切触れず,神を見える姿では登場させていない。姿を現さない神が天地を創造する様子を,聖書はどのようにイメージさせているのであろうか。手掛かりは,「神は言われた」という「神の言葉」が登場する9カ所の場面である[2]。これらを分析すると,たとえば「神は言われた,『光あれ。』こうして,光があった」[3] という文のごとく,言われたとおりに成った,というように,言葉の出来事だけが記されている箇所がある (3, 9, 11, 14, 24節)。これとは異なり,たとえば「神は言われた。『水の中に大空あれ。水と水を分けよ。』神は大空を造り,……水を分けられた」[4] という

文のごとくに，神の言葉の後ろに，神が直接作る行為を書き留めている箇所（7, 16-17, 22, 25節）もある。ヘブライ文学博士の手島佑郎氏によると，前者のような，神の言葉が発せられるとその通りの出来事が起きるという「言葉だけによる創造」をなす神のイメージは，命じるだけで物事が実現できる，当時の帝王の姿を借用したものらしい。その目的は，バビロニア帝国の神々に対して，自分たちの天地創造の神が至高で絶対の権威と権力を有していることを表現することにあったらしい。対照的に，後者のように，言葉の後ろに行動を記載するのは，どうやら，第1章の物語の古い版の名残らしい。

では，この神のイメージを提示して，当時の読者，すなわち捕囚民であるユダヤ人に対し何を訴えているのであろうか。その意図は，バビロニア帝国の王への服従ではなく，究極的な支配者への服従として，天地創造の神への服従を選び取り優先させ，そして，この絶対的なイスラエルの神の像こそ，自分たちの自己イメージであるとすることにあったのである。つまり，この自己イメージに比べれば，いかなる地上の支配者の権威も色あせ，いかなる強者，富者，支配者に対しても，自分を劣るものとしておとしめるような，卑屈な態度は必要としないということなのである。

2.1.2 「神の像」としての人間の創造力と人間性

神の像という神の本質である創造性を，第1章全体に文脈を広げて見ることにする。

聖書の創造物語では，天地創造の完成のサイクルは7日で，第7日に神は安息した（＝休んだ）としている。その文脈をみると，第4日を境に，前後に2つのシリーズが構成されていることに気付く。すなわち，第1日から第3日までのシリーズは，「光」で始まり，「大空」「地」「海」「草」と続く。そして，第4日から第6日までのシリーズでは，再び，「光る物」で始まり，「星」「水に群がるもの」，「翼ある鳥」「地の獣」「家畜」「土をはうもの」と続き，そして「人」に至って終わる。

第4日の「光る物」の創造の記述をよく見ると，第14節には言葉による創造として，神の言葉通りに「そのようになった」ことが書き留められているが，直後の第15節からは，「神は2つの大きな光る物と星を造り」とある。つ

2.1 人間の関係性：「イマゴ・デイ（神の像）」の意味するもの

まり，神の直接作る行為を書き留めているのである。ここの解釈のカギは，「季節のしるし，日や年のしるしとなれ」という第14節の言葉にあると言われている。すなわち，言葉によって光る物を創っても，それだけでは，季節などは生まれない。そこで，神は自ら直接手を下し，光る物を「2つの大きな光る物」に分け，太陽という「大きな方」と月という「小さな方」とを天に置いた。すると，世界中で，太陽と月とで1年の季節あるサイクルが可能となり，月は年12カ月の暦の基準となって，時間が生れた。これにより，多種多様な植物が豊富にでき，人間が生存できる基盤が整った，というのである。つまり，光る物を2つに分けることによってこの出来事が起きたわけである。フランスの解釈学者P. リクールも「分けることが創造の業をもたらす」，と言っているように，われわれ人間にとって，様々なものや事柄を分けることが創造の出来事をもたらすという知恵が，ここで与えられているのである。

人間を男女に創造した神は，彼らを祝福して，「産めよ，増えよ，地に満ちて地を従わせよ」といい，さらに，「生き物をすべて支配せよ」[5]と言った。先に述べたように，ガリレオらにとって，科学は宇宙の創造主である神の意志を実現するためのものであったが，ニーチェのいう「神の死」以後の現代では，人間中心主義的な科学となり，自然破壊ばかりか，人類の存亡の危機すら招き得る事態となっている。しかし，創世記第1章の神の祝福の言葉は，われわれ人間が，有機物か無機物かを問わず，すべての被造物に対し，神の管理者として，神の創造の業を引き継ぐ使命を自覚し，神による祝福を信じ，あらゆる生命を保全しつつ，生命が量的にも質的にも繁栄するように努力することを促すものである。その際，分けることが創造性の秘訣になっていると言えよう。

最後に，神の像の意味を，「神はご自分にかたどって人を創造された。神にかたどって創造された。男と女に創造された」（27節）という記述そのものから，見ることにする。

神の像としての人間の特性とは何か，ということについては，昔から議論が多い。代表的なものには，知性とする説，道徳的判断力とする説，自由とする説，共同体的関係性とする説などがある。どの説によるかであるが，結論から言えば，最後の説をとりたい。

まず、「知性」や「道徳的判断」は、確かに他の動物に対する人間の特徴であることは間違いない。しかし、聖書は、神の似姿性を人間のトータルな面でとらえ、人間の身体的素晴らしさを排除してはいない。その意味で、知性や道徳的判断という精神面に限定する説には従えない。次に、自由とする説は、天地創造は神の自由な意思によることから、ユダヤ教のラビ（教師）たちが古来とってきた見解である。しかし、聖書が究極的に価値をおき意味を見出しているのは自由である、という面から吟味すると疑問がわく。というのは、第1章は、人の創造を「男女の創造」という関係論的な表現で記しているからである。すなわち、旧約聖書学者のG. ヴェスターマンが述べているように、人間は共同体的存在であって、どの文化でも、その基礎をなすのが男と女との共存である。つまり、男女の創造の意味は、共同体の基本単位の創造にある、といえよう。さらに文脈を広げると、この節の冒頭の《中心的テーマ》でみたように、第1章そのものは第2章以下の「序章」としての意味をもつ。第2章以下については後述するが、そこでは自由や自由の濫用そのものが問題ではなく、様々なことでおきる人間関係の損傷ないし破損が問題となっている。その序章的位置からすると、神の像は共同体的関係性についてのものである、と見ることが良いと思われる。つまり、1人の神がご自分に似せて人を創造するときに男女に創造したということは、神の像とは人間関係における神の性質としての「愛」を意味するものであると言えよう。

われわれは、人間性を否定されるような逆境に遭遇したとき、捕囚民であったユダヤ人が長い年月を経てたどり着いたイマゴ・デイの自己イメージを借用して、自尊心を保ってもよいのではないだろうか。神の像というアイデンティティである。しかし、この自己理解を持つことの意味は、愛による関係を共同体の基礎として据えることであることを忘れてはならないであろう。

2.2　アダム物語：関係性と高慢

《中心的テーマ》

同じ原初史でも、創世記第2章4節後半から読む創世記の続きは、話の展開ががらりと変わる。焦点が、われわれ人間は一体どういうものであるか、と

いうことに移る。神話的物語の読み方で注意することは，アダムとかエバなどの人物が登場するが，われわれはアダムでもエバでもある，として読むことである。

物語を見ると，神が人を造り，エデンの園に置いて農業を営ませ，すべてを与える。例外は，「善悪の知識の木からは，決して食べてはいけない。食べると必ず死ぬ」という禁止命令である。続けて，神は，男の1本のあばら骨から「助け手」として女を造って連れて来る。女を見て，男は「わが骨の骨，わが肉の肉」といった。だが，女は，蛇が「禁令の果実を食べても死なない。目が開け，神のように善悪を知るものとなるし，神はご存じだ」と言うと，それを食べ，男にも渡した。すると男も食べ，2人の目が開けた。罪を問うために人間を呼び出した神の法廷では，男女に自己弁護の機会を与えた後，判決が下る。そして，女は出産の苦しみが増すが，男を慕い求め，男に支配されるようになり[6]，男女の対等な関係が消えた。土は呪われ，男は労働を苦とし，収穫が困難となる[7]。神は，2人に葉の衣に替え，皮の衣を与えて，神に祝福された存在のままとして祝福し，園から追放した。

第2章は，最初に，人間関係の原型を具体的に物語る。しかしそれは同時に，私たちが目指す人間関係でもある。続く第3章は，人間関係の破壊と苦難がどのように始まったかを物語る。

2.2.1　最初の人間の創造の物語

第2章4節後半以下には，「神」の代わりに，「主」という用語が用いられている。原語のヘブライ語でいうと，「神」は「エローヒーム」の訳であり，「主」は「YHWH・ヤハウェ」という4文字の訳である。しかし，この4文字をユダヤ人は発音しない。神の名をみだりに口にしてはならないという戒めがあるためで，今でも「主人」を表わす「アドナイ」と読み替えて発音している。これを英語では「the Lord」と訳し，日本訳は「主」としたわけである（以下では，「主」も「神」と表記し，他の神々との混同を避ける時だけイスラエルの神を「神ヤハウェ」と表記する）。

この4文字を用いて創世記第2章4節後半以下の物語を編集した人物は「ヤハウィスト」と呼ばれている。その文学的特徴は，神を擬人的に登場させ，生

き生きとした会話で描いていることにある。

「人」と訳されているヘブル語は,「アーダーム」と発音する。本来は,集合的に「人類」を意味するが,物語の展開と共に意味が次々と変わるから面白い。すなわち,第2章で女が登場すると,「男」となり,第3章では「個人の名前」としての「アダム」となる（本節の《中心的テーマ》を再確認してほしい）。なお,女は第4章で「エバ」となる。

物語は,神による「人・アーダーム」の創造で始まる。しかし,人は独りでは生きられない。そこで,神が動物を造って連れて来るが,相応しい相手としては不足であった。そこで,神は人を深く眠らせ,その「あばら骨」を取り,それから相応しい相手,つまり,女を造ったのである。

2.2.2　ヤハウィストの背景にある世俗化の時代状況

ところで,ヤハウィストは一体,どのような社会問題を念頭にアダム物語を書いたのであろうか。その背景の理解には,本書「聖書の構成と概要」の項（1.4）のイスラエルの歴史を見ると分かりやすい。アダム物語はソロモン時代かそのわずか後に当たる紀元前10世紀から9世紀の作品とする研究者が多い。しかし,前節でも触れたが,最近の学説では創世記の第1章と同様に第2章以下も,バビロン捕囚という悲劇が起きた紀元前6世紀か,5世紀の作品という主張が有力である。

この説に従うと,アダム物語執筆の背景にある問題は,王制の導入以降に起きた,宗教の「世俗化」にある。宗教の世俗化とは,生活の合理化が進み,宗教的な影響力が希薄となっていく社会変化をいう。

王制導入より前の時代を振り返ると,イスラエル民族が,エジプトの奴隷状態から神によって奇跡的に解放された直後の紀元前13世紀頃には,彼らの神への思いは強かった。約束の地カナンに戻った後でも,カナンの地が戦時となり「士師」というカリスマ的指導者が出現するが,宗教による民族的絆の維持・強化を図り,「イスラエル部族連合」というものを結成した。

しかし,この宗教による民族的絆よりも政治的経済的な繁栄を優先し,合理性を追求し始めたことによって,民は変わってしまった。すなわち,軍事力の強化を求め,神への信頼より王国の建設を優先したのである。その結果,確

かに第2代目ダビデ王は領土を拡大し，第3代目ソロモン王の時代になると，イスラエル史上で空前の繁栄を享受するようになった。思考も生活スタイルも合理的になった。だがその反面，ソロモン王の時代になると，徴兵制と重税により，民衆の間の格差は歴然となった。罪，苦難，夫と妻・兄弟同士の争い，諸民族の世界の混乱などの問題に取り囲まれた状態となっていたのである。仮に，アダム物語がソロモン王朝時代の作品だと想定すると，すでに絶頂的状態の階層とドン底的状態の階層の両者を視野に入れて書いたことが考えられる。

ソロモン死後に後継者が王位に着くや，ソロモン王の負の遺産は吹き出し，王国は南北に分裂した。かつて出エジプトの時代では社会的弱者（寡婦や孤児）を配慮するように戒められていた。その後も，出エジプトの出来事は，「過越祭」として覚え続けられていた。しかし，今や，出エジプトの出来事から何百年もたち，その記憶は遠い昔のこととされ，その記念的祭儀も古風なものとなり存続が危ぶまれるようになった。その結果，民族的結合は希薄化し，例外はあるものの，南北王朝の多くの指導者は戒めを軽視または無視し，社会的弱者からの搾取は当然のように行われたのである。

世俗化の進む中で，やがて北王国は滅亡し，そして南王国もバビロン捕囚という憂き目を味わった。世俗化は，ダビデ・ソロモン王の時代の絶頂からすべり落ちバビロン捕囚にいたった原因である。仮に，アダム物語がこの捕囚後の時期の作品であれば，この世俗化の「負の過去」を批判的に反省し，イスラエル再建を望む目的で書かれたと推測できよう。

ヤハウィストの背景となっているイスラエル社会にみられる現象である宗教の加速的な世俗化は，現代の先進諸国に共通な社会現象である。元来，宗教は，相互に助け合う共同体の絆を保つなどの役割を果たしていた。しかし，生活が合理化し，その役割を失うのである。やがて，宗教は「私化」「私生活化」(privatization) し，もっぱら個人の「心の内面だけの問題」となり，個人レベルでの好みや趣味となった。その結果，人々は，個人的にほんの一部の人にだけ関心をもち，彼らとの絆は非常に強くなる。その反面，「外」の人には，関心が希薄になる。これが宗教の世俗化現象である。

第2章 私たち人間の根本問題

2.2.3 創世記2章：世界・社会の土台である人間関係の原型

第2章4節後半以下は，このような世俗化状態からの回復に向け，人間関係の原型を物語っている。

神は，人間（アーダーム）を土（アダーマー）の塵から創造した。つまり，われわれ人間は，大地に属し，神とは次元が決定的に違う被造物として，「他の生き物と同じ」である。アダム物語は，われわれに，創造主に対する謙虚さを心に覚える必要があることを教えている。同時に，身体と神的な生命とが一体となっていることを教えている。2元論的に，肉体と精神（霊魂）とを捉え，お互いの身体の大切さを軽く見ることも，世俗化への道なのである。しかし，人間は，他の生き物とは異なり，神によって直接的に命の息を吹き込まれている[8]。つまり，今度は，他の生き物とは次元的に異なって崇高な存在であることの自覚を促しているのである。謙虚さと崇高さのある自己理解を忘れ失うとき，あの世俗化への道を歩み出すのである。

神は，人間（アーダーム）が独りでは満足できないのを見た。しかも，共に居てくれるものが，動植物では物足りないのを知った。われわれは自分と一緒にいてくれる「人」が欲しいのである。神は，人間（イーシュ。ヘブライ語で「男」）のパートナーを，その人間自身のあばら骨から創造した。これが，もう1つのジェンダー的存在である「女」であり，これを原語では「イシャー」と呼ぶ。頭や足の指からでなく，男女の愛情が宿る「心」に最も近いあばら骨から造られた，と物語っている。それは，男女の平等性の大切さと，このパートナーによってしか満たされない心の空洞があることを教えていると言えよう。人間（アーダーム）は，女を見て，「わたしの骨の骨」「わたしの肉の肉」と発する[9]。それほどに，人格的な一体的関係は貴重で感動的なことなのである。

しかし意外にも，原文では女のことを「相対するような助け」としている。つまり，真正面から対立し面と向かって批判する存在であることである。いわば，自己相対化を助ける存在が助け手なのである。自己相対化とは，自己絶対化の反対であって，自己が多くの中の1つであることを認め，しかもより良く正しい考えに到達できるように，開かれた心の姿勢を保つことである。

2.2.4 創世記3章:われわれ人間の究極的なこと,人間関係を破損する悪,その根源と結果

　創世記第3章は,「悪の起源」を物語る。原初史は,世界の起源,人間の起源と順次述べ,ここで関係論から見た悪の起源を述べる。人間は,神の言葉より蛇の言葉を信用し,禁断の果実を食べてしまう。その結果,神との関係も人との関係も傷つけ破壊する。しかし,問題は,禁断の果実を食べた行為自体よりも,神との信頼関係を破壊する自分にある。実に,この世の悪の起源は,われわれが自分の被造物性を意識せず,神への謙遜さを欠き,神に敵対し,自ら何が善悪かを判断する創造者のように振る舞う自己絶対化,自己神化にあるのである。

　振り返って,エデンの園の人間は,決して悪を行えないような自動仕掛けの人間ではない。異性を見て「わが骨の骨,わが肉の肉」と言い,神から農耕の使命を与えられていた。すなわち,性の違いのめざめや,知性を備えていた。さらに,「善悪を知る知識の木」から食べるな,との禁止命令も言われているのであるから,前提として,善悪を分別する知識も備えていたと言えよう。一般的な知識や倫理は,すでに備わっているのである。すると,物語がいう善悪の知識の木の「知識」とは,「自己向上のために何が有益,有害かを判断する知識」と言えよう。

　物語では,人間は蛇の誘惑にのり,神の禁令を破って,この知恵の樹の果実を食べた。しかしその後も,人間は神によって呪われていないし,性的知識,知性,倫理的善悪の判断能力も,根本的に同じで変わらない。さらに,神による死の予告的警告に反して[10],現に生きている。

　一体,物語では,禁令を破る前後で何が異なるのであろうか。第1に,男も女も「自己絶対化する人間」となった。そのため,神による審判でも自分の非を認めない。すなわち,男は神に「あなたがわたしとともにいるようにしてくださ」らなければ事件は起きなかったと暗に神に抗議し,さらに,あの女が自分に「取って与え」なければ食べなかったと,女に責任転嫁している(3・12)。女も同様で,蛇へ責任転嫁している。第2に,裸であることに羞恥心を抱くようになり,周囲の目を気にする「大人」となった[11]。第3に,それまでの神への美しい信頼は,禁断の果実を食べた時を境に消えて,神への暗澹た

る恐れとなった[12]。全てが蛇の言葉の通り，死なず，神のように善悪を知る者となったが，女は，このような「負」は予期していなかったので，「蛇が騙した」と言った。こうして，審判の後，神との関係の近さは終わる。しかし神は，園から追放する前に皮の衣を与えた。つまり，人間は依然として神に祝福された人間のままなのである[13]。

2.3　カイン物語：自尊心と嫉妬

《中心的テーマ》

　カイン物語は，兄弟の始まりの物語でありながら，聖書で最初の殺人事件である。ストレートに，人間が人間に対して悪を行い，関係を破壊する物語である。具体的には，嫉妬によるライバルの殺人である。が，どうしてそのようなことになったのか，粗筋を述べておこう。

　エデンの園を追放されたアダムは額に汗して農業に励み，エバは出産の苦しみを味わって長男カインと弟アベルを生んだ。兄は父親と同じ農耕者となり，弟は羊飼いとなった。ある年の感謝を献げる礼拝で，兄は農作物を献げ，弟は肥えた初子の羊を献げた。神は弟と羊に目を留めたが，兄と農作物にはそうしなかった。兄は激しい怒りに燃え嫉妬に駆られた。悪を行わないようにとの神の警告を無視し，兄は弟を野原へ呼び出して殺害した。その直後，神が，アダムの時と同様にカインを被告とし審判する。するとカインは「わたしは弟の番人でしょうか」と言って抗議した。しかし抗議は却下され，カインは呪われ，農地から追放する，という判決が下された。カインは，神の保護がなくなることで殺されると恐れるが，神は命の保証を与え，彼を放浪者とした。

　カイン物語も原初史に属する神話的フィクションである。つまり，ここに登場するカインもアベルも，共にわれわれである。この物語を読むに当たっては，自分がカインでもあり，またアベルでもある，という空想的な置き換えをしながら，物語が何を訴えているかを探る必要がある。

2.3.1　カイン物語の序曲：カインとアベルの誕生と成長

　エデンの園からの追放後，アダムがエバを「知った。」ここから物語は始ま

る。「知る」とは，夫婦間の営みを意味する。男女間の身体的な営みについて，エデンの園の追放後に始めてなされたという学説もあるが，ユダヤ教のラビ（教師の職名）たちは，エデンの園では単に「獣的な交合」がなされていたと考えていた。そもそも，ヘブライ語の「知る」という語は，人格的な出会いを意味する。人格的出会いは，相互に各々が，別な人格として自律していることが，前提として必要である。しかし，禁断の実を食べる前の2人は，互いに裸でも恥ずかしいと思わなかった。つまり，自他の人格的な区別がなされず，真の人格的出会いの前提を欠いていたと言えよう。いわば，禁断の実を食べた後，甘いハネムーン時代が終わり，夫婦の現実的生活の営みが始まったというわけである。

アダムとエバには，2人の息子が生まれた。その名前の意味を知ると，読者を愕然とさせることが待ち受けている。兄の名「カイン」には，ヘブライ語で「作る，与える，得る」という意味がある。語根が「カーナー」という動詞「カニティー」（得た）に由来する。一方，弟の名「アベル」とは，ヘブライ語で「空しい，息」という意味である。無きに等しいものというわけである。一体どうして，このような名前になっているのか。様々な説明の内で代表的な説を見ていく。

まず，母親エバの思いに差別があったとする「エバによる名前差別説」がある。つまり，長男は力強い権力者になるはずと期待し，自分の将来もこの長男にかかっていると思い，大事業を成し遂げる人へ成長することへの願望から「カイン」と命名したと母親の思いを推測する。他方で，アベルに対しては，最初から陰に立つ次男として地味な役割を押し付けた，と推測するのである。この説には，母親の育児方針や方法が兄カインの成長へ悪い影響を与えた，と読み取る傾向がある。

これに対し，母親エバには何の落ち度も認めない説がある。「アベルの死後のニックネーム説」である。すなわち，次男は本名が別にあったが，若く結婚もせず子孫もないまま殺されたので，死後，人々が同情的に彼の短命を思い，象徴的に彼を「吐息＝アベル」とニックネームのように呼んでいる内に，それが彼の名となった，と推測する。母親エバの落ち度を否定する前提には，彼女がカインを生んだ時に「主（＝神）によって男児を得た」と敬虔的なことを

言ったという解釈がある。つまり，彼女は信心深く，差別などはしない，と理解するのである。加えて，父親アダムも勤勉に労働し，理想的な家という最高の教育環境で2人の兄弟は育った，と推測するのである。

そこで，改めて物語を見ると，エバにカインの弟殺しの罪の責任を分担させようとする作者の意図は読み取りにくい。責任があるなら，これまでのように，神がエバに責任を問う会話があっても良いはずだが，ここにはない。しかも，「わたしは主によって男児を得た」というエバの言葉は，おそらく，禁令を破った自分なのに神が恵み，男児を出産させてくださったという喜びの表現であろう。それは神への感謝と讃美にあふれていると読む方が，作者の意図に近いのであろう。

このように見てくると，エバが弟をあえて「アベル」と命名したとは推定しにくい。そうなると，やはり「自分の兄弟に打ち殺された悲劇的な者」という意味で事後的にアベルと命名されたと考えられる。あるいは，もしかすると，よくドラマにあるように，作者が読者に後に続く物語の暗い予兆を暗示し予感させる，修辞学的効果も狙って付けた名であるかも知れない。

今度は，兄弟の職業の違いに目を向けよう。長男カインは，父親アダムの農業を受け継ぎ，土を耕す者となった。次男アベルは，父の職業を継がず，羊を飼う者となった。2人の職業は，物語の背景である当時のメソポタミア社会では，基本的で，しかも対照的な職業であった。すなわち，土を耕す者とは，富裕な階級の代名詞的な存在で，土地をもつ農業主であった。他方，羊を飼う者とは，貧乏の代名詞的な存在で，農業主から羊を預かる者であった。羊を飼う者は，羊を殖やし，殖えた中から飼育料を得て生活した。また羊の事故には弁償義務を負った。つまり，羊を飼う弟アベルが，土を耕す兄カインを羨んでもおかしくないほどの職業的な差が2人の間にはあることを，当時の読者に対し，その背景的情報として提供しているのである。

2.3.2 兄弟関係を破壊する悪への契機

カイン物語は，礼拝は誰のためになされるのか，という問題を確認させるには良い物語である。聖書の世界では，礼拝は礼拝者のためではなく，礼拝をささげられる超越者である神のためになされる，ということになっている。つま

2.3 カイン物語：自尊心と嫉妬

り，礼拝の主体は神にある。何と，兄カインの弟アベル殺人事件が起きるきっかけは，礼拝の主体である神によって起きたのである。すなわち，カインがこの1年の間の神の加護による収穫物の一部である「土の実り」を献げるために礼拝に来た。すると，弟アベルも「羊の群れの中から肥えた初子」を携え，同じようにやって来た。ところが，神は，弟アベルとその献げ物には目を留めたのに，兄カインとその献げ物には目を留めなかったのである。神のこの行動のミステリーをどう解釈するのか，代表的な3つの説を見よう。

まず，初期ユダヤ教などがとる立場で，2人の供え物に差があるとする「献げ物の客観的な優劣説」がある。すなわち，弟アベルの献げ物は，貴重で特別な価値がある初子で，しかも，燔祭（動物を焼いて神に献げる儀式）用として燃やすと香ばしい香りが天に届くほど肥えていたので，神に特に好まれた。しかしいかに量が多くても，兄カインの献げ物である農作物では敵わない。選び方にも差がある。アベルは注意深く選んだが，カインの行動は形だけだと批判する。

次に，1世紀に書かれたキリスト教の新約聖書は，このユダヤ教の主張を内面化して，「2人の信仰の内面的比較説」の立場をとる。すなわち，「信仰によって，アベルはカインより優れたいけにえを神に献げ，その信仰によって，正しい者であると証明されました」[14]と記している。つまり，アベルの献げ物が優れていて，そうなったのはアベルの信仰による，というのである。さらに進んで，ヨハネの手紙Ⅰは，アベルを信仰者とし，カインを悪者として，カインは「自分の行いが悪く，兄弟（アベル）の行いが正しかった」と知っていた[15]と記している。

しかし，現代の旧約聖書学者の多くは，「神の自由な選択説」をとる。すなわち，神の側にある完全な自由を強調し，物語から読み取れる可能性のある唯一の手掛かりからは，単に神がそう「好んだ」からに過ぎない，としている。つまり，一切の問題は人間の側にはないとし，2人の献げ物の比較や信仰などの内面の比較を問題外としている。

そこで検討してみると，カイン物語のテキスト（聖書本文）には，カインが「土地の実り」を神に献げた段階では，神からの非難や批判に関する記述はない。また，神の側からすれば，仮に献げ物に優劣があると仮定した場合でも，

41

第 2 章 私たち人間の根本問題

神には，両方を拒むことも，両方を受け入れることも，さらに，片方だけを受け入れることも，絶対的に自由にできるものであって強いられることではない。つまり，神がアベルとその献げ物だけに目を留めたからと言って，カインの献げ物や信仰が劣るとか悪いとかいう結論を導き出す必然性はない，と言えよう。結局，ユダヤ教や新約聖書の立場は，それぞれ，そのような解釈が可能である，ということを示しているにすぎないのである。つまり，カインの行った礼拝がアベルの礼拝に劣ることはないのである。

それにしても，カインの神に対する反応は，凄まじい。怒りに満ちていた。彼は顔を伏せた（5節）。しかし，これに対し，カイン物語の作者は，非難めいたことも，否定的なことも，記述していない。つまり，カインの怒りは，正常で，不公平な扱いを受けた者として，公平な正義を神に求める正しい訴えなのである。だが，カイン物語の作者は，怒りにまかせて何をしてはいけないかを，神に語らせている。つまり，「感情的な怒りそれ自体」と「怒りによる行為」とは別なのである。

いずれにせよ，神が「目に留めなかった」という言い回しによって，物語は，実際は何を想定しているのであろうか。この点でも諸説がある。すなわち，①カインが自分の礼拝行為の正しくないことを知っていたという説（ヨハネの手紙Ⅰ，初期ユダヤ教），②理解不可能という不明説，さらに，③アベルの羊は繁殖したがカインの農作物は実らなかった，という職業上の成功・不成功説である。

検討して見ると，これまでの説明で明らかなように，カインの礼拝を正しくないとする①は支持できない。②か③であるが，私たちの生活に即して，カインのような公正な正義を求めて怒りが満ちる場合を想定してみると，そのような怒りがわくのは，不公平感を禁じ得ず，不条理で納得できない場合であろう。この不公平感や不条理感からの怒りの線で見ると，③のように，弟の羊牧業は成功するが，自分の農業は不作で不成功であったことから，カインが怒り，アベルを妬み，殺意を抱くまでに至った，という流れが想定できるであろう。

2.3.3　神の兄カインへの教育的な警告と懲罰

　神は，カインが怒って顔を伏せた状態を見て，悪に陥るなと警告を発する。やはり，彼を見捨ててはいなかったのである。神はカインに，「自分の良心に照らし，自分が正しいという確信があれば，何も怒る必要はない。顔を上げていればよいではないか。良心に反しているなら，罪がおまえを誘惑する。しかし，お前には罪の誘惑に勝つ力がある。負けるな。お前次第だ」と告げた。

　だが，カインは神の警告を無視し，アベルを殺害した。神は審判の手続きを経た後，同害報復の刑によらず，農業に相応しい土地から追放したが，生命の保証を与えたのである。

2.3.4　われわれに見られるカインの問題：嫉妬といじめの構造

　カインの怒りは神に向けられず，弟アベルへ向かった。いわば，アベルに嫉妬したのである。ある精神医学者によると，嫉妬は，特に自分の方が優れていると思っている時に，自分より劣っていると思っている者の方に第三者が好意を抱く気配を感じると，自尊心が傷つき，怒りが生じ，攻撃的となるものだそうである。その「自尊心」とは，自分の属する集団の中で「一人前の価値ある存在」として認められたいという社会的欲求である。自尊心が傷つくのは，自分へのランク付けに対する異議申し立てである，という。嫉妬によるいじめは，傷ついた自尊心を回復するために，ライバルを引きずり降ろして，立場を入れ替えようとする「攻撃」なのだそうである。

　しかし，神のカインへの警告は，他者の評価によって左右されない自尊心をもつことであった。「自分の良心に照らして正しいことをしているなら，十分である」というものである。いわば「社会的自尊心」ではなく，他者の評価に左右されない「良心的自尊心」の大切さと言えよう。カインは，互いに「番人」としてケアし合う「自分の良心」に反し，弟を殺害し排除したのである。

2.4　バベルの塔物語：関係性と権力欲

《中心的テーマ》

　カインの追放により，アダムとエバは2人の息子を同時に失った。やがて，

第 2 章　私たち人間の根本問題

第 3 子セトが誕生した[16]。セトの後，7 代（エノシュ，ケナン，マハラエル，イエレド，エノク，メトシェラ，レメク）を経て，8 代目にノアが誕生する。ノアは洪水物語[17]で有名である。彼には 3 人の息子，セム，ハム，ヤフェトが生まれ，世界中にその子孫が殖えた[18]。続いて，原初史最後の舞台である「バベルの塔の物語」が始まる[19]。粗筋を見ることにしよう。

かつて世界中の人々は同じ言葉を使っていた。ある時，東の方からバビロニア地方へ移住し定住した人々が，「さあ，天まで届く塔のある町を建て，有名になろう。そして全地に散らされることのないようにしよう」[20]と言った。その言葉通り，彼らは焼き煉瓦とアスファルトを用いる高度な技術によって，高い塔を建てた。すると，神ヤハウェが降って来て，この塔のある町を見て，「これでは，彼らが何を企てても，妨げることはできない」と言った[21]。そして，「降って行って，直ちに彼らの言葉を混乱させ，互いの言葉が聞き分けられぬようにしてしまおう」と言って実行した。言葉は混乱し，彼らは「全地に散らされた」[22]ため，野望はついえたのである。

「力への意志」を私たちは誰でも持っている。誇り，名誉欲，自己顕示欲などによることが多い。バベルの塔の建設に象徴される集団的行為は，それ自体は，力の意志を実現するための行為であり危険ではない。しかしそれが，集団的な力となると，手の施しようのない破壊力となる。バベルの塔物語は，神が未然にそれを防ごうと行動にでた神話にすぎない。しかし，ニーチェのいう「神の死」，神なき社会という現代の科学の時代に，国家や企業などの組織が威信の名の下に団結力を強くする時，われわれの価値観の持ち方で，人類への大きな危険が忍び寄る可能性がある。この物語は，人類の生存と発展という観点から，自他が属する集団に内在するこのような将来的危険性を，われわれが謙虚に認め予測し批判する力を養うことを求めていると言えよう。

2.4.1　バベルの塔の物語の背後にある人類の文明的背景

ヤハウィストの時代に，メソポタミア地方で突如歴史に登場した民族が，巨大都市を形成し，高い塔を建て，記念碑を打ち立てた，という話がある。聖書に「シンアルの地」とあるのは，メソポタミアのバビロニア地方のことである。バベルの塔のモデルとなったのは，その地方の「ジッグラト」という，シ

2.4 バベルの塔物語：関係性と権力欲

ュメール人の都市国家において神殿近くに多く造られ，古代アッカド帝国（前2334-2154年頃）時代に発展した巨大な塔である。紀元前3000年頃に出土した楔文字の粘土板によると，塔は7層からなり，上層になるほど小さい。側面には，登るための階段か傾斜路がある。現在でも，バビロニア帝国の古都バビロンには，ウル第3王朝以後の，高さ90メートルにも及ぶ「天と地の基である家」＝「エテメナンキ」と呼ばれる巨大なジッグラト遺跡がある。

その高度な建設技術は驚異的であった。聖書の記述では，通常の道路建設に用いられる石やしっくいの代わりに，当時では技術的にも高く珍しい焼き煉瓦と接着用のアスファルトを用いたと記している。石は，採石場が近くに必要なことが難点であった。この難点を克服したのが焼き煉瓦で，聖書は正確な知識で記している。中近東では日干し煉瓦は堅く日常生活品である。それ以上に堅い焼き煉瓦なら，高層のジッグラト建設にも十分である。

元来，ジッグラトとは，神々との出会いの「聖なる山」を意味する用語で，山の頂上は，神々の住まいに通じる。建造物のジッグラトと呼ばれる塔は，これから発展したらしい。その目的は，神々と人間との絆を祝うことにあり，人々の敬虔を表現した。それは，神にとっての地上へ下る手段であり，人々が神に近づけるのはその結果であった。しかし，ジッグラトはこのような宗教的意味だけでなく，高い建築技術を誇示する記念碑でもあり，都市にとっては，権力の象徴とも防衛上の自信の表現ともなった。つまり，古代メソポタミア世界では，ジッグラトという天まで届く塔のある町の建設は，神への謙遜の表現とともに，人間の可能性，強力な団結，名声の追求でもあったのである。

聖書のバベルの塔物語で，「世界中は同じ言語」[23]を話していたという記述がある。これは，ヤハウィストが，自分たちの置かれている言語的な地理を観察した推測に基づくものと言えよう。すなわち，聖書の言語であるヘブライ語は，「セム語」の一つで，セム語を母とする。聖書の周辺世界の言語も，同様に，セム語を母とする。まず，バビロニアの世界最古のアッカド大帝国のアッカド語も，さらに，そこから分かれたバビロニア語やアッシリア語も同じである。次に，シリア・パレスチナ地方の言語であるアラム語も，「カナン語」も，そうである。このカナン語から「ヘブライ語」や，今日のABCの起源となったフェニキア語が誕生した。アラブ語もセム語を母としている。

第2章　私たち人間の根本問題

このような言語地理的な背景を念頭に，聖書は，「世界中は同じ言葉を使って，同じように話していた」[24]と舞台を設定し，続いて，「セムの系図」をまとめていると言えよう[25]。

2.4.2　バベルの塔の物語の解釈

「バベルの塔」というフィクションの舞台にバビロニア地方が選ばれたのは，物語の場面設定として最適であったというに過ぎない。史実上の塔建設者たちは紀元前3000年以降の人物であって，彼らは歴史から全く消え去っている。つまり，この物語は彼らとは何一つ関係ない話である。

われわれが何かを成し遂げようとする時に，その「やる気」は使命感や責任感に左右されるが，自分に成し遂げる特別な力があることを他者に認められる時に増すものである。この他者とは，自分にとって価値のある重要な存在であって，最初は親，特に母親であるが，兄弟姉妹，友達，先生へと広がり，さらに，世間や社会一般，そして世界へと拡大する。駅伝やオリンピック選手の活躍にも，使命感や責任感ばかりではなく，同時にプライドや自己を顕わし認められたいという欲求も力を貸していよう。つまり，個人による社会貢献，企業の発展，国家の繁栄は，われわれの誇りや自己顕示欲に負うところが大きく，それは，発展の推進力として重要なのである。

哲学者ニーチェは，われわれを駆りたてる力は力への意志である，という。誇りや自己顕示欲は，力への意志が表現を変えたものと言えよう。それは，より強くなろうと欲することであり，自らの内に新たな可能性を創出する力でもある。しかし，力への意志自体は，それにより何を新たに創造するかによって，有用にも有害にもなりうる。ここに問題がある。

力への意志という観点から見ると，天まで届く塔の建設は，その建設自体が目的ではない。それは，届いた後には，さらに発展しようとする通過点に過ぎない。この点は，バベルの塔の物語でも，同じなのである。「塔のある町を建設すること」自体は，われわれ人間の自己の誇りや自己顕示欲にとって，一つの通過点にすぎない。その建設自体を，神は何ら非難してはいない。

では，神がその町の建設に介入し挫折させた理由として，代表的な4つの見解を見てみる。

2.4 バベルの塔物語：関係性と権力欲

　第1に，「建築自体に問題があるとする説」がある。つまり，この塔の建設は，人間が神と対等になろうとした企てとして神への冒瀆となり，それゆえに，神はこれを中止させたのだ，とする。もう1つの似た説は，「有名になろう」という人間の不遜・傲慢な自己栄光の追求に神が応えたのだ，としている。いずれも，塔のある町の建設の段階で，すでに神への冒瀆，あるいは人間の傲岸不遜という問題があるから神が介在した，と説明する。

　第2に，「人間の生存維持のためとする説」がある。この説には，人類発展の可能性は諸民族の多様性にあるという前提的命題がある。この命題からすると，塔のある町の建設者が，「全地に散らされることのないようにしよう」と言う人間集団の統一性は問題である。それは人類の多様性を奪い，人類生存の衰退を招くことになる。そこで神が介入した，と説明するのである。

　第3に，「神の世界形成計画に反する結束への審判説」がある。すなわち，創世記第1章では「地上に生命が満ちる」ように人間は「分散」されることが期待されている。これに反する結束に対し神が審判を下した，と説明する。実質的にも，文化的人間的な結束は同質性をもたらし，自己の安全と利益の確保のために世界を排他的にする。その結果，宗教は世俗化し，人間の結束は社会的抑圧を是認するに至る可能性がある。こうした問題性をもつ結束への審判である，と説明する。

　第4に，「力の結集による内在的な危険予防説」がある。われわれ人間が名誉を追求し，統一的に団結し，その力を発展させることは，行き着くところが神への反抗となる。そこで，神が「予防的措置」をとったと説明する。すなわち，「天まで届く塔」は単に人間の可能性の表現に過ぎず，「建設」の動機は，素朴に自分たちの力（「エネルギー」）を統合集中し偉大なものになりたい，という欲求に過ぎない。問題は，このような「力の結集」が，やがて人間の限度を超え，悪化して堕落する，と神が予見したことである。そこで，それをあらかじめ防ぐために行為に出た，とするのである。

　これらの諸説を念頭に検討する。人間が天に上ることに関する記述は旧約聖書の他の箇所[26]にもある。確かに，その人間は神と敵対している。しかし，バベルの塔の物語では，塔のある町を建設する人間が神に敵対し脅威をもたらすという記述はない。つまり，聖書テキストは，塔のある町の建設自体を反

第2章　私たち人間の根本問題

神的な行為とは見ていない。その限りで，第1の説には賛成できない。第2,3と4の説とは，方向性として同じである。だが，人間の歴史を振り返ると，われわれ人間が「力への意志」の実現として集団的な力を結集し，社会的・政治的な力を手中に収めた時，その集団的な力には，やがて世界的・社会的規模で人類を破壊する可能性と危険性が内在していると言えよう。「これでは，彼らが何を企てても，妨げることはできない」という神の声は，このような事態が惹き起こされ，手遅れとなることを予見した発言と言えよう。実例を次に見る。

1930年代，ドイツのナチスの運動は，最初は，単にアーリア人の民族的優秀性を誇示する国家社会主義的運動として始まった。しかしやがて，600万人ものユダヤ人を無差別に虐殺するに至った。また，1994年4月のルワンダでは，先住民フツ族が民族的な集団的力を結集した。そして，ツチ族のジェノサイドに及ぶ虐殺事件を起こし，これは7月まで続いた。ジェノサイドとは，ある特定の民族の絶滅をめざす虐殺をいう。背景には，植民地時代の両民族間に対立を引き起こす植民地政策があり，事件は，その政策の結果とも言われている。

力への意志の実現としての集団の力に内在する危険性と可能性を見て取り，神は予防策にでた。すなわち，コミュニケーションを乱し，人々を全地に散らした。神話的に，一つの言語が全く異なる多くの言語に分かれたために全地に散った，とも解釈できる。しかし，少し非神話化して，互いへの不信感を抱かせ，他者に耳を傾け受容する力を失わせたために彼らは離散した，とも取れる。先の2と3の説は，人類の分散のプラス面に着目した見解であるが，しかし介入は危険回避であった。

第3章　旧約聖書の文学：「救い主・キリスト」待望論への道

3.1　アブラハム物語：関係性回復の使命と信仰

《中心的テーマ》

　前章で扱った原初史[1]は，神による，「すべての始まり」を物語った。そこでは，「人間の創造」の後は，人間関係を損ない破壊する「悪の始まり」の神話が続いている。

　創世記第11章からは，「救いの道」への物語が始まる。すなわち，神がわれわれ人間すべてを，人間関係の回復へ導くアクションに出る物語である。神はアブラハムを選び，一方で全人類救済のミッションを与え，他方で「土地の約束」と「子孫の約束」を与える。これが物語の柱である。しかし，テーマは，アブラハムの神への信仰である。それは，人間と人間との関係（水平的な関係）は，根源的には，神と人間との関係（垂直的な関係）の反映であることによる。

　「アブラハム」とは，「多くの民の父」という意味である。彼は，イスラエル民族が「父祖」として語り継ぎ伝えてきた人物である。彼の生地はメソポタミア南部の大都市国家ウルであるが，その一生は波乱に満ちている。イスラエルの父祖の内，特にアブラハム，イサク，ヤコブの3代を「族長」という。彼らは放浪し，小家畜飼育者であったが，やがてカナン（パレスチナ）に定着した。族長の時代は，紀元前2200年から紀元前1200年らしい。

第 3 章　旧約聖書の文学：「救い主・キリスト」待望論への道

アブラハムは神に人類救済のために選ばれた。実際，彼が神の約束を信じ，他者との共存の道を選択する時には，人々へ祝福は拡散していく。しかし，彼が保身的なエゴの動機から法制度や慣習や人間的知恵の道を選ぶ時には，周囲の人々を呪いや不幸に巻き込み，人間関係が連鎖的に不健全なものとなる。それでも，神はアブラハムに対して変わらない。神は，アブラハムに対し，不可能を可能とし，窮乏時には介入し，共にいて，神の器として成長をもたらすのである。

3.1.1　アブラハムの始点：神による召し出し（召命），使命と約束

アブラハムは神に選ばれた時，75歳であった。妻サラは10歳下で不妊であった。神は，われわれ人間の将来を彼にかけた。これはメソポタミア北部のハランで起きたことである。神はまず「わたしが示す地に行きなさい」と命じた。アブラハムは大きな決断を迫られた。彼にとって，故郷や父の家を去ることは，人間関係や生活の安定を捨てることを意味した。しかも，神は「わたしが示す地」とだけ言い，それがどこか，生活の基本的な保証があるのか，その具体的な提示はなかった。ただ，神は「あなたを大いなる国民とし，あなたを祝し，あなたの名を高める」といい，彼が「祝福の基となる」ことを約束しただけであった。この約束の意味は，アブラハムがわれわれ人類のすべてにとって，祝福となるということである。つまり彼は，全人類にとって神の祝福の媒介者となり，神の祝福は，彼を通して周囲の人々へ発散する。裏を返せば，彼を祝福する人に神の祝福は及び，彼を呪う者には及ばないという意味となる[2]。

アブラハムは，「主の言葉に従って旅立った」[3]。妻サラの外に，亡くなった弟の息子ロトも連れ，メソポタミア北部のハランを出た。南西に向かい，地中海の東側の地，カナンに入った。すると，神が現れて，「あなたの子孫にこの土地を与える」[4]と約束をした。彼は，記念に祭壇を築いた。そして，彼の信仰はここから徐々に成長するのである。

3.1.2　権力者の前での自己保全と妻への抑圧者的姿勢

アブラハムはカナンの南の地ネゲブに生活圏を見出したが，飢饉となった。

3.1 アブラハム物語：関係性回復の使命と信仰

そこで，さらに南下し食料を手にいれやすいエジプトに寄留した。入国に際し，妻が王ファラオに略奪され，自分は殺害されるのではないかと不安になった。アブラハムは妻に甘い言葉で語りかけ無茶な願いを言う。「あなたは美しい。わたしの妹だ，と言ってください。そうすれば，わたしはあなたのゆえに幸いになり，命も助かる」という内容である[5]。しかし妻は沈黙し，結局，この嘘は彼が言った[6]。

サラは，父権制のもとで「ファラオの楽しみの対象」としてその「妻」となった。サラが夫によって被抑圧者となったのとは対照的に，夫アブラハムはサラのゆえにファラオから兄として待遇を受け，大きな富を手にした[7]。どうも，甥のロトもその恩恵にあずかったようである。

だが，神はその状態を放置せず介入した。ファラオと宮廷の人々には「恐ろしい病気」が流行したのである。ファラオは，それがサラを召し入れた結果だと感知した。そこでアブラハムを呼び寄せ，彼の嘘を叱責し，国境まで彼らに護衛をつけ追放した[8]。神の介入の理由について，アブラハムに対する神の誠実さにある，と見る立場がある。しかし，むしろ，父権制のもとで，サラが夫アブラハムの財産としての扱いを受け，性的犠牲をしいられる危険に直面していたので，サラを救済するために神が介入した，と見るべきであろう[9]。

アブラハムは100歳になり，ゲラルに滞在した時にも，王アビメレクに対して，同じ事件を起こしている。すなわち，妻サラについて「わたしの妹です」と欺き，サラは王に召し入れられた。しかし，ここでは異邦人である王アビメレクの夢に，神自らが臨み，すべてを明らかにして解決した。夢では，アブラハムが預言者で，その「執り成しの祈り」によって王が救われる，と王に告げられる[10]。次の朝，王はアブラハムを呼んで非難する。それでも神を畏れる王は，アブラハムに対して領土内での居住を認め，サラの名誉の保護のために多額の慰謝料を払った[11]。アブラハムに祈ってもらうことで，夢の通りに王は赦されたのである[12]。

3.1.3 親族ロトとの関係

時間的にさかのぼるが，エジプト追放時，アブラハムも甥のロトも大いに富んだ。カナン地方へ帰って来たが，多くの家畜を飼っていたので，2人のしも

べである羊飼いたちの間で，牧草地の取り合いが生じた。解決に乗り出したのは，叔父のアブラハムで，甥のロトに土地の優先的選択権を与えた。「ここで別れようではないか。あなたが左に行くなら，わたしは右に行こう」その逆も然りで，ロトが右に行くなら左へ行くのである[13]。ロトは遠慮せずに，エデンの園のような牧草地と，繁栄している町々の方を選んだ。

すると神がアブラハムに語りかけ，土地と子孫の約束をした。土地は「見える限りの土地すべて」であり，そこを「歩き回る」ように神が言った。当時の法制度では，歩き回る行為は，譲り受けた土地の占有を合法化する行為であった。アブラハムは，彼とその「数えきれない」子孫に，その土地が与えられるという約束を，神から与えられたのである。

甥のロトは繁栄しているソドムに住んでいた。そこへ攻めてきたメソポタミアの王たちがソドムの王たちとの戦で勝ち，財産もろともロトを連れ去った。逃げてきた1人が，このことをアブラハムに告げた。彼は「訓練を受けた者318人」を連れて追跡し，すべてを取り返し，ロトを救出した。戦利品については，共に戦った人々の分を「別」とし，自分の分は取らなかった[14]。このことは，解放者は勝利によって私的利益を得ない，という正義と公正の哲学を物語っている。

ソドムともう1つの町であるゴモラは腐敗したため，滅びる時が来た。今まさに神の裁きが下る，という局面で，アブラハムは神に向かって交渉を始めた。町に住む「正しい者」をも共に滅ぼすことは正義と言えるか，と議論する。神は正しい者が50人いれば赦すと言った。この交渉は，正しい者を45人，40人，30人，20人，ついには10人と減らしながら進む。議論は，神が，正しい者のゆえに腐敗する世界を救う，という正義の哲学を暗示している。そして，ソドムが滅ぶとき，ロトはアブラハムのお陰で救済されている[15]。

3.1.4　アブラハムへの神の約束と信仰による義認

親族の救出後，アブラハム物語の中央に，彼への神による子孫の約束と土地の約束の物語が置かれている。この物語は，神が，「恐れるな」と呼びかけ，非常に大きい報いをアブラハムに与えると語ることで始まる。しかし，彼は落胆する。妻サラに子が望めないからである。当時の古代文書には，実子が

無い場合には奴隷が養子となって相続し,親の埋葬の義務を負うとある。すると,神は彼を外へ連れ出し,夜空の無数の星を見せ,「あなたの子孫はこのようになる」と子孫の約束をし,彼は神を信じた。神は,その信仰を見て,彼を「義」とした。このように,信仰によって正(義)しいものとされることを「信仰による義認」[16]といい,以後,彼は信仰の父と呼ばれている。この後で,神は広大なカナンの土地の約束をした[17]。この約束の土地の範囲は,後のソロモン王の時代の「イスラエル史上最大の領域」とほぼ同じである。

3.1.5 不妊のサラによる抑圧と侍女ハガルによる抑圧の循環的連鎖

この直後,サラが夫を侍女と共有する決断をした。彼女には,自分だけに仕え自分だけが自由にできる,エジプト人のハガルという侍女がいた。かつて夫は保身のためにサラに性的犠牲を強いたが,今度はサラが不妊の汚名返上のために夫を利用し,当時普及していた合法な制度により,ハガルに性的な犠牲を強いて,彼女を代理母として夫に押し付けた。ハガルに対する支配権が法的にアブラハムに移った。しかし,彼女が妊娠するや,抑圧的地位の逆転が起き,ハガルはサラを抑圧的に見下した。サラは正妻として傷ついた。不満をぶつけられた夫は,ハガルの支配権をサラに返したので,サラは彼女を虐待した。ハガルは窮地に陥り逃亡し,故国エジプトの国境の方へ向かい,荒れ野の泉のほとりに至った。そこで,「主の御使い」が彼女に出会った。御使いは,生まれる子の名は「イシュマエル」(「神は聞いてくださる」)となり,彼が将来,対立的な人となり,ハガルの子孫が無数に増える,と予告した。ハガルは御使いの言葉に従い,サラのもとへ帰り,苦しみに耐え従順に仕える決断をした。というのは,彼女は,「わたしを顧みられる神」が共にいるという神の臨在を経験し,平和的関係の中に自分がいる実感を味わったからである。アブラハムは86歳で父になった。

3.1.6 神とアブラハムとの永遠の契約:イサクとイシュマエル

アブラハムが99歳の時に神が再び現れた。神はアブラハムとの間に,①彼を「諸国民の父」とし,王となる者たちがその子孫から出ること,②彼およびその子孫に約束のカナンの地を継がせること,③契約の徴として彼の家の男子

は割礼を受けること，を内容とする「永遠の契約」を結んだ。

　神がアブラハムとサラの間に息子が生まれると言ったので，アブラハムはその可能性を問いながら笑った。彼には13歳になったイシュマエルが心から離れなかったのである。そこで，その思いを吹っ切らせるために，神は，生まれる息子を「イサク」（笑う，という意味）と命名するように命じ，契約はイサクと立てると宣言し，一方でイシュマエルを「大いなる国民とする」と約束して，離れて行った。その日にアブラハムは，自身を含むすべての男子に割礼を施した。

　その年に，3人の姿で神がアブラハムとサラを訪問した。彼らは翌年に長男が生まれると予言した。サラは聞いて，老いた2人の夫婦生活にあり得ないことと思い疑いひそかに笑った。すると，神は「主に不可能なことがあろうか」[18]と切り返した。2人は可能性を信じ，老いに抗し，翌年にイサクが誕生したのである[19]。サラは，幼いイサクをからかっている14歳上のイシュマエルを見た。彼女は，イシュマエルが相続人となるのを排除するため，再び抑圧者として夫に圧力をかけ，その母ハガル共々にライバル2人を追い出すように求めた。苦悩し解決できないアブラハムに，神は，2人のことを顧みる神として，サラに「聞き従いなさい」と命じた。アブラハムはパンと水の皮袋だけを与え，2人を去らせた。ハガルは荒れ野で水を切らし，子から離れて向かい合い，共に泣いた。ハガルは再び神の御使いから力を得た。やがて成人した息子にエジプトから彼の妻を迎えた[20]。

　神はその後で，永遠の契約に反して，アブラハムを試した[21]。すなわち，モリヤという地の山へ愛する独り子であるイサクを連れて行き，焼き尽くす献げ物とするように命じた。当時，異教ではそういう習慣があった。彼は，2人の若者とイサクを連れ3日歩き，その場所へは息子だけを連れて登った。息子は「お父さん」と呼びかけ，「焼き尽くす献げ物にする小羊はどこにいるのですか」と問う。「神が備えてくださる」と父は答える。場所に着くと，祭壇を築き，息子を縛って上に載せ，刃物を取り屠ろうとした。その時である。御使いが呼びかけ，「その子に手を下すな」と言った。アブラハムが見回した。雄羊が目に入ったので，これをイサクの代わりとした。この時点で，親子間の「血縁の切断」が起きたと言えよう。この後，イサクは，その葬儀にイシュマ

エルと登場するまで，アブラハムの前には現れなかった。イサクの母サラは，ハガル追放以後登場せず，127歳で死んだ。イサクの父アブラハムは再婚し，6人の子が生まれ，175歳で死んだ[22]。

3.2 ヨセフ物語：関係性回復と思考的次元

《中心的テーマ》

　ヨセフ物語は，アブラハムからヤコブまでの族長物語から独立した，一つのまとまりのある文学である。ヨセフは，創世記の最後に登場する人物で，アブラハムから数えて4代目となる。

　アブラハムは神から全人類にとって祝福をもたらす使命を与えられた。その使命は，サラとの間に生まれたイサクが受け継いだ。イサクは，リベカという女性と結婚し，双子の男児が生まれた。兄のエサウと弟のヤコブである。ヤコブはイサクの後継者として選ばれた。このヤコブには12人の息子がいた。その11番目の子がヨセフである。

　ヨセフ物語の1つの特徴は，神が直接現れたり語りかけたりする場面のないことである。神は，物語の進行の背後にいる。つまり，神が共におられて働かれているという神の臨在と働きは，ナレーターが解説をしたり，登場人物が主観的に感知したりするのである。しかし著者は，神をすべての背後にいる真の主人公とし，歴史の背後にある神のリアリティを描くのである。

　構想（plot）を見ると，ヨセフが予言的な夢を見てそれを語ったことも一因となり，家族内の人間関係が破綻する。そして彼が兄たちに憎まれエジプトへ売られるところから，話は始まる。ヨセフはエジプトの地で奴隷となるが，やがて，王であるファラオに次ぐ宰相となる。そして世界的飢饉が起き，国家的権力者となったヨセフの前に，兄たちが穀物を買いに来る。かつて，感情の次元でヨセフに嫉妬し虐待した兄たちは，徐々に，応報の原理の次元で考えるようになり，さらに，神の働きの次元等で考えて仕える人へとその人間性が変化していく。ヨセフは神の救済計画の次元で強いられた苦難の意味を理解し，兄たちを救し，老いたヤコブと親族もすべてエジプトへ移住することになる。

　物語は，神がアブラハムに使命として与えた全人類の祝福の課題が，ヨセフ

を通して，奴隷である彼の主人や彼の国家政治的な手腕でエジプトの地で実現する。舞台は，エジプトへ移っていく。

3.2.1　ヨセフの複雑な家族的背景

ヨセフの家族の人間関係は，複雑である。その原因は，父ヤコブの結婚生活にある。

ヤコブは母の勧めで，妻探しのために伯父の所へ行った。そこには2人の娘がいた。「優しい目をしていた」姉のレアと「顔も美しく，容姿も優れていた」妹のラケルである。ひと月仕事を手伝っている内に，ヤコブは，ラケルに恋をし，7年間の手伝いを条件にラケルとの結婚が許された。

7年が経ち，伯父は結婚の祝宴を開いた。問題はこの夜から起きた。

初夜を妻と過ごし，「朝になってみると，それはレアであった」[23]。ヤコブが伯父に抗議すると，伯父は「妹を姉より先に嫁がせることはしないのだ」と言い，あと7年間働くことを条件に，ラケルも妻として与えた。その時，姉妹に，それぞれの女奴隷を召使いとして付けた。「ヤコブはレアよりもラケルを愛した」[24]。

ヤコブには，ラケルとの間に子が生まれなかった。「主は，レアが疎んじられているのを見て彼女の胎を開かれた」[25]が，ラケルの胎にはそうしなかった。すなわち，まず，姉のレアとの間に，ルベン，シメオン，レビ，そして，ユダが生まれた（創29章）。妹のラケルは夫のヤコブに，このままでは「わたしは死にます」[26]と迫り，自分の女奴隷を代理母として与えたことで，ダンとナフタリが生まれた。姉のレアは，更年期を過ぎたと知ると，自分の女奴隷を代理母として夫ヤコブに与え，ガドとアシェルが生まれた。しかし，その後も，「神がレアの願いを聞き入れられたので」，姉のレアには，イサカルとゼブルンと，娘ディナが生まれた。このようにして，姉のレアから6人，その女奴隷から2人，妹のラケルの女奴隷から2人で，全員で10人の息子が生まれた。この後でやっと，妹のラケルにも時が来た。「神はラケルも御心に留め，彼女の願いを聞き入れその胎を開かれた」[27]。この子がヨセフである。すでに高齢での初産であったので，続く2人目は「難産であった」[28]。この時に生まれたヨセフの唯一の弟ベニヤミンは無事だったが，ラケルは死んだ。

ヤコブは別名，イスラエルとも呼ばれ，その息子らの子孫は「12部族」としてイスラエルの民の全体を表わす代名詞となった。話を戻すが，父ヤコブはヨセフを「どの息子よりもかわいがり，彼には裾の長い晴着を作ってやった。兄たちは，父がどの兄弟よりもヨセフをかわいがるのを見て，ヨセフを憎み，穏やかに話すこともできなかった」[29)]。「裾の長い晴着」とは，社会的に位の高い者が着用するもので，それを着る者が法的に未来の継承者であることを象徴するものであった。

3.2.2 ヨセフの夢と異母兄たちの陰謀の結果との相克

ヨセフが波乱万丈の生涯を送ることになったきっかけは，彼が2つの夢を兄たちに語ったことにある。最初の夢は，ヨセフが畑で作った束に兄たちの束が「ひれ伏す」というものである。この夢は，「お前が我々の王になる」ことで，「我々を支配する」のかと，兄たちの憎しみの火に油を注いだ。2番目の夢は「太陽と月と11の星がわたしにひれ伏している」というもので，今度は，「わたしもお母さんもお兄さんたちも，お前の前に行って，地面にひれ伏す」というのか，と父が叱った。

この夢が原因となって，10人の異母兄たちはヨセフをねたんだ。嫉妬心から，彼を「夢見るお方」と呼び，「あれの夢がどうなるか，見てやろう」[30)]と，殺害などの陰謀をたくらんだ。というのは，兄たちにとっては，弟ヨセフを父の継承者として認める訳にはいかなかった[31)]し，さらに，年長者に権威を認める当時の家族的秩序では，認めがたい脅威だったからである。

ある日，兄たちに好機が来た。兄たちが家から何十キロも離れたドタンという所で羊の群れを世話していたところへ，父に兄たちの様子を見て来るようにと言われたヨセフが来たのである。兄たちはヨセフを殺害する相談をした。しかし最終的に，長男ルベンは賛成しなかった。彼は，父親の代理の責任者としての自覚から計画を変更させた。そこで，彼らはヨセフから晴着をはぎ取り，ヨセフを空になっていた荒野の水溜め用の穴へ投げ込んだ。何と，犯行後も非人間的に何も無かったかのように食事をしていた。通りかかったエジプトへ行く隊商に，4男ユダは「売ろう」と持ちかけた[32)]。17歳のヨセフは隊商に売られ，これが彼のトラウマとなったのである。

第3章　旧約聖書の文学：「救い主・キリスト」待望論への道

　ヨセフは，ファラオの宮廷の高級官吏に買い取られた。ヨセフは主人の全幅の信頼を得て，食事以外のことはすべてを任された。彼は「顔も美しく，体つきも優れていた」ので，主人の妻は「わたしの床に入りなさい」[33]と日々言い寄ったが，彼は拒んだ。皆が不在のある日，彼女に着物をつかまれ言い寄られたので，脱ぎ棄てて外へ逃げた。しかし冤罪によって，彼は性的暴漢未遂者とされ，ファラオの囚人用の監獄に収監されたのである。しかし，ヨセフは，監獄でも看守長の信頼を得て，すべての囚人を「取りしきる」[34]ようになった。

　ある日，2人の囚人が各々に「夢」を見た。しかし，解く者がなく鬱に陥っていた。ヨセフは，「解き明かしは神がなさる」と言って解いてやった。すると，その通りに事が起こった。1人は職務復帰しファラオに仕え，もう1人は処刑された。ヨセフは復帰する者へ，ファラオにヨセフの無実を告げ自分にも釈放される時が来るように頼んだが，その男は忘れ，2年の月日が流れた。

　しかし，ヨセフが30歳の時，彼に，国家的レベルでの転機が訪れたのである。すなわち，ファラオが2つの不吉な「夢」を見たが，誰も説得力ある解き明かしをできなかった。その夢とは，肥えた7頭の雌牛がやせ細った7頭の雌牛に食い尽くされる夢と，よく実った7つの穂が干からびた7つの穂に呑み込まれる夢であった。幸い，あの元囚人がヨセフのことを思い出し，ファラオに告げたので，ヨセフは召喚され，御前で夢を解き，「最初の7年は豊作で，続く7年は飢饉が襲い，国を滅ぼすことであり，2度見たことは，それが今起きることである」と説いた。さらに対策も進言し，「聡明で知恵のある人物」に国を治めさせ，「国中に監督官」を立て，豊作の7年間に十分な穀物を蓄えれば守られると教えた。ファラオは，唯一の適任者として，ヨセフを彼に次ぐ全エジプトの最高の権力者として宰相に任命し，エジプトの祭司の娘を妻として与えた。「ヨセフの威光はこうして，エジプトの国にあまねく及んだ」[35]のである。

　7年の豊作後，世界的な飢饉が始まり，カナンのヤコブのところでも穀物がなくなった。エジプトに穀物があると聞いた父ヤコブに命じられて，ヨセフの10人の異母兄たちは，穀物を買いにエジプトへ下り，ヨセフとは知らず「ヨセフを拝した」[36]。ヨセフにとって，第2番目の夢は母ラケルが亡くなってしまったことで成就はあり得ないが，最初の夢の成就には，あとベニヤミンが

3.2 ヨセフ物語：関係性回復と思考的次元

足りないだけである（Meir Sternberg, 1987）。ヨセフは自分が冤罪で味わったように，兄たちに「回し者」という嫌疑をかけて，彼らを牢獄に監禁して取り調べ，「末の弟は，今，父のもとにおります」[37]という証言を得た。そこで，次男のシメオンを人質に取り，「末の弟をここへ連れて来い」と命じた。しかし，代金の銀を密かに穀物と一緒に袋に入れて，兄たちを帰した。

その後ヤコブは穀物が切れたので，9人の異母兄たちに再びエジプトへ行き穀物の購入をするように命じた。4男のユダが，ベニヤミンを決して手放したくない父親に，前回の時のエジプトの宰相（ヨセフ）とのやり取りを説明し説得したので，ベニヤミンも共に行った。袋には銀を2倍用意し，献上品も入れた。彼らがエジプトへ到着すると人質のシメオンは解放され，11人の兄弟全員が揃い，全員が「地にひれ伏してヨセフを拝した」[38]。ここに，最初の夢は成就したのである。

3.2.3　兄たちの人間性の変化：ヨセフのトラウマの原因の消滅

ヨセフは，弟のベニヤミンだけをエジプトに残せるように，10人の異母兄たちを十分にもてなして父のもとへ送り帰す目的で，奇策に出た。すなわち，ヨセフは執事に，兄たちの袋には各々の銀の他に「運べるかぎり多くの食料」を満たすように命じた。だが，弟のベニヤミンの袋にはそれに加えて，「ヨセフの銀の杯」を忍び込ませた。それは，兄弟たちを送り出した後で執事に追わせ，ベニヤミンだけを窃盗の嫌疑で連れ戻すためであった。しかし，これはヨセフの誤算であった。

かつてヨセフを隊商に売ろうと冷酷な提案をした4男のユダが，弟のベニヤミンが解放され父のもとへ帰れるように，身を挺して嘆願したのである。今，父から「疎んじられた」妻のレアの息子ら全員が弟のベニヤミンのために連帯責任を感じているのである。さらに，父がヨセフの母ラケルを「わたしの妻」と呼んでしのび，その息子のヨセフのことを「きっとかみ裂かれてしまった」と思って悲しみ，「父の魂はこの子（ベニヤミン）の魂と堅く結ばれ」ているために，ベニヤミンが無事に帰らないと，父は死んでしまう，と親身になって訴えたのである。決定的なことは，ユダ自らが「この子の身代わり」として「御主君の奴隷」となると申し出たことである。

ヨセフはこの嘆願を聞き，敵対関係の終わりと新しい関係を約束する「転換点（turning point）」を体験する。ヨセフはこれまで幾度も小さく泣いた[39]が，今初めて，心の底から大泣きする[40]体験ができたのである。これは心理学にいう，トラウマにおける「癒し」の体験であった。

3.2.4　むすび：「思考の次元」の大切さ

異母兄たちの人間性の変化の背景には，彼らの体験とそれに続く思考の次元的変化がある。ヨセフに「回し者」として投獄されてから様々な苦難を強いられた。その体験から，彼らは嫉妬や憎しみといった「感情的な次元」で行ったヨセフへの虐待行為を「公平な応報原理の次元」[41]で自己批判的に振り返り，「神の働きの次元」[42]，「神が罪を暴く次元」[43]で考えるようになった。

ヨセフは，異母兄たちの人間性の変化の後で，兄たちに「わたしはあなたがたがエジプトへ売った弟のヨセフです」と身を明かした。続けて「わたしをここへ売ったことを悔やんだり，責め合ったりする必要はありません」と兄たちを無条件に無罪放免した。しかしそれを可能にしたのは，ヨセフが「命を救うために，神がわたしをあなたたちより先にお遣わしになったのです。……わたしをここへ遣わしたのは，あなたたちではなく，神です」[44]と，自分の一連の被害者的な苦難の意味を，「神の人類救済計画の次元」で再解釈し，新たに祝福として創造したことによるのである。

3.3　出エジプト物語

《中心テーマ》

紀元前1200年頃，国家奴隷として酷使されたイスラエルの民が大国エジプトからの脱出を果たした。この出来事を「出エジプト」といい，その指導者がモーセである。物語の焦点はこの出来事からイスラエル民族になる。この出来事はイスラエル民族の原点であり，「過越祭」として，今でも毎年，春に祝われている。神は，神の民としてのアイデンティティ形成に「十戒」（律法）をシナイ山で授けたが，民は従わず，第1世代は約束のカナンの地へ入る手前で果てるのである。

3.3.1 ユダヤ教の原点の出来事としての「出エジプト」

　出エジプトが何時の時代かということのヒントは，「ファラオの物質的貯蔵の町，ピトムとラメセスを建設した」[45)]という記述にある。これらの町は，実際にデルタ地帯にあり，エジプト第19王朝第3代の有名な王，ラメセス2世（在位前1279-1213年）が建設した。その労働の過酷さは，エジプト人でも逃げ出す者もいたという程であるから，イスラエルの民への虐待は，かなりなものであったと推定される。

　考古学と社会学の研究から，その「起源」は史実に基づいているという見解が現代では多数である。すなわち，小規模の奴隷集団が脱出し，カナンにたどり着いた。彼らは，脱出と旅路を体験し，ヤハウェをこの出来事の解放者として理解したのである。モーセ物語は，イスラエルの民がこの出来事の意味をほぼ1000年にわたり思慮した結実なのである。

　モーセ物語の前提には，アブラハムが神によって全人類救済の使命のために選ばれ，神との契約によって，子孫の約束とカナンの土地の約束を与えられていることがある。このアブラハムの子孫が，この時，エジプトの新しい王の出現によって虐待され，モーセを指導者として出エジプトを果たし，約束の地を目ざすのである。続いて，モーセを通して神から律法が与えられ，その後，彼らは40年にわたる荒野での放浪生活をし，様々な試練を通して変化を遂げていく。以上は，出エジプト記，レビ記，民数記が一連のこととして語る。最後は，モーセの民への遺言的な教えとモーセの死を告げる申命記で終わる長編である。

3.3.2 出エジプトの出来事の意味

　物語は，エジプトに新しいファラオが出現したことから始まった。彼は，自分の国がかつてヨセフによって救済され，今日のエジプトがあるのはその恩恵であることを知らない。神によるアブラハムへの子孫の約束が成就し，星の数のように多くなったイスラエルの民は，ファラオにとっては，新しい都市建設にうってつけな無償の労働力であったのである。

　しかしモーセ物語では，エジプト人による虐待は，神がアブラハムに「あなたの子孫は異邦の国で寄留者となり，400年の間奴隷として仕え，苦しめられ

る」が,「その後,彼らは多くの財産を携えて脱出するであろう」[46]と予告した想定内のことである。

　神の民は,苦難を強いられる場合があるが,神により救出され最終的には祝福される。つまり,最終的には,超大国エジプトの神々に対するイスラエルの父祖伝来の神の大勝利となるのである。

　まずファラオは,イスラエル民族が「数多く,強力になりすぎ」国を取ることを恐れ,男の嬰児すべての殺害を計画するが失敗する。イスラエルの女の知恵が勝利し[47],さらにファラオ自身の娘がその嬰児の中の1人を助け養子とした。その人物がモーセなのである[48]。

　次にファラオは,イスラエル民族の出エジプトを求めるモーセとの交渉を拒絶し続けようとするが失敗する。交渉には共通のパターンがある。第1のステージでは,神がモーセに,ファラオに災いなどを予告するように命じるが,他方でファラオの交渉拒否を予告する。第2ステージは,モーセがファラオにその災いを予告し,ファラオが拒否し交渉不成立となる。第3ステージでは,予告の通りに災いなどが起きたという記載である。最初はモーセの兄アロンの杖が蛇になる奇術であるが,その後の9つの災いには,このパターンが繰り返される。災いを区分すると①水の血への変質,②蛙の異常発生,③ぶよの異常発生,④あぶの異常発生,⑤疫病,⑥はれ物の流行,⑦雹,⑧いなごの大群,⑨3日間の暗闇による災害である。エジプトの神々に仕える魔術師は応戦を試みるが,ぶよの異常発生以後は何の応戦もできない[49]。しかし,最後となる第10回目の災いでは,パターンが破れる。神がモーセに,エジプト中の初子の死の予告を宣言し,ファラオがイスラエル民族をエジプトから追放することを予告する。そして,第2と第3のステージへと続く。ファラオは予告を聞いて怒り交渉を拒否した。すると災いが起き,彼の長男も死んだ。しかしこの第3ステージの後,予告の通り,ファラオは一転し,イスラエルの民を国外へ追放したのである。

　第10回目の災いについては,神がモーセに語った通りに,イスラエルの民で入り口に子羊の血を塗った家は,神が過ぎ越し,何事もなかった。イスラエルの民はこの月を正月と定め,この出来事を過越祭とし,酵母を入れないパンを焼いて,堂々と出立した。約束のカナンの地までは,地中海沿いのペリシテ

街道が約 300 キロの近道で，日に 30 キロ進むと，「10 日」で着くが，途中に強敵ペリシテ人がいる。そこで，衝突を回避させるために，神は，解放奴隷である弱い彼らを迂回させ，「葦の海に通じる荒れ野の道」を進ませた[50]。

ファラオは，彼らを国外追放したことを後悔し，戦車，騎兵，歩兵を伴って追跡し，海辺で追いついた。前は海で後ろはエジプト軍という窮地に立つイスラエルの民を神は奇跡によって救出させた。すなわち，「激しい東風」が吹き，乾いた地が現われ，イスラエルの民は海を渡りきったが，追って入ってきたエジプト軍は海水が戻り，すべて溺死したのである。物語には，イスラエルの民は自分たちの神ヤハウェの大いなる御業を見て，ヤハウェを畏れ，信じた[51]とある。自分たちの神ヤハウェは他の神々の大国にも圧勝する神であることを体験したのである。

3.3.3 律法

旧約聖書の歴史で最大の出来事は，エジプトを出発して 3 カ月目にイスラエルの民がシナイ山に至った時に起きた。神ヤハウェがモーセを通して，彼らに十戒を授けたのである。神がイスラエルの民に，「神の民として生きる道」を示したものを律法といい，律法の遵守が，神の民としての民族的な集団アイデンティティを形成することとなるのである。この律法の中心にあるものが，「十戒」である。ユダヤ人は，シナイ山で律法が与えられたこの出来事を「五旬節」（シャヴーオート）として祝っている。

モーセの律法には十戒の外に，次のものがある。十戒に続く「契約の書」[52]は，社会的正義に基づく人間関係の規定と祭儀関係の規定として重要である。この他に，「祭司律法」[53] や「神聖法集」[54]，そして，モーセが死を間近にして告げた「申命記法」[55] というものがある。

十戒の内容を出エジプト記第 20 章で見ると，第 1 戒は，自分を奴隷状態から解放したこの神の御前では，他の神々に救いを求め礼拝することなど不可能であろう，という内容である。第 2 戒は，偶像は，拝んでも拝む者の力以上には救いの力を発揮しないから拝むな，という忠告である。すなわち，われわれは様々な願望の実現のために神々を拝む。しかし，その神々は，自分の願望の投影であって，自分の願望を外へ取り出して偶像という形で表わし，結局，

第3章　旧約聖書の文学:「救い主・キリスト」待望論への道

自分を拝んでいるに過ぎない。願望は自分の力を超えては実現しない。そこで、自分の力を超えた願い事を熱心に拝むほど、空しく感じ、無感覚、無感動という自己疎外感を味わうのである。第3戒は、神の名は、自分の利益のために私用せず、神との正しい関係を高めるために用いよ、という奨励である。第4戒は、週末は、安息日として真の自己を回復するために、日常性から離れて、神の御前で休め、という神からのねぎらいである。自分の傘下の者にも休みを保証する戒めである。休む時間を創出するには、他の6日間を、効率的に能率よく自己管理する必要がある。休みはレジャーのためではない。

第5戒は、父母が「われわれの直接の創造者」であるから、神の代理者として敬愛せよ、という道理を示している。神に反する親の意志を実行できなくても、親は大切にしなくてはならない。

第6戒以下は、神の愛による解放を体験した共同体に相応しい交わりからの「逸脱」を禁止する常識的な訓戒である。すなわち、第6戒は、人の生命は神に属するから、「殺すな」といい、第7戒は、性的関係も神の前で責任ある行動をとり、「姦淫するな」という禁止である。第8戒は、「窃盗」を禁じ、第9戒は、生命や財産などを左右することになるから、裁判所では「偽証するな」と禁じている。第10戒は、一般的な人間関係ではなく、「隣」という近い関係で起こりやすいトラブルを、行為以前の「欲」の段階で断ち切れ、と諭している。

3.3.4　荒野の放浪：律法の遵守

十戒などの律法が与えられてはいるが、1つの民族が400年間も奴隷としてのアイデンティティを強要されていたのである。イスラエルの民の内に、神の民としてのアイデンティティが形成されるには、気長に教育し訓練に時間をかけ待つ必要がある。そうすることで、主体性のある神の民としての民族的性格に発展が見られることになるのである。

すなわち、十戒を授け、神が「あなたたちはすべての民の間にあって祭司の王国、聖なる国民となる」と言うと、民は一斉に「わたしたちは、主が語られたことをすべて、行います」[56)] と応答した。しかし実際は、背反や不信仰の連続であった。時を追って列挙すると、金の子牛の偶像礼拝[57)] を始めとし、民

の食事の不満，モーセ自身も任務に耐えきれず，自分を「殺してください」と神に苦情を言うという事態[58]であった。目的地目前となり偵察隊を送れば不安材料の報告をし，「エジプトへ帰ろう」と民は叫び，肯定的報告をした前進派のヨシュアとカレブの2人を「石で打ち殺せ」と要求した[59]。さらに，安息日違反[60]，指導者250人の反逆[61]，民の水欠乏の不満，それに怒ったモーセの神への命令違反[62]，目的地近くの土地の娘たちとの他の神々の礼拝[63]など限りがないのである。

　結局，エジプトの奴隷状態から解放された第1世代の民は，不満が多く，律法を授けられても守らず，命令に従わなかったので，ヨシュアとカレブ以外は，約束の地に至る前に死んだ。モーセも，約束の地を目前にして，40年間の務めを終え120歳で死んだのである[64]。

3.3.5　まとめ：「モーセ物語」作成の時代的背景と物語の性質

　物語の各場面の設定は，著者の工夫によってなされている。この著者を，伝統的な考えではモーセであるとし，死亡記事[65]のほかは全てモーセが記したとしている。これに対して，新しい見解では，著者を紀元前6世紀のバビロン捕囚期以後の者と見ている。この著者は，捕囚以前から存在している出エジプト記の原型や申命記の原型となるものを資料として用いて著したとする。その目的は，神に選ばれた民である「ユダヤ人」とは何であるかというアイデンティティを確立するためであるとされている。

　われわれが，自らを捕囚体験者の身に置いて読むと，物語の意味がより理解しやすい。古代オリエントでの民族間の戦争では，負けて捕囚となった民族は自分たちの「弱い神々」を捨てて勝者の「強い神々」に帰依した。ところがユダヤ人は，バビロニア帝国に敗れ，神殿破壊，捕囚を体験し，すべてを失ったにもかかわらず，「父祖伝来の神」との関係を大切にした。それは彼らが，自分たちの被った不幸は，自分たちの神が負けたからではなく，自分たちが神との契約を破り，「律法」を守らず，神と同胞とに背を向けたから起きたのだと解釈し受け止めたからである。しかし最大なことは，守屋彰夫氏が説くように，バビロン捕囚となってすべてを失った自分たちが「ユダヤ人」としてのアイデンティティを持つには，「律法を守ること」以外にはないという理解に到

達したことにある。

捕囚の民にとって，故国帰還への希望は出エジプトの出来事性によって高められるが，40年の放浪の物語は，第1世代の繰り返してはならない不信仰の物語なのである。モーセ物語は，律法とは何か，律法を守るとはどういうことか，神殿再建の時に神殿礼拝はどのように行うべきかというユダヤ人の原点を確認する自己理解の物語なのである。特に，出エジプト記第22章20-26節は，自己理解の原点として重要なものである。

3.4　ダビデ物語：関係性回復にとってのリーダーの在り方

《中心的テーマ》

ダビデは，その子孫から救い主イエス・キリストが誕生する人物である。しかし，ダビデは1回だけ，十戒を破り姦淫と殺人の罪を犯している。物語は，王も過ち，神に裁かれる人間にすぎないことを教えている。しかし，その上で，極悪な犯罪者にも社会復帰のチャンスは訪れるのか，どのように，どの程度までかという神学的な問いに，ダビデが真の世界のリーダーとなる姿を描いて答える。ただ，その描写は全く世俗的である。すなわち，人間的な出来事は因果的連鎖で完結し，神に介入の余地を残さない。つまり，神の計画や働きは因果的連鎖の背後に退き，完全に隠されている。ただヨセフ物語と違い，神はダビデを裁き，苦難に遇わせる。ダビデは自分の罪を認め，その苦難を受け止め，以後は律法の道からそれなかった。神は，彼ほどの王はいないとし[66]，ダビデ王朝の永遠の支配と彼の末裔による救済を約束したのであった[67]。

物語は，イスラエルの民と諸民族との対立，イスラエル内部での北10部族と南ユダ族との対立，この二重の対立を背景に展開していく。

3.4.1　ダビデ物語への序曲：イスラエル民族の王制導入への道

モーセの後継者であるヨシュアは，第2世代のイスラエルの民と「約束の地」に入り，土地を戦い取って各部族に割り当て，12部族に「宗教連合体の契約」をシケムで結ばせた（ヨシュア記）。

ヨシュアの死後，神は，出エジプトの出来事を知らない新世代のイスラエル

3.4 ダビデ物語：関係性回復にとってのリーダーの在り方

の民に，士師というカリスマ的指導者を与えた。1つは，戦闘的指導者の大士師であり，もう1つは，律法を伝える小士師である。大士師の出現には，次のパターンがあった。まず民が律法に反し神に背信的となる（背信）。すると，他民族の圧迫で苦しむ（苦難）。そこで民は悔い改め，神に助けを求める（悔い改め）。やがて神は大士師を与え救済する（解放）。この循環は，オトニエル，エフド，シャムガル，デボラ，ギデオン，エフタ，サムソンという大士師の数だけ繰り返された（士師記）。

　紀元前1000年頃，サムエルという最後の士師が登場する。当時，イスラエルの民は，エジプトに移住したヤコブの12人の息子の子孫たちが「12部族」となり，宗教的連合を結成していた。見えない神を王とし，角笛を合図に部族が武器を取って召集軍を編成し，「ヤハウェの戦争」として戦っていた。しかし，周りの都市国家は，世襲的王制と軍事的権力をそなえ強靭で，中でも，彼らと同時期にカナンに侵入し，その全土を狙うペリシテ人は宿敵であった。実際，イスラエル軍は丘陵地アファクでペリシテ軍に惨敗し，モーセの十戒の刻まれた石が入った「契約の箱」は奪われた[68]。ただ，契約の箱は，ペリシテ人がそれによる災いを体験し，送り返してきた[69]。サムエル記上第8章によると，イスラエルの民はこの大敗を機に，人間を王とする「王制」の導入をサムエルに要求した。サムエルは，王制は彼らを「王の奴隷」とし「泣き叫ぶ」結果となる，と警告したが，民は「王が裁き」「王が陣頭に立って」勝利することに固執した。神ヤハウェは，この民が「他の神々に仕え」，「わたしが王として君臨することを斥けている」から譲歩せよ，と彼に命じた。紀元前1020年頃，神は初代の王として，「最も小さな一族」であるベニヤミン族出身のサウルという背の高い美男の若者を選んだ[70]。彼は，王となる儀式である「油注ぎ」をサムエルから受け，イスラエル全部族の王となり[71]，紀元前1005年頃まで治めた。

　サウルは，当初アンモン人に勝利し[72]，常備軍体制を築き，諸民族とも戦い勝利した[73]。しかし，彼は神の命令に反し，士師であるサムエルを差し置いて祭儀を行い[74]，戦利品は一切持ち帰ってはならないことに反し，「上等なもの」は持ち帰り[75]，しかもその責任を部下へ転嫁した[76]。そこで，神は，対ペリシテ戦に民の中では優れたこの王の廃位を決めた。

67

3.4.2 少年から王へ：ダビデの英雄的な歩み

神は次の王選びのため，サムエルにユダの小さな町ベツレヘムのエッサイを訪ねさせた[77]。エッサイには8人の息子がおり，末っ子が少年ダビデであった。サムエルが彼ら全員を会食に招いた時，ダビデは父親のいいつけで羊の番をしていた。サムエルは背の高い美男の長男が最適と思ったが，神は心を見るように教え，結局全員が「否」となった。サムエルが父親に「息子はこれだけですか」と尋ねた。野からダビデが呼ばれ，「血色が良く，目は美しく，姿も立派であった。主は言われた。『立って，彼に油を注ぎなさい。これがその人だ』」[78]。こうしてこの少年が選ばれた。

サムエルが去った後，何も知らないサウル王が部下の紹介で少年ダビデを宮廷に召し抱えた。ダビデの奏でる竪琴の音が，サウルのうつ状態を癒したからである[79]。ある日，強敵ペリシテ人の大男ゴリアトが，イスラエル軍に，一騎打ちの挑戦を申し出た。彼は，青銅の兜，鎧，すね当てを身に着け，青銅の投げやりを持っていた。イスラエルの軍は恐れ，名乗り出る者が1人もいなかった。そこへ少年ダビデが名乗り出たので，王は彼に挑戦権を与えた。ダビデは，「主は救いを賜るのに剣や槍を必要としない」といって，羊を獅子や熊から守るための小石を5つ拾って袋に入れ，石投げ紐を手にした。彼は，ゴリアトの無防備な額を小石の一撃で倒し，走り寄り，ゴリアトの剣で首をはねた。この武勇のゆえに，王女が彼の婚約者となり，王子ヨナタンが彼の生涯の友となった[80]。しかし，王は，王の命により出陣する度にダビデが勝利を収め，すべての人から信望を得るので嫉妬し，ダビデへの愛と信頼を敵意と猜疑に変えた。

サウル王は「ものに取りつかれた状態」に陥り，自分を癒すために竪琴を奏でるダビデに対して殺害の陰謀を図り続け[81]，家臣全員へ殺害命令を出した。やむなく，ダビデは逃亡生活に入ったが，王の息子ヨナタン，王の娘でダビデの妻でもあるミカル，それにサムエルが彼を助けた[82]。

しかし，ダビデはサウル王へ悪意を一切抱かなかった。ある日，ダビデはユダの荒野で，死海を見下ろせるエン・ゲディ（野生の山羊の泉）の要害の洞窟に，私的部隊の部下と隠れていた。すると，ダビデを追ってきたサウル王が用足しにこの洞窟へ入って来て，服で足を覆った。奥の暗がりに潜むダビデの

部下たちは，王を殺すチャンスを神が与えたと解釈し殺害を促した．だが，ダビデは，「油を注がれた者（メシア）」へ敬意を払い許さなかった．王が用を終え外へ出るや，背後からダビデが声を掛け，身の潔白を訴えた．王は「お前は正しい．わたしを殺さなかった．お前は王となり王国はお前によって確立される」といって泣き，別れた[83]．しかし，サムエルの死後，王は言葉に反して，ダビデの妻でもある自分の娘ミカルを他の部下に「与え」[84]，再びダビデを殺害しようと追った．ダビデは再び王を殺せる機会が来ても手出しせず，王は再び彼を祝福した[85]．

　それでも，王はまたダビデを追跡した．ついにダビデは，部下の兵600名，その家族らと共に敵地へ亡命した．敵であるペリシテ人の支配者，ガトの王アキシュの傘下に入り，1年4カ月の間滞在した[86]．だが，ペリシテ人とイスラエルの民との戦いが始まる時に，アキシュ以外のペリシテ人はダビデの寝返りを恐れたので，アキシュの命令に従い，ダビデは離脱した[87]．ギルボア山でのこの戦闘で，王子ヨナタンは戦死し，惨敗した初代の王サウルは自害した[88]．

3.4.3　ダビデによるイスラエル王国の確立と栄華

　ダビデは，2人の死を悼み，英雄詩「弓の歌」を歌った[89]．時に神はダビデに，その出身地であるユダの町ヘブロンへ上れ，と告げた．「南のユダ族」の人々は，ダビデに油を注ぎ，「ユダの王」とした．しかし，「北の10部族」が支持するサウル王家は対立し，サウル王の子イシュ・ボシェトを王として擁立した[90]．だが，サウル王家で実権を握るアブネルがダビデの方へ寝返り，対立は終わった．ダビデは，サウル王の娘である妻ミカルを取戻し，王の婿の地位を回復した．アブネルとイシュ・ボシェトの2人は，ダビデの意に反したため暗殺された[91]．ダビデは全イスラエルの長老から油を注がれ，「全イスラエルの王」となり，全部族の統一を果たした．30歳であった[92]．

　ダビデは，イスラエル王国の首都として，南北の中間点にあり，どの部族の所有でもないエルサレムに目をつけた．そこは，狭い山脈上にある堅固な要害で，ヨシュア時代から250年間，エブス人の牙城であった．ダビデは，この通称「シオンの要害」を陥落させ，ここを首都に定めてダビデの町とし，軍事

第3章　旧約聖書の文学:「救い主・キリスト」待望論への道

的,政治的支配を確立した[93]。首都に,十戒の板の入った神の箱を搬入し[94],神殿を建設する方向性も決め,ここを王国の宗教の中心とした。だがダビデは,戦争指導者として多く人を殺したので,神殿建設を神から許可されなかった[95]。しかし,神の一方的恵みにより,預言者ナタンを通して,ダビデの末裔にダビデ王国を建設させ,その「王座をとこしえに堅く据え」,「わたしは彼の父となり,彼はわたしの子となる」という契約が与えられた[96]。

ダビデは王として出陣では先頭に立ち,近隣諸民族を征服し,弱小であったイスラエル王国は,今やメソポタミアとエジプトの間の地域では最強国となった。ただこの記述は,ソロモンの項で説明するが,政治的な意図をもった後代の作文で,史実ではもっとささやかなようである。安定後,ダビデは,亡き友ヨナタンの子であるメフィボシェトとその従者ツィバを呼び出し大切にした[97]。

3.4.4　ダビデ王の犯罪:「バト・シェバ事件」(サムエル記下 11-12 章)

王国は安泰となり,軍事行動はアンモン人との戦いだけであった[98]。新年を迎えた春の出陣の時に,ダビデ王は,先陣を切る王の務めに反し,王宮に留まって「午睡」し,屋上を散歩し,眼下の近くにある屋上の浴場を見た。1人の部下の妻が,律法規定により月のものの後の清めで水を浴びていた。すぐに使者を送り召し入れた。彼女は武将ウリヤの妻でバト・シェバといい,懐妊した。王が唯一の父である確証を心に,使いをやり王に知らせた。王は,夫であるウリヤを前線から呼び戻した。隠ぺいのため,安否と戦況を聞いてから,「家に帰って足を洗うがよい」と命じた。当時,「足を洗う」とは男女間の行為の隠語でもあった。しかし夫ウリヤは,目と鼻の先の自宅に帰らず,王宮入口で他の家臣と寝た。王はそれを知り,呼びつけて理由をただし,さらに都に留まるように命じた。結局ウリヤは,不自然なまま3泊4日の後に,上司ヨアブへの手紙配達を命じられた。何と,手紙には,ウリヤを激戦地で「戦死させよ」とあった。ヨアブはウリヤを強力な敵のいる辺りに配置し,ウリヤは他の兵と共に戦死した。ダビデ王は,悲嘆し喪を終えたバト・シェバを妻にした[99]。

この事件についての疑問は多い。王宮からの使者の行き来により,王の不倫

は人々に知られたのか。夫ウリヤが帰宅しなかったのは，噂で不倫を知ってのことなのか。王のウリヤ殺害の動機は，帰宅命令違反の夫への復讐なのか。王にはウリヤがその手紙を見る不安は無かったのか。部下ヨアブは，ウリヤ以外の兵を共に戦死させることを命令違反と思わなかったのか。テキストは，答を示さずに進む。

3.4.5 真の王への苦難の道：犯罪行為後の家族の不幸の連鎖の意味

不自然なタイミングで，預言者ナタンが再び登場する。しかも，ダビデ王の罪の重大さを暴き指摘する割には，ダビデが「わたしは主に罪を犯した」と言うと，聖書学者の関根清三氏が「軽い罰でお茶を濁す」だけと指摘するように，モーセの律法による死刑宣告[100]をしなかった。

この後，ナタンの予言通り，ダビデ家には「剣」が離れず，その側妻が寝取られ，バト・シェバとの息子は死ぬなど，ダビデは悲惨である。確かに，2人の間にソロモンが誕生し，ダビデは，かつてのように先陣を切り，アンモン人に勝利した[101]。しかしその後，長男アムノンが異母妹のタマルを強姦したのに，父ダビデは激怒も解決もせず，結局タマルの兄で3男アブサロムが報復し，長男を殺害して亡命した[102]。3年後，彼は父ダビデから赦された[103]が，最高裁判官でもあったダビデ王の裁定への民衆の不満をたきつけて民意をつかみ，ダビデ王の基盤の地であるユダのヘブロンで，クーデターを起こした。その一報に，ダビデ王は家臣全員に「直ちに逃れよう」と言い，いつか戻れる日を神に託し，「神の箱」を意図的に都へ残して亡命し，泣きながら裸足で荒野へ向かった。ただ，復帰に備えてスパイを送り込むなどの手も打った[104]。途中，シムイという彼に投石し呪う者がいたが，ダビデは「主のご命令で呪っているのだ」と受け止めた。

都から70キロほどのマハナイムで，ダビデは立て直し反撃に出た。3男アブサロムを手荒に扱わぬように命じたが，部下のヨアブは殺害した。息子の訃報に，ダビデは「お前に代わって死ねばよかった」と泣いた。ダビデは都への帰還に際し，3男の側に付いた民衆もあの投石し呪った者も赦した[105]。しかし，初代の王サウルと同じベニヤミン人のシェバが首謀者となり，「北の10部族」は反乱を起こした。シェバは斬首され，ダビデは再度，統一王国の王と

なった[106]。

しかし今度は，4男アドニヤが，勝手に王となる即位式を挙げた。ソロモンの項で述べるように，バト・シェバとあの預言者ナタンが，ソロモンが王位を継承すべきことをダビデ王に訴え，結局ソロモンが王となった。4男アドニヤは直ちに即位を取り消し一応は決着した[107]。その後のダビデは，遺言でソロモンに成功の道として律法の遵守を命じ，70歳で眠りについた[108]。ダビデは，大罪を犯し悔い改め，苦難を通り，王の任務が律法遵守にあることを心に刻んだと言えよう。

3.5 「ソロモン王から南北王朝」物語

《中心的テーマ》

ソロモンは，第3代目の王として紀元前970年から931年まで40年統治した。その死後，王国は南北に分裂し，やがて北王国はアッシリア帝国により滅ぼされ，ダビデ王朝を継承する南王国は新バビロニア帝国により滅ぼされる。近年の学問的調査では，紀元前8世紀後半の北王国の滅亡時に，南王国へ多くの難民が流入した可能性が高い。南王国は，北王国の役割も行えるように，かつて南北王国分裂以前には「南北を統一する都エルサレムを中心とする大国」がソロモンやダビデの時代にあった，という主張を必要とした。ソロモンと南北王朝物語は，こういう意識設定のもとで，バビロン捕囚後にもダビデ王朝は存続することを語る歴史物語である。

3.5.1 ソロモンの王位の継承とその神殿建設

ソロモンの王即位は，預言者ナタンと王妃バト・シェバとの陰謀による。列王記上第1章によると，ダビデ王の4男アドニヤが即位を宣言した。すると，ナタンはバト・シェバに「王に会い，『あなたの息子，ソロモンがあなたの後継者として王位に就くとお誓いになりませんでしたか。なぜ，アドニヤが王となったのでしょうか』と言いなさい」とアドバイスした。だが，列王記のどこにもダビデがそのような誓いをした箇所はない。しかも彼女は自ら「あなたの神，主にかけて」と究極的な権威を持ち出す小さな一言を加えた。ナタンはさ

すがに言えなかったらしいが,「王子たちが,『アドニヤ王,万歳』と叫びました」と王の怒りをあおった。老いた王はまんまとはまって,「イスラエルの神,主にかけて立てた誓いを今日実行する」と言わされてしまう。ソロモンは父ダビデ王存命中に即位し,その死後,4男アドニヤ一派と,かつてダビデを呪って投石したシムイを粛清した[109]。

王国の真の安泰の要因は,ソロモンが神を愛し,神がそれに応えたことにある,と物語は教える。すなわち,神が彼に「何事でも」与えると告げると,彼は,自分は「取るに足らぬ若者」なので,「正しく裁き,善と悪を判断する」ための「聞き分ける心」を下さいと願った。この願いに,神は喜び,「知恵に満ちた賢明な心」を与え,富と栄光も約束した。その知恵の例がある。同居する2人の女に赤子が生まれ,赤子の1人が死んだ。2人は生きている赤子が自分の子だ,と争った。王は,剣で2つに切って分けよと命じ,これに賛同した女を退けたのである[110]。

ソロモン王は,この後,十戒が刻まれた石の板2枚が入った「契約の箱」を安置する神殿の建設に着手する。場所は,父ダビデが予定地として購入したエルサレムの高台である。このために徴用した者は労働者3万人,内1万人は1カ月を現場で,残り2万人は2カ月を自宅待機として,ローテーションで回し,農作への男手確保の工夫をした[111]。歴代誌下第2章には,荷役7万人,石切り8万人,監督3600人とある。人手を欠いた民は,彼らを養う膨大な農業物を,自分の分に加えて生産する新たな苦労を負った。神殿建設には7年,宮殿の建設には13年の歳月がかかった。

3.5.2 ソロモンの栄華の実像とそのロマン的文学性

ソロモンの時代は「ソロモンの栄華」とうたわれるほどに,平和裏に国際貿易を盛んにし,文化的にも経済的にも,最も繁栄した時代である。平和と繁栄の背景には,ダビデ時代に周囲のほとんどがイスラエルの属国になっていたことや,南の大国エジプトも,北のアッシリア帝国も,イスラエルを征服する力がかつてほどなかったという内外の状況があった。

パレスチナ（カナン地方）は,文明の十字路と呼ばれ,ソロモン王は,単に通過する隊商を保護するだけでも,莫大な収入を得た[112]。海路に関しても,

交易は「ギブ・エンド・テイク」で，フェニキア人でティルスの王ヒラムは，南方の物資を直接入手できた。ソロモンは「航海に心得のある船員たち」[113]とフェニキア型木造船を得て神殿や宮殿建設の物資を調達できた。

ソロモン王は，戦闘用の戦車は国内生産し，馬は北のクエから輸入した。エジプトからは，儀式や祭で王や貴族の乗る豪華な戦車と，その戦車牽引用に改良飼育された大型の馬を輸入した。すると，自分と王子，貴族用以外は，他国との間で転売利益を得た[114]。

ソロモン王の支配は，「ユーフラテス川からペリシテ人の地方，更にエジプトとの国境」に至り，被支配国は「貢ぎ物を納めて彼に服従した」[115]とある。シェバの女王は「ソロモンの名声を聞き」財宝を携え来て，ソロモンとその栄華に「息も止まる思いであった」[116]という。

しかし，このような聖書の記述に対し，近年，ソロモン物語は，誇張であり，ロマン的に空想化されている文学である，という見解が，考古学的発見や社会経済の比較研究の専門家から主張されている。実際，物語通りの規模にしては，列王記上第4章3節の高官3人体制では，大帝国の体制としてアンバランスであることや，ソロモンの死後に，王国が簡単に南北に分裂するもろさは，小規模な国の実体に即している，と言われている。この点，冒頭に述べた，首都エルサレムは，かつては南北統一の大帝国の首都だったと主張する政治的意図があるという説明も，後押ししている。

3.5.3　ソロモンの神への背信，死，王国の南北への分裂

神ヤハウェは，ソロモンに，もし戒めを破り他の神々に仕え背信者となるならば，「土地からイスラエルを断ち」，「神殿もわたしの前から捨て去る」[117]と予言した。ソロモンの外交面には両刃の剣的な面があった。すなわち，政略的結婚での同盟政策を基本とした大ハーレムがあった。エジプトのファラオの娘と結婚し，「多くの外国の女」を愛し，「700人の王妃と300人の側室」がいたことが，「老境」では命とりとなった。彼は，神との「契約と戒め」を守らず彼女らの神々へ向かった。神は王国分裂が息子の時に起きることを告げ，内外で反対勢力の強化する中で王は死んだ[118]。

ソロモンの息子レハブアムが王位につくと，北の10部族はヤロブアムを

リーダーとして減税や労働軽減の改善要求をした。しかし，若い王レハブアムは，知恵ある長老に耳を貸さず，若者の対抗的な意見に従い拒絶した。北の10部族はクーデターを起こしイスラエル王国（通称，北王国）を名乗り，紀元前926年，王国は南北に分裂した。ダビデの直系によるダビデ王朝は，ユダ族とベニヤミン族の一部からなる南ユダ王国となった。以下では両王国の歴史物語を見ることにする。

3.5.4　北イスラエル王国（紀元前926年-722/721年）

　北王国は，北のシリア，その背後にアッシリア帝国があり，その侵略と異教への同化の危機に常に直面していた。南王国の世襲的なダビデ王朝への反発から，王位交代ではカリスマ的な王を好み，国内は不安定であった。以下は，北王国からの難民の資料による南王国の視点での北王国物語である。

　初代の王ヤロブアム（前926-903）は，エルサレム神殿に対抗し，シケムを首都とし「神の箱」の代わりに「金の子牛」を造り，これを神とする礼拝を奨励した。目的は民意統一だったが，2代目，4代目の王は，就任の翌年に殺害され，3代目，5代目の王は，その殺害の首謀者だった。しかし，6代目オムリ（前885-873）は，北王国全体の擁立をうけて王となり，勢力を拡大してサマリアに遷都した。さらに世襲制を導入して子のアハブを7代目の王（873-851）とし，親子2代で，北王国は物質的にも豊かになり，また近隣諸国への支配力を及ぼす国へ発展した。

　ここで一つ断るのは，列王記上第17章から第22章のオムリとアハブの物語は，歴史面より神学面が濃いことである。というのは，考古学的遺物とアッシリアなどの古文書から見るとオムリ王の業績は大きいのに，聖書の記述は意図的に第16章24節しかない。それに，アハブの列王記の記述を見ると，一方で「先祖と共に眠り」[119]という平安な死去を記しながら，他方で，戦死[120]と記すなど，記述は混乱している。加えて，アハブ王の負傷した戦場をラモト・ギレアドと記載するが，実は，そこは彼の子であるヨラム王が負傷した戦場[121]である。どうやら，ここは列王記作者がヨラムの資料に基づいてアハブ物語を作ったようである。

　オムリとアハブ父子2人のイメージを見ると，2人とも反面教師で失敗者で

ある。父オムリは，同盟強化のためシドン人の王エトバアルの娘イゼベルを息子アハブの王妃に迎えてしまい，息子は「その妻イゼベルにそそのかされた」[122]。その結果，王は異教の豊穣神「バアル」の熱烈な礼拝者となり，首都にバアルの神殿を建てた。王妃は，神バアルの預言者以外を排除するため，神ヤハウェの預言者の絶滅を企てた。だが，神ヤハウェの預言者エリヤが王を面と向かって非難し戦いを挑んだ。戦いは，それぞれの預言者の祈りに応え，献げ物を載せた薪に火をつけた神が真の「神」である，と決着するものであった。450名のバアルの預言者は敗れ，エリヤは彼らを処刑した[123]ので，王妃から命を狙われた[124]。ある日，アハブ王は紳士的に隣のナボトが所有する土地を得ようと売買交渉したが失敗に終わった。そこで王妃は，ナボトを冤罪で殺した。その土地を手に入れようとする王を，エリヤが叱責し，子孫の断絶を予言した。王は怖れ改心した[125]。だが王の死後，王となったその子らも同じ悪の道を歩んだ。そこで，将軍イエフは，エリヤの弟子エリシャから若者を介して油注ぎを受け，クーデターを起こした。彼は，ダビデ王朝へ嫁いだアタルヤ以外は，彼女の息子で南王国の王であるアハズヤを含め，オムリ一族とイゼベルを殺害し，さらに，バアルに仕える者すべてを殺し，バアル神殿も破壊した。しかし，金の子牛礼拝だけは止めなかった。イエフが第10代目王（前843-816）となったので，オムリ王朝が終わった[126]。

北王国は，経済的繁栄の絶頂期を第13代王ヤロブアム2世（前785-745）の時に迎えた。しかし，社会は貧富格差の矛盾をはらみ，地中海世界の道徳的腐敗や異教の影響を受けていた。彼の晩年，預言者アモスが現われ社会的正義を要求して王国滅亡を予言し，国外へ追放され，活動を短期で終えた。ほぼ同時代に，預言者ホセアが現われ，神殿娼婦やバアル礼拝を批判し北王国滅亡まで活動した。その間に，第14代目の王は在位6カ月で暗殺された。暗殺者シャルムは第15代目王となったが，1カ月で殺され，殺害者メナヘムが第16代目王となった。彼はアッシリア王の属臣となり，併合される道筋をつけてしまった。その子第17代王ペカフヤは，2年で副官に暗殺され，暗殺者ペカ（前735-732）が第18代目王となった。暗殺の連鎖は，紀元前745年にアッシリア帝国のティグラト・ピレセル3世が即位し覇者となった結果，国際的サバイバルを求める「親アッシリア派」と宗教的潔癖さや非従属を主張する「反アッ

シリア派」とが抗争した反映と言える。

　ペカ王は，反アッシリア派であった。反アッシリア同盟をシリアと結成し，紀元前734年，加盟参加を拒否した南王国の首都エルサレムを包囲した（シリア—エフライム戦争）。アッシリア帝国はすぐに懲罰的侵攻に出た。親アッシリア派のホシェアが王ペカを暗殺して第19代目王（前732-723）となり，アッシリア帝国に降伏し，貢物を納め王位の承認を得た。だが大国エジプトの扇動に乗り，アッシリア帝国で政権交代が起きると，アッシリア帝国への貢物を中止した。アッシリア帝国の新たな王となったサルゴン2世は彼を即座に捉え，紀元前722/721年，首都サマリアを陥落させた。北王国は滅亡し歴史から消えたのである。列王記の記者はこの原因を，「主の僕モーセが命じたすべてのことを破ったからである」[127]と解釈する視点で歴史を書いている。

3.5.5　南王国-ユダ王国（紀元前926-586年）

　南王国の首都エルサレムの人口が紀元前8世紀後半に急増したことが，考古学的調査で明らかとなった。この時期は，北王国滅亡の時期と重なる。有力な説明は，北王国の崩壊寸前に難民が多く流入したというものである。難民の中で，アモスやホセアといった預言者の弟子集団のような一群や神殿奉仕に従事したレビ族などが，出エジプトの出来事を基盤とする信仰の伝統や口伝，書き物を持ち込んだ。ダビデ王朝の南王国が，ダビデ家やエルサレムの信仰のそうしたものと共に保存し編集し，やがて後代の人の手を通して，今日の聖書文学となった可能性が高い。当時の南王国の王はヒゼキヤであった。彼の演じた大きな役割を念頭に，南王国物語を見よう。

　紀元前9世紀の資料や記述は少ないが，南王国は小国だったようである。だが，山岳地帯や荒野が多く，天然要塞といえる首都エルサレムに「神の箱」を納める神殿があったことは，防衛や民意統一には有利であった。しかも，王位継承は，ダビデ—ソロモン直系の世襲制を基本とし比較的安定していた。例外は1つだけである。すなわち，北王国オムリ家からアハブ王の娘アタルヤを第5代目王の王妃に迎え，彼女が第7代目の王となり7年間権力を握った時である。これはその息子で第6代目王アハズヤが，北王国のイエフのクーデターの際に殺害されたためであった。当時は北王国へ従属していたようであ

第3章　旧約聖書の文学:「救い主・キリスト」待望論への道

る。彼女は，エルサレムの祭司集団の反乱の際に除去された。彼女が命を狙ったその孫が第8代目の王となり，独立とダビデ以来の世襲制を回復し，神殿を修復した。しかし，2人の家臣に殺害された[128]。その息子が第9代目王となり北王国へ宣戦し捕虜となり，再び従属することになった。彼は謀反により殺害されたが，その後も世襲制で王位が継がれた[129]。

　第12代目王アハズ（前742-727）は，北王国が反アッシリア同盟をシリアと結成し参加を呼びかけて来た時，前述したように拒絶した。同盟軍が首都エルサレムを包囲した時（シリア―エフライム戦争），出入りのあった預言者イザヤの反対を押切って，アッシリア帝国へ保護を求めた結果，アッシリアの衛星国とされ，アッシリアの宗教が国教となった[130]。この約10年後に北王国は滅亡し，南王国ではアハズの息子ヒゼキヤが第14代王（前727-689）となった。

　ヒゼキヤ王は，宗教改革を行い，エルサレム神殿以外の聖所をすべて破壊し，アッシリアの宗教の偶像を一掃し，国内の統一を図った[131]。出エジプトの出来事を記念する「過越祭」も行った[132]。彼はエジプトと手を組み，バビロニアとも連携し，紀元前705年にアッシリアで，その王の死を契機に内乱が起きたのに乗じ，首謀者となって反乱を企てた。紀元前701年，アッシリアの新王は処罰的侵攻に出て町々を奪い，エルサレムは破壊の危機にあった。ヒゼキヤ王は巨額の賠償をし，王としては例外的に祈った。列王記にはアッシリア軍の18万5000人が一夜で死に引き返したとある[133]。古代ギリシアの歴史家ヘロドトスもその軍が一夜にして戦わず壊滅したと記している。

　その子である第14代王マナセ（前697-642）の人物評は神学的意味合いが強い。列王記では，彼は親アッシリアの安定政策をとり，バアルの祭壇再建，異教祭儀復活をしたとある。また，全土で罪のない者を殺し，エルサレムを血で満たしたので神ヤハウェはユダ王国の滅亡を決めた[134]とある。しかし，歴代誌には，彼が悔い改めた[135]とある。その子である第15代目の王は家臣に殺された。民は，その子で8歳のヨシヤ（前640-609）を第16代目王とした[136]。

　ヨシヤ王は，ユダ王国で最も重要な宗教改革をした。その背景には，アッシリアの衰退がある。彼が20代後半の時，エルサレム神殿の復興を命じた際，「律法の書」（申命記の中核の部分）が発見されたことに，端を発している。王

は，歴代の王の律法違反に驚愕し，神の怒りがそれによること[137]，王の務めとは，富やハーレムの所有ではなく，神の律法の学びへの献身であること[138]を知った。王は，独立のために宗教改革を徹底し，王制導入以来，初めて「契約の書」に従い過越祭を祝った[139]。さらに，かつての北王国の首都ベテル，サマリアなどをも支配した。だが紀元前609年，滅亡寸前のアッシリア帝国の救援に動いた大国エジプトの王ネコを出迎え，戦死した。エジプトは宗主国となり，ヨシヤの息子である第17代目王を連行し，別の息子ヨヤキム（前609-598）をあやつり人形的な第18代目王にすえた[140]。

紀元前605年，新バビロニア帝国のネブカドネツァルは，大国エジプトにカルケミシュの戦いで勝利し，ユダ王国の首都エルサレムを包囲した。そこで，エジプトのあやつり人形的なヨヤキム王は，新バビロニア帝国に乗り換えたが，紀元前601年，今度はエジプトが新バビロニアに逆転勝利したのでエジプトへ寝返り，紀元前598年に死に，その息子ヨヤキン（前598-597）が第19代目王となった。体制を整えた新バビロニア帝国軍はエルサレムへ上り，ヨヤキン王を捕え，略奪し，貧民以外の住民をすべて，首都バビロンへ連行した（「第1次バビロン捕囚」）。ユダ王国の最後の第20代目の王には，叔父のゼデキヤ（前597-587）が据えられた。10年間は従属的であったが，反旗を翻した[141]ので，新バビロニア軍は，彼を捕え両眼をつぶして連行し，今回は，神殿，王宮，城壁を破壊した。一部は処刑され，残されたのは一部の貧民だった（「第2次バビロン捕囚」）。紀元前586年，ユダ王国は滅亡した。新バビロニアが住民の中から任命した総督は旧王族によって殺害され，民は報復を恐れ，預言者エレミヤを連行してエジプトへ逃走した。捕囚地で，第19代目の王ヨヤキンは，恩赦により，毎日，バビロニア帝国の王と食事を共にした[142]。エルサレムで終わったダビデ王朝は捕囚地で絶えていないと物語は結ぶのである。

3.6　預言者の活動：体制批判と「救い主・キリスト」待望論

《中心テーマ》

元来，預言とは，「神がある人に他者へ語るように預ける言葉」の意味である。内容的には，たとえば，ダビデの悪事を神が罪と定める預言もあれば，そ

の悪事への神の審判としてダビデの子が死ぬことを予言する預言もある。つまり預言には，現在の状況や歴史的な過去に関する預言もあれば，未来の成就を予言する預言もあるわけである。神から預言を託された人を「預言者」という。これまでに登場した人物では，アブラハム，モーセ，サムエルなどの士師，ダビデを批判したナタン，北王国のエリヤ，エリシャなどである。これから取り上げるのは，「記述預言者」と呼ばれ，その預言が保存され独立した「預言書」という文書に収録されている預言者である。

記述預言者は，紀元前8世紀後半以降に出現した。当時，国際的には，王国存亡を左右するほどに，緊張が高まる傾向にあった。国内では，穀物が豊かに実ることに役立ちそうな異教の神々へ人々が心変わりし，モーセの十戒を軸とする神ヤハウェとの契約関係を全く軽んじていた。すなわち，弱者保護の精神を尊重する社会的正義や愛を大切にする神ヤハウェに感謝して応える心を失い，豊穣を願う呪術的祭儀中心の礼拝を重んじていた。アモスをはじめ，記述預言者たちは「言葉」を武器とし，神の審判が下ることの警鐘をならし，王国滅亡を予言した。しかし，実際に神の審判が下り，バビロン捕囚が起きると，今度は故国への帰還とその再建の希望を語った。「12小預言書」は，故国再建の後，やがて世の終わりを意味する「終末」の時に，メシアが来ると予言して，救い主・キリスト待望論への道を開いている。

3.6.1 北イスラエル王国ヤロブアム2世の時代の預言者アモス

アモスは紀元前760年頃の北王国に現れた。当時，北王国はアッシリア帝国を宗主国とし，その支配下にあった。しかし幸い，この宗主国が内憂外患で衰退していたので，第13代目王ヤロブアム2世（前785-745）の時に，隆盛を享受できた。だが反面，貧富の格差は著しかった。

アモスは，高い小作料やわずかな債務を払えない貧者が，債務奴隷として「靴1足」のように売買され，家畜やぼろ切れ同然に扱われていることを見て，富者や支配者を批判した[143]。

格差の背景には，土地のある者と土地のない者という2階級の存在がある。土地のある者は，土地のない者を低賃金で雇い，食料を不当な価格で売りつけ，貸付にはけたはずれな利息を取った。彼らは，この「地代資本主義（rent capitalism)」による搾取で蓄えた富を，豪華な別荘地，象牙装飾の家具や部屋など，贅沢な品々に費やした[144]。土地のある者の女たちは，享楽に明け暮れた[145]。今日，北王国の遺跡から，富裕階級居住区とスラム的居住が発掘されている。

しかし，神がアブラハムに約束したように，そもそも土地は等しく，その子孫に分割された嗣業なはずである。ではなぜ土地のない者がいるのであろうか。貧者は，飢饉が続く時などには，富者から土地を担保に穀物を借りる外に生きるすべがない。だが高い利息を含めて返済不可能なため，土地を失うのである。しかしそればかりでなく，不正があっても，非自由人や孤児，寡婦などは[146]，権利を護る代弁者を立てられない。その上，仮に訴えても，裁判での買収が横行していた[147]。

このような北王国の反正義の社会構造を，アモスは痛烈に批判した。実は，彼は，南王国のテコアの地で，北王国の聖所ベテルへ行って，王国滅亡の予言を告知するように神から召命を与えられ，5つの幻を見せられていたのである。その幻とは，3つ目からは滅びが確実となっている予言であった[148]。アモスは北王国へ行って，神ヤハウェの礼拝とは，正義と公正を求め弱者や貧者と連帯する生き方を選び取る実存的決断であると告げ，搾取しながら彼らの惨状に無頓着で良心の呵責を覚えない者の宗教的行為を，神ヤハウェは一切拒絶する[149]と批判した。だが支配者たちは，他民族だけが神に裁かれるという誤った信仰にすがり，改めなかった。アモスは皮肉にも「わたしが選んだのはお前たちだけだ。それゆえ，お前たちを罪のゆえに罰する」[150]という神の審判を告げ，北王国滅亡とその民の国外追放は必然であると予言し，国外追放となった。

3.6.2　アッシリア帝国時代のホセア（北王国の預言者），イザヤ，ミカ（南王国の預言者）

アモスの国外追放後の紀元前745年，古代近東世界を一変する事件が起きた。それは，アッシリア帝国の新しい王（ティグラト・ピレセル3世）の即位である。彼は，アッシリアの軍制を大改革し，バビロニア地方の一帯ばかりか，イスラエルのある西方を含む世界の恐るべき覇者となった。

第 3 章　旧約聖書の文学：「救い主・キリスト」待望論への道

この紀元前 745 年に，ヤロブアム 2 世は死去したが，その直前に北王国出身のホセアが現れ，紀元前 721 年の北王国滅亡の時まで預言活動を展開した。ホセアは，北王国の過ちは，建国そのものにあるとした[151]。すなわち，建国者（ヤロブアム 1 世）は，ダビデ王朝に反逆し，ソロモン神殿の建つエルサレムに対抗し，十戒の石板が納められている契約の箱の代用に，金の子牛を造った。だがそれは，自分の願望や欲求の充足のために神の力を勝ち取ろうとする「偶像」でしかなかった。それため，人々は，金の子牛への祭儀礼拝に熱心になるほど，共同生活の基盤である律法を無視した。具体的には，「呪い，欺き，人殺し，盗み，姦淫」[152]が横行した。ホセアが活動した十数年間だけでも 4 人の王が殺害された。ホセアは，その祭儀は「神ヤハウェに対する姦淫」であり，その祭壇が「罪を犯す祭壇」となっていると批判した。しかもアモスと同様，北王国は「一掃」せられると予言した[153]。しかしアモス書第 9 章 11 節以下に後代に付加された希望以上に，ホセアは神の審判後の新たな将来の希望と[154]，絶対で不変な神の愛を強調した。

アモスとホセアの予言通り，北王国はアッシリア帝国によって滅ぼされた（前 722/721 年）。アッシリア帝国は，反抗的被支配民族の民族的同一性を徹底的に壊滅するため，集団移民政策をとり，被支配民族の移住，民族の間の混合を行った。そのため，北王国は歴史舞台から消された。

南王国では，紀元前 742 年にイザヤが，そして同じ頃にミカが預言者としての召命を受け活動した。イザヤとミカは，その活動の期間中に北王国の滅亡を目撃している。

イザヤは，王と自由に会ってはいたが，罪の結果は王も容赦されないと告げている。イザヤも，地代資本主義による支配階級の搾取に目をとめ，「聖」とは，弱者をケアする社会的正義を要求する神の礼拝と律法遵守であると批判した[155]。支配層の者たちは，貧者の土地を略奪し「家に家を連ね，畑に畑を連ね」[156]，放縦生活をし，裁判で収賄するなど，その振る舞いは北王国と同じであった[157]。イザヤは，神ヤハウェがこの「御自分の民」を罰し[158]，町々を破壊し，捕囚民とすると予言した。だが同時に，生き残る者が王国再建に当たる，という希望も告げた[159]。

イザヤの活動の独自性は国際関係に見られる。すなわち，紀元前 8 世紀の

3.6 預言者の活動：体制批判と「救い主・キリスト」待望論

末に，南王国も他の小国と同様に，アッシリア帝国の餌食となり兵の徴用と貢物を強いられていた。対抗勢力である大国エジプトのあおりに乗せられ，小国は反抗を試みたが，アッシリア帝国の仕打ちはひどかった。

それにもかかわらず，北王国（別称「エフライム」）とシリアは，反アッシリア同盟を結成し，南王国第12代目王アハズに参加を要請してきた。この時アハズ王は，拒否すれば同盟国からの攻撃を招くし，承諾すればアッシリア帝国の処罰的侵攻を招く，というジレンマに陥った。そこでイザヤに会った。イザヤは，神ヤハウェの支配力が現実であることの「しるし」として，「見よ，おとめが身ごもって，男の子を産み，その名をインマヌエルと呼ぶ」[160]と予言した。このおとめとは，アハズの妻の1人と推測される。イザヤは，その子が善悪弁別の年齢に達する前に，同盟国の国々はアッシリア帝国の王の前で運び去られ，その策略は失敗すると告げた[161]。その際，出エジプトの出来事を想い起こさせ，アッシリア帝国を恐れるなと鼓舞し[162]，ただ神を信頼し「静かにしていなさい」[163]と完全な中立の立場を保つように進言した。「インマヌエル」とは，歴史に真に力を振るう「神がわれわれと共にいる」，という意味である。アハズ王は，同盟参加を拒否した。すると，同盟軍が攻め入り「シリア―エフライム戦争」（前734-732）が勃発し，首都が包囲された。何とアハズ王は，アッシリア帝国へ救援を求めてしまった。アッシリア帝国は，反抗勢力のシリアを陥落させ，諸々の小国のリーダー的な北王国も見せしめに滅亡させた（前722/721年）。予言が現実となった。そればかりか，アッシリア帝国は，支援の見返りを要求し，南王国を属国とした。王に失望したイザヤは，新しい王となる「メシア」の出現を予言した[164]。

アハズ王の子，第13代目王ヒゼキヤの時に，イザヤは，ただ神ヤハウェを信頼するように訴え，アッシリア帝国への反抗者の悲惨な末路的運命の姿を，3年に亘り裸でエルサレムを歩いて表現し[165]警告し続けた。しかし，ヒゼキヤ王は，アッシリア帝国内の混乱の隙を見て，反乱の首謀者となった（前701年）。結局その後，アッシリアの懲罰的侵略を招き，莫大な賠償金を払って，北王国と同じ運命だけは免れた。王と民は安堵したが，イザヤは悲しみ[166]，ダビデの直系を見放し，ダビデの父である「エッサイの切株」から「新しいダビデ」が出現し救済する，と予言することに至った[167]。

83

第 3 章　旧約聖書の文学：「救い主・キリスト」待望論への道

　イザヤとほぼ同時代の預言者ミカの目にも，エルサレムの富豪たちの財は，汚い手口で貧農層から略奪したものと映った。ミカは，隣人へのケアの心を忘れた者は「神の民」から除外される[168]と告げた。しかもイザヤと異なり，神ヤハウェがエルサレムも神殿も廃墟にすると告げ[169]，メシアは南王国のユダ族で「最小のエフラタのベツレヘム」の家から出ることを予言した[170]。

3.6.3　エジプトと新バビロニアの時代の南王国の預言者エレミヤとエゼキエル

　北王国滅亡後の紀元前 626 年，エルサレムから北へ約 8 キロの町から預言者エレミヤが出現した。彼は，第 16 代目ヨシヤ王が幼い時に活動を始め，南王国が「真実と公平と正義」に反するなら，神が「北から災い」をもたらす，と予言した[171]。彼らの罪は北王国と何ら変わらなかった[172]。その「北」とはアッシリア帝国を念頭においていたようである。しかし，すでにこの帝国は弱体化して予言は外れ，エレミヤは嘲笑と迫害を受け失意し，沈黙を続けた。だが紀元前 609 年にヨシヤ王がエジプト軍との接触で死去し，大国エジプトのあやつり人形的なヨヤキム（前 609-598 年）が第 18 代目王に就任すると，エレミヤは再登場し本格的な活動を展開した。

　エレミヤは，南王国の拠り所となっている「エルサレム不可侵」の信仰[173]に挑戦した。すなわち，異教の神々と偶像を礼拝し子どもを燔祭の犠牲とする人身燔祭を行うなど[174]，モーセの十戒を軽蔑する南王国の民[175]に対し，エレミヤは罪を悔い改め神への義務を果たして生きる道を示し，他方で，もしその道を選ばないならば，神ヤハウェの審判により，間近にエルサレム陥落が迫ると警告した。当時の南王国は，紀元前 605 年にエジプトを破った新バビロニア帝国の支配下に置かれていた。エレミヤは警告に際し「北からの災い」を新バビロニア帝国の侵攻と再解釈し，新バビロニア帝国は神ヤハウェが南王国を審判するための「神の代理人」であるから抵抗してはならない，と説いた[176]。だが，ヨヤキム王は激怒し[177]，新バビロニア帝国に敵対した。その結果，紀元前 597 年には，その子である第 19 代目ヨヤキン王と，支配層の者などが捕囚民とされ，神殿と王宮の宝物は略奪された。これが，「第 1 回バビロン捕囚」である。

3.6 預言者の活動：体制批判と「救い主・キリスト」待望論

ヨシヤ王の子ゼデキヤ（前597-586）が新バビロニア帝国の介入で第20代目王となった。エレミヤは「新バビロニア軍への降伏はエルサレムを救うが、不投降は、捕囚民とされ、都の破壊を招く」と予言し、「早く降伏して生き残れ」という神の言葉を告げた[178]。しかし王は従わず、紀元前587年、ダビデ王朝とエルサレムの滅亡を招き、「第2のバビロン捕囚」が起きた。

最後にエレミヤは、エルサレムの回復と「新しい契約」の成立を予言した[179]。それは、神ヤハウェが「律法」を「心」に「記す」ことで、「わたしは彼らの神となり、彼らはわたしの民となる」という神の約束である。その後、親エジプト派の同胞によりエジプトへ強制連行され、消息は消えた。

エレミヤとは異なり、エゼキエルは捕囚地の預言者で、第1回バビロン捕囚民の中にいた祭司である。彼は、捕囚民に「わたしは生きている。悪人が死ぬのを喜ばない」[180]という神の牧者的な言葉を告げた。過去の罪は問題とせず、個人の「今」の重要さを強調した。すなわち、仮に神が「悪人」に「必ず死ぬ」と言っても、その人が「立ち帰って正義と恵みの業を行う」なら、「彼は必ず生きる」[181]と告げた。しかも、誰も罪を犯し死ぬことがないように守る「見張り」の職務と責任を、預言者は「仲保者」として、神に対して負う、と付け加えたのであった[182]。

エゼキエルにとって、捕囚民救済の究極の目的は、かつて神がモーセと交わした「わたしはあなたたちをわたしの民とし、わたしはあなたたちの神となる」という「シナイ契約」[183]も、ダビデと交わした「あなたの身から出る子孫に跡を継がせる」（サム下7章）という「ダビデ契約」も共に実現し、諸国民が、それを見て、神ヤハウェが真の歴史の「主」であり、契約を守る「聖なる者」であると「知る」ことなのである[184]。そのために、神は律法を行う新しい「神の民」を再創造し、新しい「僕ダビデ」を「牧者」かつ「君主」とし、「平和の契約」を結ぶのである[185]。そして守屋彰夫氏が指摘するように、神殿を失った捕囚地で、律法を守ることに民族的自覚をもつユダヤ教の成立を見るに至ったのである。

3.6.4 ペルシア時代以降の第2、第3イザヤ

捕囚から約50年が経った、紀元前539年、中近東を変える明るい大事件が

起きた。ペルシア帝国の王キュロス（在位前559-530年）が新バビロニア帝国の神官や民衆の熱狂的歓迎をうけ，首都バビロンを支配下に置いたのである。キュロス王は，被支配民族に自治と信教の自由を積極的に認める統治政策をとり，翌年の前538年，捕囚民に「解放勅令」を布告した。イザヤ書40章から55章は，この前後の匿名な預言者によるものとされ，その人物は「第2イザヤ」と呼ばれている。

　第2イザヤ書は，祖国への帰還と，エルサレムと神殿の再建の希望を失いかけた捕囚民に，「慰めよ，わたしの民を」と呼びかける神ヤハウェの言葉を語る[186]。すなわち，第2イザヤは，キュロス王が，捕囚民の帰還と故国再建のために神ヤハウェが選んだ「牧者」[187]であり「主が油を注がれた人（メシア）」[188]であると告げた。その上で，かつて神は，自分の民をその罪のゆえに捕囚民としたが，今や刑期を終えた捕囚民として無条件に赦し，キュロス王を用いて帰還と再建を実現させる，と告げた[189]。もっともキュロスの自己理解は，「バビロンの神マルドゥクによる任命をうけた解放者」であった。キュロスによる出来事は，イスラエルの存在自体が，諸国民に対し，全世界史を支配する神ヤハウェの存在を立証する「光」となり，神による救いが「地の果て」[190]まで広がることを可能にするものである，と第2イザヤは語る。実に，「唯一神」の概念は，帰還，再建，さらに世界平和への希望を捕囚民に抱かせる神のイメージとして，第2イザヤが導入したようである[191]。だが，実際の帰還民はわずか約15パーセントとも言われている。それは，彼らが捕囚地で自治的共同体を形成し事業を成し，国家行政に関わる者もいたからであった。

　第2イザヤは，帰還後，独立した王国とエルサレムの再建を目指したが，挫折した。というのは，ペルシア帝国は，政治的従属という枠内で被支配民族の自治を許したに過ぎなかったからである。さらに，パレスチナの居残り組であるサマリア人などの住民と帰還民との利害の対立も挫折の原因だった。そのような中で第2イザヤは，「苦難の僕（しもべ）」[192]の詩を書く。この苦難の僕は，神ヤハウェの霊を受け，物静かで正義を貫くが，人々からは非難され，おとしめられ，屈辱を味わう。しかし，彼は他者のために苦しみ，反逆者のためにとりなすのである。この僕が実際に誰のことを指すかは不詳である。最後の章である第55章は，ダビデへの約束と将来の希望を語っている[193]。

第 56 章から 66 章では，再び捕囚以前のような悪や罪に対する厳しい神の言葉が無名の預言者によって語られている。たとえば，搾取しているにもかかわらず断食などの祭儀的行為で自分を正当化する民に対し，断食とは，弱者，貧者のケアをすることであると批判している[194]。この人物は「第 3 イザヤ」と呼ばれている。再建が難航する状況下で，帰還民は神に不満を抱くが，第 3 イザヤは，捕囚前と同様な悪と罪の事態がその原因であると批判するのである[195]。

3.6.5　12 小預言書

ホセア書からマラキ書までの 12 小預言書は，ヘブライ語聖書では 1 巻を成し，ほぼ時代順に配列され，「終末」が歴史的な対立を解消し，創造の目的を達成する未来でのメシアの到来を語る。

　アモス，ホセア，ミカ各書については既述した。ハガイ書と同時代のゼカリヤ書は，ペルシア帝国ダレイオス王の第 2 年（前 521-520）の第 2 神殿再建推進，エルサレム再建，メシアの到来などをテーマとする。ゼカリヤ書第 9 章から 14 章は，匿名な「第 2 ゼカリヤ」の手による。ナホムから最後のマラキまでは，人物としては全く知られていない。旧約聖書の最後にあるマラキ書は，先の預言書からの引用などを駆使し，12 小預言書の統一に重要な役割を果たしている。「マラキ」とは「わたしの使者」を意味しており，この預言者は文学的創作上の人物と推測されている。

第4章　イエスとキリスト：キリスト教の誕生

4.1　イエスの死後にキリスト教が誕生したなぞ

《中心のテーマ》

　キリスト教は，イエスの死後に弟子たちによって紀元30年頃に始められた。当時，イエスのような活動家は他にも複数いたが，いずれも失敗し，それで終わった。イエスもエルサレムで処刑されて失敗した。しかし，その後50日を経て，一旦は巻き添えを恐れて逃げた弟子たちは同じエルサレムに現れ「イエスはキリストである」と公言し伝道を開始した。一体，イエスの場合，何が違ったのであろうか。これが「なぞ」なのである。以下で，このなぞをくわしく見よう。

4.1.1　イエスという人物

　西暦20年代後半のイスラエル，今のパレスチナのガリラヤ湖の北端のカファルナウムという漁村に，突如として30歳くらいのユダヤ人が現われた。名は，「イエス」である。「マルコによる福音書」という最古の福音書によると，その第一声は，「時は満ち，神の国は近づいた。悔い改めて福音を信じなさい」であった[1]。イエスは，33歳の頃には処刑されているが，その短い期間の活動を通して，訴えたことと成し遂げたことを，普通ならば論文形式で著すところを物語形式で表現したものが福音書である。その視点から，福音書はイエスをわれわれに紹介している。

第 4 章　イエスとキリスト：キリスト教の誕生

　イエスは弟子を集め，彼らを伴って活動を展開した．弟子たちは，イエスの説いた「神の国」の到来へ期待を寄せて集まった．つまり，「神の支配がこの地上に実現する」という期待である．これは，弟子たちには非常に魅力的なものであった．当時，イスラエルはローマ帝国によって支配され，首都エルサレムのあるユダヤ地方は，ローマ帝国の直轄地とされていた．現代のわれわれの立場がもし敗戦国ということで，他の国の支配下に置かれていることを想像すると，ぞっとするであろう．21世紀のわれわれに比べ，2000年前のこととなると，その不自由さと屈辱感は計り知れない．イエスの説く神の国の到来が敵国ローマからの政治的な解放を実現するという大きな期待感を，ユダヤ人である弟子たちが抱いたとしても不思議ではない．

　それにしても，なぜ，イエスの死の直前の逮捕に至るまで弟子たちはイエスと行動を共にしたのか．後にイエスをユダヤ当局へ引き渡すことになった弟子も，最後の晩餐の席にも逮捕の現場にもいたのである．その理由は，彼らにとって，イエスには神の支配が現実に来ることを信じさせるだけのカリスマ性が備わっていたためと言えよう．確かに，イエスは，ローマ帝国に対する武力蜂起をする組織形成などは一切していない．しかし，今日でいえば精神的な病人とか身体的な病人と言える人々を，イエスは深く憐れんで「言葉」によって癒した．それは同時代のカリスマ的な人たちにはないものであった．その上，その話し方は「わたしは言う」という独特なもので，たとえば「モーセは云々といっている．しかし，わたしは言う」というように，その発言には権威があった．その発言は，ヤハウェなる神の支配の到来を思わせるにふさわしく，ヤハウェなる神そのものを指し示していた．民衆も，弟子たちに劣らず，イエスの指し示す神の国の到来には熱狂した．イエスによる癒しや教えを求め，民衆は，群衆となってその行く先に先回りしたりするほどについて来たのである．

　このようなイエスの言動は，政治的権力を握るユダヤ当局には恐るべきものであり危険視すべきものであった．すなわち，首都エルサレムで民衆の指導的立場にあるユダヤ当局にとって，イエスのもつ危険の1つは，その人気にあった．その人気があるイエスが，「わたしは言う」という発言をすることは，当局の基盤であるモーセの律法への挑戦であり，彼らの権威の根底を揺がすものであった．しかもイエスは，彼らの宗教行事の中心である神殿による

4.1 イエスの死後にキリスト教が誕生したなぞ

体制を境内で批判し，暴行にまで及んだ．さらに，神殿が破壊されることを予告し，「自分は3日の内に神殿を建てる」とまで言ったことが当局に伝わっていた，という記事が福音書にはある．この記事をイエスの活動の最初に記すものと，裁判の証人に言わせている福音書がある．いずれにせよ，イエスは最も危険な人物と映り，ユダヤ当局は，秩序の安定と自分らの権威の護持のためにも，イエスを始末しなければならないと思い込む段階にまで達していた．

さらに，ローマ帝国の支配の媒介役となっているユダヤ当局にとって，穏やかでない事態が生じ，治安が乱れると，ローマ帝国のユダヤ当局への介入を招きかねない．そのような事態を，ユダヤ当局としては避けたい．このような緊張が続く中で，イエスの死が迫っていった．

イエスは，弟子の1人であるイスカリオテのユダによって「裏切」られた，と福音書は記している．ユダは，ユダヤ当局にイエスを売り，逮捕の場面では先導的役割を演じて「引き渡した」のである．イエスは夜に逮捕され，朝までの裁判を経て，ローマ帝国によって，極刑である十字架刑による死刑の宣告を受け，午前9時に十字架につけられ，午後3時に死んだ．イエスへの処刑は，「ユダヤの王」と自称した政治犯として執行された．

4.1.2 時代的文脈

ユダヤ人の間では，かつて神がダビデに，王なる「キリスト」がその子孫の中から出現し，永遠の王国を建てるようになるという約束をしており[2]，イエス出現の当時，その約束が間近に実現するという期待感があった．神による政治的支配が自分たちの運動によって，あるいは奇跡によって実現する，という期待感がユダヤ人たちの間に膨らんでいた．

紀元前4年にローマ帝国のあやつり人形的な政権を担うヘロデ1世が死んだ後から，様々な革命運動が頻繁に出現するようになった．ヘロデの奴隷シモン，羊飼いアトロンゲスを始め，平民出身で王権を僭称する者が現われた．また，ローマ帝国への納税ボイコット運動が，ガリラヤのユダという人物によって惹き起こされた．これは紀元6年のことであった．しかし，いずれの反乱も，ローマ帝国によって鎮圧されていた．

イエスの先生にあたるバプテスマのヨハネという人物がイエスの前に現れ

て，神による支配を主張し，結局は処刑されている。またバプテスマのヨハネとイエスと同時代に，サマリアの地の出身である1人の預言者が出現したが，イエスを処刑したピラトによって虐殺されている。

イエスの死後にも，革命運動は止まなかった。ヘロデ・アグリッパ1世の治世（紀元41-44年）の後には，神からの「しるし」として特別な行為をする「しるし預言者」という人々が現われた。だが，これも失敗した。総督ファドゥスの在任中（44-46年）に，チウダの反乱があった。さらに総督フェリクスの在任中（55-60年）には，エジプト出身で預言者を自称する者や同じような扇動者たちが多く出現した。しかし，バプテスマのヨハネとイエスを除くと，いずれも政治的なメシア運動であった。

その頂点的な事件は，紀元66年にこのような一連の運動の中で起きた，ローマ帝国とその直轄地ユダヤとの間の戦争である。反乱軍はローマ軍に敗れ，神殿は破壊され，エルサレムは陥落した（70年）。しかし，その後も，反乱軍は，ガリラヤのユダの孫であるエレアザルの指揮下で死海沿岸にあるマサダ要塞に立てこもって武装的抵抗を続け，集団自決によって終結した。

このように，イエスの登場した時代のローマ帝国支配下のパレスチナでは，ユダヤ人たちは政治的なメシアの出現を熱望し，イスラエルの神の支配する神の国の実現への期待が高まっていた。しかし，これらの政治的なメシア運動は，ローマ帝国によって鎮圧され消えて行ったのである。

4.1.3　キリスト教の成立に関するなぞ

弟子たちは，政治犯としてのイエスの逮捕，死刑に際し，逃亡した。身の危険を感じてのことであった。ところが，他の革命運動が鎮圧後には消え去ったのとは対照的に，イエスの弟子たちは，イエスの復活から50日目に，公に，「イエスはキリストである」という説教を始めたのである。しかも，その場所は，彼らが逃走した，あのエルサレムであった。

ここで，「キリスト教」という名称についての誤解を避けるために付け加えておく。イエスの運動もその弟子たちの運動も，ユダヤ教の中の1つの「イエス運動」として起こったし，ユダヤ教の中に留まっていた。イエスはユダヤ教の会堂で礼拝し教えたし，弟子達もユダヤ教の会堂に赴いて伝道したのであ

る。しかし、弟子たちの「イエスはキリストである」というメッセージに対しては、ユダヤ教内で当然に認められるはずもなく、やがて、迫害されるまでになった。同じキリスト者の集団でも、特に律法を守らないでも救われると主張するキリスト者の集団に対して迫害は厳しかった。そのような集団の宣べ伝えるイエス・キリストへの信仰に対して、外部者の側でユダヤ教から区別する意味でつけられたのが「キリスト教」という名称である。

　ここに世界3大宗教の1つであるキリスト教が誕生し、ヘレニズムに対するヘブライ文化の普遍性への道が開かれたのである。すべての始まりは、地中海に面した小さなイスラエルにおいて、名も無いイエスというもと大工職人が十字架の上で処刑された小さな事件であった。しかし、これが現代までの歴史や文化が示しているように、世界に影響を及ぼす出来事となったのである。

　このように、キリスト教は、イエスの処刑後に成立し、「イエスはキリストである」という信仰告白を中核とするものである。このキリスト教の発展と拡散を可能にしたものを考察すると、さまざまな歴史的要因が大きく働いていることは事実である。しかし、その出発点であるキリスト教の成立に際して、一体、あの逃走した弟子たちに何が起こったのかは、「なぞ」なのである。聖書は、単に「イエスは死んで3日目に復活し現れた」と証言しているだけである。

4.2　イエス・キリストに対する2つの信仰

《中心テーマ》

　イエスの死後に弟子たちは、イエスこそ、神がダビデに約束した「メシア」すなわち「キリスト」であると主張した。弟子たちは、「イエスの死の意味」をモーセ律法にのっとって解釈し、イエスは、われわれの律法違反の罪をわれわれに代わって贖った「贖罪のキリスト」である、と信じた。しかしモーセ律法をすべて守っていると自負するパウロは、「啓示」によってキリスト者となり、この解釈を認めつつ、「十字架」に焦点を当て、イエス・キリストの死を理解した。すなわち、「十字架につけられたキリスト」は、エゴイズムという実存的罪をもつわれわれと同じ人間の1人となり、「呪い、愚かさ、弱

第4章　イエスとキリスト：キリスト教の誕生

さ，苦しさ，死」のすべてに至るまで「われわれに連帯したキリスト」であり，今も十字架の上にそのままで，われわれに寄り添い連帯している実存的愛の主なのである，と信じた。原始教団の贖罪信仰はユダヤ民族の枠にとどまったが，パウロの連帯的信仰は，ギリシア世界へと広がり，ユダヤ民族の枠を超えた全人類のキリスト信仰が成立したのである。

4.2.1　「キリスト待望論」と「イエス」

キリストとは，ヘブライ語とアラム語に由来するメシアのギリシア語訳で，救い主を意味する。より的確に説明をすると，イスラエル王国の王となる人物は儀式として頭に油を注がれていた。そのため，王を「油注がれた者」，すなわち「メシア」と呼んだ。第2代目の王ダビデに対し，その子孫の中からイスラエルを救う王が与えられるという神の約束がなされ，メシア＝キリストを待ち望む「キリスト待望論」が生まれた。イエスの死後，弟子たちが，イエスこそはこの約束の「成就」として現れたキリストである，という信仰を主張した。ここにキリスト教が誕生したのであった。

やがて，キリスト教では，全世界を救う王ということで，キリストを「救い主」と言い換え，「イエスは救い主である」という信仰の告白となっていく。さらに，ギリシア語圏にキリスト教が広がっていく過程で，救い主という職名でなく「イエス・キリスト」という固有名詞となった。

以下では，イエスはどのような意味で「救い主」であるのかを見ていこう。大きくは，2つに分類できる。1つは贖罪としての意味であり，もう1つは連帯的な実存としての意味である。

4.2.2　原始エルサレム教団の贖罪信仰

アレクサンドロス大王（紀元前356-323）が死んだ後，ギリシア精神を基盤とするヘレニズム文化がローマ帝国を支配した。その影響が強い中，対極にあるヘブライ文化を担う弱小なユダヤ民族にとって，民族的アイデンティティを保持する危機を乗り越える砦は，先祖伝来のモーセ律法を遵守することであった。そこで，「異教の感染」を予防するため，異教的なものとの接触を極度に避け，律法の要求の基準を厳しくし細部にまで定めて守ることとした。だが皮

肉にも，このような律法要求の先鋭化は，行き過ぎた完璧主義や純粋主義に陥り，「真のイスラエル」という少数のエリート集団を生み出し，他のユダヤ人をその集団から排除する結果となったのである。

イエスは，このような分裂社会にあって，エリート集団が自分たちの守れる基準を設定して「真のイスラエル」という枠をつくっているに過ぎない，というその偽善を批判した。彼らに対しイエスは，「神の国の基準」を提示し，彼らの想像をはるかに超えた律法要求の基準を徹底的に先鋭化した。つまり，自称的な「エリート集団」に対し，彼らから「真のイスラエル」というアイデンティティを否定され排除された他のユダヤ人が味わった不安を彼らにも味わわせたのであった。

イエスによる律法基準の先鋭化の一例をあげよう。「『姦淫するな』と言われていたことは，あなたがたの聞いているところである。しかし，わたしはあなたがたに言う。だれでも，情欲をいだいて女を見る者は，心の中ですでに姦淫をしたのである」[3]。この戒めの前に自己を無罪放免できる人は，世の中に誰もいないであろう。しかし，イエスの律法基準の先鋭化の真の目的は，律法の遵守が「真のイスラエル」のアイデンティティではなく，逆説的に，だれもが等しく神の無条件な愛を必要としていることに気付かせ，神の愛を体験できるように導くことにあった。

当時，律法違反ということになると，ユダヤ人は，自分の「罪」を「贖う」ための一定の手続きを行うことが必要であった。その手続を定めるレビ記第16章15-16節によると，祭司職にある者が雄山羊を屠る「贖いの儀式を行う」[4]ことになっていた。その趣旨は，犠牲の動物を自分の身代わりとし，罪を負わせ，自分は生きることになる，とする点にあった。罪を犯した当人は救われるが，罪の無い動物には，迷惑な話である。これに対し，イエスは，そのような儀式を赦しの必要条件とはしなかった。イエスの前に現れたバプテスマのヨハネという人物も，贖罪の儀式を必要とせずに罪の赦しを説いたが，彼は「悔い改めのバプテスマ」という水に全身を浸す儀式だけは要求した。しかしイエスは，それすらも要求しなかった。イエスにとって重要なことは，すべての者を無条件に愛している神の支配が到来している，という神の国への招きに，応えることだけであった。これが「信仰」である。「真のイスラエル」の

第4章　イエスとキリスト：キリスト教の誕生

アイデンティティは，この神の国への招きに単に「信仰」をもって応答することだけだとしたのである[5]。

イエスの死後，自分たちの師を失い喪失感を味わった弟子たちは，その死の意味を聖書（当時は新約聖書はない）の中に探求し，「聖書に書いてあるとおりわたしたちの罪のために死んだ」[6]のであり，イエスは「私たちの身代わりとなって死んだ贖いの犠牲」であると理解した。これはユダヤ教の伝統にはない解釈であって，次に引用するイザヤ書第53章の「苦難の僕」の記述によったらしい。「彼が刺し貫かれたのは，わたしたちの背きのためであり，彼が打ち砕かれたのは，わたしたちの咎のためであった。彼の受けた懲らしめによって，わたしたちに平和が与えられ，彼の受けた傷によって，わたしたちはいやされた。わたしたちは羊の群れ，道を誤り，それぞれの方角へ向かって行った。そのわたしたちの罪をすべて主は彼に負わせられた」[7]。おそらくこの聖句によって，弟子たちは，なぜイエスが罪を無条件に赦し，レビ記の贖罪の規定が定める儀式の手続きを不要としていたのかという問いに，納得した答を得たのであろう。

このように弟子たちは，どこまでもモーセの律法にこだわって，イエスの死の意味を解釈した。ここに，彼らのユダヤ人としての民族的アイデンティティとその民族的な限界が見えてくる。イエスの弟子たちの集団は，神殿のあるエルサレムを活動地とし，原始エルサレム教団という。

4.2.3　パウロによる連帯的信仰

イエスの死の画期的な意味を展開したのは，後にキリスト者となったパウロ（ヘブライ語ではサウロという）である。彼は生前のイエスを知らないし，ユダヤ人エリート集団の一員であった。このエリート集団の基準からすると，彼には，モーセ律法の順守には全く落ち度がなかった[8]。そのため，律法違反者に要求される動物による贖罪の儀式を彼は必要としていなかった。そのパウロも，キリスト者となった後，信仰の先輩からイエスの死の贖罪的な意味を教えられ，それを「最も大切なこと」[9]とした。しかしそれに止まらず，イエスの死の贖罪的意味理解を超え，イエスの十字架の死のリアリティ（真の現実）を明らかにした。この点を見よう。

4.2 イエス・キリストに対する2つの信仰

　パウロは，最初は，教会を荒らす迫害者として登場する[10]。迫害の原因は，当時の常識であるモーセ律法の遵守を異邦人には要求しない，というキリスト者集団が現われたことによる。彼は，キリスト教を邪教とする撲滅運動に身を投じた。ところがその只中で，イエス・キリストの啓示を受ける体験をしたのである[11]。「啓示」とは，「神」とか「上」とか，自分の外部からある真理などが示されることをいう。その場面をパウロ自身は語らないが，使徒言行録第9章は，「突然，天からの光が彼の周りを照らし」，「なぜ，わたしを迫害するのか。わたしは，あなたが迫害しているイエスである」[12]という声をパウロは聞いた，と記している。こうした啓示を契機に，パウロはキリスト者となり，福音を宣べ伝える者となったのである。

　啓示は，パウロの意表を突くものであった。というのは，パウロとしては，モーセ律法が命じる行為の規範はすべて充たし，律法に照らす限り落ち度がなかったからである[13]。実際，「殺すな」「姦淫するな」「盗むな」など一つ一つ数えられる規範を，彼はすべて遵守していた。しかし，モーセ律法とは，そのような個々の行為の規範に反する罪とその贖罪の手続きなどを定めているに過ぎない。今，神が愛の関係の創造主としてパウロに問うことは，人間存在としてどうかという実存の問題である。それは律法の枠や射程外のことである。律法を遵守していても，愛を欠くなら実存的罪を犯しているのである。パウロは，この実存的罪の主体という人間の全存在を「肉」というメタファーで表現したが，自分がその「肉」であることを知らされたのである。

　パウロは，この「肉の人」について分析する。すなわち，実存的罪に支配されている人間は，エゴイズムという自己中心主義におちいり，モーセ律法を利用し，律法の規定を自分より遵守できない，あるいは，遵守していない他者をおとしめて見下し，自分とその他者との間に隔たりの壁をつくる。実存的罪の人間は，律法遵守に熱心になるほど，この隔ての壁を大きくし，愛の人間関係に対し敵対的・破壊的となるのである[14]。

　パウロは，この矛盾してしまう状態を，「わたしは肉の人であり，罪に売り渡されています。わたしは自分のしていることが分かりません。自分の望むことは実行せず，かえって憎んでいることをするからです」[15]とも，「わたしは自分の望む善を行わず，望まない悪を行っている」[16]とも表現する。だが，こ

の「わたし」とは誰のことかは解釈が分かれ，簡単にパウロ自身だと受け取ることには反論がある。まず，教会を荒らしていた頃のパウロは，自分は完全だと信じ込み，内面的な葛藤で苦しんだことなどはどこにも書いていない。かといってキリスト者になった後のパウロは，そういう信仰態度を誤りとして拒絶しているから，当てはまらない。では，どう解釈するか。パウロは，キリスト者となった今となって，キリスト者となる以前の律法遵守に熱心だった「わたし」を客観的に批判的に振り返り分析したのである，と解釈できよう。

　この問題は現実的である。われわれがエゴから解放され，愛に満ちる実存的人間とならない限り，われわれは「こうあるべきだ」という規範の遵守に熱狂するほど，迫害的となったり隔ての壁をつくったりしたキリスト者以前の「肉の人」パウロと同じ誤りを皮肉にも犯すのである。これが，パウロが啓示により知らされたかつての自分の真の姿であり，「実存の葛藤」の姿なのである。パウロにとって，イエス・キリストの啓示は，自分の人間としての在り方という実存の次元において，自分が愛の存在かエゴの存在か，という自己吟味を迫ったものだったのある。

　パウロは，全く新しい次元へキリスト教信仰を発展させた。すなわち，彼は「十字架の呪い」に眼を付けた。十字架上でのイエス・キリストの死は，モーセの律法に「木にかけられた者は，神に呪われたものだ」[17]とあるように，ユダヤ人にとっては，律法違反により呪われた者の死でしかなかった。またローマ帝国では，十字架はおぞましく忌み嫌われた呪いの象徴であった。というのは，架刑の目的は，処刑される反逆的国事犯に人としての尊厳に反する究極的な侮辱を与えることにあり，架刑は最高の幸運を最悪の不運に突如変える最も残虐な方法として考案されたものだったからである。そこで，神は力があり強くなくてはならない，と思っている人々には，十字架につけられたイエス・キリストは神の権威を傷つけ神を侮辱する「つまずき」であり「愚かなもの」[18]であった。実際，ローマ皇帝のカエサルや教養ある者の文学世界，ユダヤ人の間，さらにキリスト者の間ですら，十字架はおぞましいもので「禁句」であった。これとは真逆的に，パウロは「イエス・キリスト，それも十字架につけられたキリスト以外，何も知るまい」[19]と公言したのである。パウロには，神の力と知恵は，十字架につけられたイエス・キリストの弱さと愚かさの内に実

現しているのが見えている。つまり，十字架上のイエス・キリストは，キリストと同一化した「神の弱さ」「神の愚かさ」[20]の逆説的な姿なのである。しかも，そのキリストは，今も十字架につけられたままでいる。すなわちキリストは，無条件な愛を貫徹したゆえに，エゴイズムの愛なき弱肉強食の社会構造による犠牲の立場を強いられる者の1人となり，今も苦しむわれわれと連帯し，十字架の上で虐げられ苦しんでいるのである。つまり今も，苦しむわれわれのすべてを理解し，無条件に受け容れて，寄り添っている存在なのである。まさにメシアとは愛そのものの存在，実存的愛そのものなのである。イエスの啓示を受けたパウロは，律法にしがみつく肉の自分から解放され，真に愛による共同体形成をめざす者となったのである。

4.3　イエス・キリストの復活

《中心テーマ》

　イエスの死後，巻き添えを恐れていた弟子たちは，復活のイエスが自分たちに現れるという「イエスの顕現」の体験をした。原始エルサレム教団は，イエスの死の贖罪的意味を発見したイエスの復活から50日目に，エルサレムで「イエスはキリストである」という説教を開始した。パウロは律法に落ち度のないキリスト教会の迫害者であったが，復活のイエス・キリストからの啓示を受けてキリスト者となり，十字架のキリストの連帯的な死の意味を発見した。

　20世紀になってルドルフ・ブルトマンというドイツの神学者が，実証主義的解釈の立場から，史実は「イエスの死」と「弟子たちがイエスの復活信仰をもったこと」だけだと主張し，以後イエスの復活の議論は深められている。

4.3.1　「イエス・キリストの死者の中からの復活」の聖書の記述の変遷

　そもそも，イエスの時代にも，復活を否定するユダヤ教の一派（サドカイ派）があった[21]。当時の古代ローマ人や古代ギリシア人にとっても，復活は事実としては認められるものではなかった[22]。イエスの復活についての聖書の記述も複数あり変化している。

　キリスト教最古の文書はパウロの書簡であるが，そこには，パウロ以前のイ

第4章　イエスとキリスト：キリスト教の誕生

エスの復活の証言などが引用されている。「キリストが聖書に書いてあるとおりわたしたちの罪のために死んだこと，葬られたこと，また聖書に書いてあるとおり3日目に復活したこと（原文は受け身），ケファに現れ，その後12人に現れた」[23]という証言や，「神がイエスを死者の中から復活させられた」[24]とか「神はキリストを高く上げ，あらゆる名にまさる名をお与えになりました」[25]などの証言である。注意したいことは，「神」が復活させたり，引き上げたりしていて，イエスは受け身であることである。次に注目したいことは，この証言群から数年後，パウロ自身もイエスの復活の出来事を体験していることである。パウロはそれを，「イエス・キリストの啓示」[26]と表現し，後に「わたしにも現れました」[27]と記し，弟子と同体験を自らしたことを確認しているのである。

　その後，4つの福音書が出現する。福音書は，エルサレムでのイエスの逮捕と処刑に及んで保身から逃げ隠れした弟子たちが，その死から3日目に死者の中から復活したイエスが自分たちに現われたという体験をしたことで，立ち直ったことを物語っている。しかし福音書の執筆の時代が約10年ずつ下がるにつれ，その記述がより絵画的なタッチになる。すなわち，最初の『マルコによる福音書』では，空の墓に「白い長い衣を着た若者」を登場させ，「復活なさってここにはおられない」と言わせている[28]。『マタイによる福音書』（80年頃）では，復活のイエスが慕う婦人たちに現れ，彼女らに足を抱きつかれ[29]，弟子たちにも現れ，彼らを世界への福音宣教に派遣している[30]。『ルカによる福音書』（80年代半ば頃）では，空の墓で「輝く衣を着た2人」が婦人たちにイエスの復活を告げ[31]，復活したイエスは2人の弟子に現れ食卓を共にし，自分であると気づかれると姿を消す[32]，その後，弟子たちと魚を食べている[33]。『ヨハネによる福音書』（90年頃）では，墓で婦人に「2人の天使」が現れ，自ら復活したイエスが語りかける。彼女がすがりつこうとすると，「まだ父のもとへ上っていない」という理由で制止する[34]が，トマスという弟子には架刑の際に槍で突かれた脇腹に手を入れることを許している[35]。また，戸に施錠のしてある部屋に入ってきたり[36]，弟子たちと食事をしたりしている[37]。

　この間の大きな変化を見ると，復活の主語の変化がある。パウロ以前の証言

では神が復活させておりイエスは受け身であったが,『ヨハネによる福音書』ではイエス自らが復活する記述へと変化している。また復活に関する描写も,『マルコによる福音書』では,控えめな「空の墓」の記述に留まるが,徐々に復活のイエスの動画的でリアルな記述へと変化し,『ヨハネによる福音書』では,一旦父のもとへ上った後で,再び父のもとから下って来てトマスに現れたという飛躍がなされているのである。

4.3.2 イエス・キリストの復活によって訴えられているメッセージ

　近代以降のイエス・キリストの復活に関する議論は,実証主義的にテキストの背後にある事実を探求しようとする試みに端を発するものである。しかしそれは後回しにし,ここでは,テキスト自体から読み取れる意味を究明する意味論的解釈により,テキストの前の意味を見てみよう。問題は,テキストは,読者に何を訴えようとしているのかということである。イエス・キリストに対する2つの信仰である「贖罪死の信仰」と「連帯死の信仰」とに対応し,その内容も異なる。

　原始エルサレム教団が立脚する,イエス・キリストの死に対する贖罪論的な信仰の立場で,『コリントの信徒への手紙Ⅰ』第15章3-4節は,順序として,「キリストの死の意味」,そして「キリストの復活」を記している。すなわち,「わたしたちの罪のために死んだこと」を書いた後で,「聖書に書いてあるとおり3日目に復活したこと」を記している。ここに「聖書」とあるのは,紀元前8世紀の預言者による『ホセア書』第6章2節に記されている「主は我々を生かし,3日目に,立ち上がらせてくださる」という言葉を念頭においているらしい（ヨナ2・1も参照）。

　しかし,福音書の物語の時間的な流れで見ると逆である。すなわち,イエスの「3日目の復活」がまずあって,その後で弟子たちが聖書（旧約聖書）から「イエスの死の意味」を発見している。というのは,イエスの逮捕後,弟子たちは逃走し,イエスの何もかもを疑ってもしかたないような精神的混乱状態を体験した。一種の喪失体験である。ところが,3日目にその彼らに復活のイエスが現われ,弟子たちはイエスの一切が正しかったこと知ったのである。その後で,『イザヤ書』第53章5-9節に照らし,「わたしたちの罪のために死ん

第4章　イエスとキリスト：キリスト教の誕生

だ」というイエスの死の贖罪的意味を発見した，と読める。つまりイエスの復活が最初にあって，その後で弟子たちによるイエスの死の意味の発見があり，さらに，イエスが「神により約束された世の終わりに出現するメシア」であるという喜びの確信へ至った，と言えよう。

しかし，この確信は弟子たちの間に，今や「世の終わり」，つまり「歴史の終末」が始まり神の国の完成が間近である，という期待感を大きくもした。キリストは死んだが神により復活し，今は天に上げられて神の右に座しているが，すぐに再び来る。その再臨の時には，すべての死者が復活する。このようなイエス・キリストの間近な再臨の信仰を抱くに至ったのである。

イエス・キリストの死の贖罪的な意味とは異なり，イエス・キリストの十字架の死の意味に初めて言及したパウロの文書から，十字架につけられたイエス・キリストの復活が訴えるものを見てみよう。聖書箇所としては，『フィリピの信徒への手紙』第2章6節から11節に記されている，一般に「キリスト賛歌」と呼ばれるものがある。「キリストは神の身分でありながら……人間の姿で現れ……十字架の死に至るまで従順でした。このため，神はキリストを高く上げ……すべての舌が『イエス・キリストは主である』と公に宣べ」ることになるとある。この賛歌には，「わたしたちの罪のために」という表現を欠く代わりに「十字架の死に至るまで」という句が強調的に加わり，さらに，あらゆる権力に勝る「主」として天まで「高く上げ」たのは「神」であることが明示されている。イエス・キリストは，愛の言動の外は何も行っていないにもかかわらず，イスラエルの民からは律法に違反して「神を冒瀆し呪われた者」とされ，ローマ帝国からはローマの平和を乱す「政治的反乱指導者」としてローマの極刑による「十字架の死」に至った。その究極的な苦しみ，それに至る愚かさ，裸にされ弱さと恥辱の極みを味わう底辺の深みに落とされた。そのままで終われば，「神に従順で正しい親切な者も馬鹿を見る」ということで，「神の正しさ（神の義）」は問われたかも知れない。現代的にいえばニーチェの「神は死んだ」ということかも知れない。しかし，神は行動を起こし，天までキリストを高く上げて主とし，憎悪と復讐の悪循環に終止符を打ち，新しい人間として被害者も加害者も「イエスは主である」と宣べることになるものとした。つまり，イエスの復活は，イエスの死に対する神の明確な「答」なのである。

すなわち，神はイエスの「十字架の苦難と死」ばかりでなく，それに至るイエスの「生涯，活動，メッセージ」を含めすべてを，神の愛と正義に適うものとして承認し全面的な肯定のリアリティを「イエスの復活」として現実化させたのである。

しかし，復活しあらゆる権力の上に「主」としているキリストは，決して十字架の苦難と死を過去のこととして後ろに残しているのではない。『ガラテヤの信徒への手紙』第3章1節では，古い「文語訳聖書」にあるように「十字架につけられ給ひしままなるキリスト」なのである。つまり，今もイエスは十字架の上で呪いと虐待を受けつつ，無条件にわれわれと連帯しておられるのである。われわれがよく「私もかつては同じ苦しみを味わったから分かる」というのとは異なり，復活のキリストは，十字架の上で「わたしは今，同じく苦しんでいるから分かる」という方なのである。パウロにとって，キリストは，世の終わりに再臨するまで，そのような方なのである。

4.3.3 「イエス・キリストの復活」の解明の試み

経験的な事実に基づいて思考を推し進め，様々な恒常的法則や関係を明らかにする実証主義的な立場から「テキストの背後にある事実」を知ろうとする試みは盛んである。「復活」というものは，因果的な経験則にはないので，近現代思考になじまない。一体，何だったのか。どのように復活したのか。本当にあったのかなどの問いをかかえる現代人に，どうやって説明するのか。ヨハネ福音書の記す復活のイエスは，「わたしを見たから信じたのか。見ないのに信じる人は，幸いである」[38]と言っているが，やはり問いは残る。1941年にルドルフ・ブルトマンというドイツの新約学者は，近現代のわれわれの経験則に照らして理解できるように，イエス・キリストの復活の「非神話化」を提唱するに至った。以来様々な解釈がなされているのである。

ブルトマンの主張する非神話化は，一般に「人間―下からの復活説」と呼ばれ，彼には大前提として，「われわれの語る救済の出来事」とは「不可思議な，超自然的な出来事」を含まず，「空間内，時間内」で起きる「史的な出来事」であるという命題がある。イエスについて史実として最終的に確定できることは，イエスの十字架の死までの事である。それ以後に属するイエスの復活

に関する史的事実は,「弟子たちが復活を信じた」という事実だけである。事実に即して分析すると,弟子たちはイエスの死そのものを凝視し熟考することによって,イエスの死の意味を発見し,その意味を「イエス・キリストの復活」として表現したにすぎない。イエスの復活は弟子たちによるイエスの十字架の出来事の意味の表現であって,「史的な出来事ではない」のである。そして,イエス・キリストに対する復活信仰が弟子たちに起こることによって,神の救済行為はその目的を「完成」するのであるという。つまり,イエスの復活は弟子たちの作文であるというのでる。

　ブルトマンの対極にいて同時代の神学者であるカール・バルトは,イエス・キリストの復活とは,「神によって復活者イエスが歴史的に出現したことである」という,一般に「神—上からの復活説」と呼ばれている説を主張して反論した。ただバルトも,イエスの復活は決して「史的な出来事ではない」とし,「『史実』の中に編み入れることができないと考える」点ではブルトマンと同じである。しかし,「近代の歴史学の方法では確かめえないという理由からして……実際には起こらなかったと結論する時,ブルトマンは正しくない」と反対する。つまり,「史的な出来事」ではないが,復活したイエス・キリストが弟子たちに現れた「顕現」は,神による「歴史」的な出来事としてあったことだ,と主張する。具体的説明として,「たとえば,創世記1章,2章にでてくる創造物語」は良い例であって,「甦りの歴史（出来事）」についても,「ほとんど全く同じことが言われなければならない」と主張する。つまり,イエスの復活は,史的事実ではないが,創世記の天地創造物語や人間創造の物語と同じ範疇の歴史に属し,その意味での歴史性をもっている,というのである。そして弟子たちはイエスの甦りの出来事から,振り返って,その十字架の意味を見出したとしている。

　近年では,弟子たちの幻視という心理的体験に着目する研究や,イエスを引き渡したイスカリオテのユダが生きていたという史実的蓋然性に基づき,復活のイエスの顕現の体験を他の弟子と同じようにしながらイエスの贖罪の死の意味に到達できなかった者の研究もなされている。

4.3.4 むすび：どのようにイエス・キリストの復活に向き合うか

かつて前6世紀にバビロン捕囚という「外部」により，信仰的アイデンティティの危機にユダヤ人は襲われた。外見上は，バビロニア帝国の神に自分たちの神ヤハウェが敗北したような状況下にあった。しかしユダヤ人は，神に背きモーセ律法に違反した自分たちを裁き罰するために，神がこの帝国を利用したに過ぎないと解釈し，危機を克服した。同様に弟子たちは，イエスの殺害という「外部」により生じたイエスの死により，信仰的アイデンティティの危機に直面した。しかし，捕囚民と同様に，イエスの死を自分たちのモーセ律法の違反の罪の結果であると理解したのである。しかもイエスの死の意味を，生前のイエスが説いたことと連続性をもつ，神の無条件な罪の赦しを与える死である，と衝撃的に受け止めたのである。彼らはその衝撃を「復活」というメタファー以外では表現できなかったとも言えよう。同時に，死を覚悟して宣教を開始した原動力は，やはり「復活のイエス」が自分に現れたという特殊な体験によるとも言えよう。

また，バビロニア帝国では，その王こそが「神の像」であり，王の下に他のバビロニア人がおり，ユダヤ人は捕囚民としてその下に屈辱的に置かれていた。しかしユダヤ人は，すべての人間が「神の像」であり，しかも，この「神の像」の神は，バビロニア人の拝む太陽をも創造した唯一神である，という天地創造物語を創造した。同様にイエスも，地上での挫折が大きいほど，天での勝利が大きく宣言されるに至った。まさに「同じダイナミズム」が働いており，ここに逆説的な十字架と復活の出来事の意味が明らかとなったのである。この逆説的な幸いが福音の特徴となるのである。

4.4　イエス・キリストの神性と人間性：まことの神・まことの人

《中心的なテーマ》
　新約聖書にはイエスの称号が「キリスト」を始めとして，様々に記されている。これらの称号で強調していることは，イエス・キリストは，「人の子」として生まれ，空腹や乾きを覚え，苦しみ，罪とされ，呪われ，処刑されて死ん

だ「真の人間」であることである。しかしそこには，アダムと対比して言われる内容がある。すなわち，アダムは被造物の人間であることを好まず，「神のようになる」ことを選び，神との関係も妻エバとの関係も犠牲にした。しかし，イエス・キリストは，被造物としての人間であることを貫き，神に従順に生き，「目に見える兄弟を愛さない者は，目に見えない神を愛することができません」[39]とある通り，人間を愛することを貫くことで神への従順をまっとうし，人間性を完成させた。逆説的に，神によって死より甦らされ，「キリスト」「神の子」「主」という称号を与えられ，「独り子なる神」「神」とされている。

4.4.1 人間イエスの生涯

イエスは，ユダヤのベツレヘムで生まれ，ガリラヤのナザレで育ったユダヤ人である。「イエス」という名の人は多いので，人々は，「ナザレのイエス」と呼んで区別した。母はマリアであり，イエスが死んで50-60年後の作である降誕物語では，処女の時に神の霊（「聖霊」）によって妊娠し出産し，神が「真の父」とされている。史実上の父はないとされ，彼女の婚約者ヨセフが法律上の父となった。イエスは，父ヨセフと同じ大工[40]となり「大工の息子」[41]と呼ばれた。大工は，注文に応じユダヤ国内を広く歩く手工業だった。またヨセフがダビデの子孫であることから，イエスは「ダビデの子」[42]と呼ばれた。

イエスがいつ誕生したかであるが，西暦元年より前とされている。西暦は，イエス誕生年を「西暦元年」とするつもりで，530年頃にD. エクシグウスが作ったものである。イエス誕生前の年号を「紀元前またはBC（Before Christの略）〇〇年」，イエス誕生後の年号を「西暦またはAD（主の年 Anno Domini の略）〇〇年」と表記する。だが，今日の研究で，ズレが判明した。マタイ福音書には，当時のユダヤの王であったヘロデ（前73年頃-前4年）が幼児期のイエス殺害を企て，2歳以下の男児を皆殺した[43]という物語がある。そのヘロデが死んだ紀元前4年から2年を引くと紀元前6年となる。そこでイエスの誕生は紀元前6年と4年の間となる。

イエスは，「およそ30歳」[44]の時，つまり紀元26年と28年の間に，親戚筋の「バプテスマのヨハネ」という人物を師とし，その「世の終わりは近づいている」という教えに共感し，ヨルダン川で「バプテスマ」という身を水に

4.4 イエス・キリストの神性と人間性：まことの神・まことの人

浸め清める儀式を受け[45]、ガリラヤで活動を開始した。だが、ヨハネの「神の裁き」中心の考えとは異なり、イエス独自の「神の国」、「神の無条件の愛」を説き歩き、教師として活動した[46]。しかしその活動期間は短い。イエスの処刑の年は、出エジプト祭、つまり、「過越祭」の食事をする日が「金曜日」の夕方であった年である[47]。ユダヤ教のカレンダーによると、そうなる年は、西暦30年か33年だけである。活動は1年足らずか、最長でも3年であることから推測すると、西暦30年にエルサレムの郊外で処刑されたことになる。

イエスは自分を1人の人間として理解していた。たとえば、イエスは、「なぜ、わたしを『善い』と言うのか。神おひとりのほかに、善い者はだれもいない」[48]と言っている。そればかりではない。バプテスマのヨハネから「罪の赦しを得させるバプテスマ」を受けている[49]。つまり、イエス自身は、自分を他の人々と同様に、神からの赦しを必要とする罪人の1人として理解していたのである。しかし、特別なことは、イエスは神の支配が到来することを言動で現わす使命と全権を神から委託された「人間」としての自己アイデンティティを貫いて活動したことである。すなわち、どこまでも「1人の人間」として神を無条件に信頼し向き合うことを十字架の上で息を引き取る最期まで貫徹したことである。イエスは、モーセ律法を解釈する「律法学者」であり、「神から霊感を与えられて語る人間」であり、言動をもって「啓示する者」であったのであり、決して神の側に自分を置くことはなかったのである。

4.4.2 死・復活後のイエスに原始キリスト教団が与えた基本的称号：「キリスト」、「神の子」、「主」

イエスの死後、復活のイエスが現れ出会った弟子たちは、イエスの捉え方を変えた。イエスは単なる人間ではなくなり、様々な称号で呼ばれるようになった。その基本的なものが「キリスト」、「神の子」、「主」である。すなわち、イエスは、「肉によればダビデの子孫から生まれ、聖なる霊によれば、死者の中からの復活によって力ある神の子と定められたのです。この方が、わたしたちの主イエス・キリストです」[50]と記されている。

第4章　イエスとキリスト：キリスト教の誕生

メシア＝キリスト

　生前のイエスに従っている間，弟子たちは，ローマ帝国の支配から解放するイスラエル民族の政治的な王としてのメシア＝キリストの出現を待望していた。現代のユダヤ人も同じである。弟子たちはイエスにその役割を期待したのであろう。しかしイエスはそうではなかった。実際，生前のイエスは，彼を政治的な王に立てようとする人々の勢力を拒否した[51]。弟子たちは，イエスの死刑執行により，自分たちの希望の空しさに気付かされたのである。

　しかし，復活のイエスと出会った後，弟子たちは立ち直った。神が，人間の側の「イエス」を死者の中から復活させ，神側の「キリスト」に任じ，神的な尊厳と天地の一切の権能を与え[52]，天にまで引き上げ，神の傍らにいる「主とし，またメシア」とした[53]と信じた。さらに，生前のイエスは神の国の間近な到来を予言していたが，しかし，その予言は，神の国の支配者である神が来る代わりに，イエスが神の国の支配者として来たことで成就した，と信じた。その成就とは，イエスが「キリスト」として，モーセ律法違反の個々の「わたしたちの罪のために死んだ」という意味の限定付きであった[54]。つまり，原始教団にとって，「キリスト」とは，過去の罪に対する贖罪という救済の業を完成した「贖罪者であるイエス」を表現する用語だったのである。

　しかしパウロにとっては，「キリスト」は救いの業をなすイエスの職名ではなく，「イエス・キリスト」という固有名詞となっている。つまり，その職名は「神の子」であり，「主」なのである。

神の子

　「神の子」称号は，救いの業をもたらす者の称号として用いられ，イエスを「神の子」と呼ぶことは，原始キリスト教団では早い時期からなされていた。それは，ダビデの子イエスが復活によって神の子に任命される，という理解であった。聖書でその根拠となったのは，ダビデの子孫として生まれる者にダビデ王国の王座を継がせ「彼はわたしの子となる」という神の約束の記述である[55]。このようにして一旦「イエスは神の子である」となると，その後の原始教団は，さらに聖書の『詩編』第2編7節にある「お前はわたしの子，今日，わたしはお前を生んだ」という語句を解釈し，実は，イエスが活動を始

4.4 イエス・キリストの神性と人間性:まことの神・まことの人

める時に受けた「バプテスマ」の儀式は、イエスが神により「神の子と任命される出来事」だった[56]と理解するに至ったのである。やがてこの路線は、母マリアがイエスを懐胎した時点ですでに神の子であることが予告されていたという物語[57]へと発展した。ではイエスが神の子として成し遂げた救いの業とは何かというと、原始教団にとってそれは、われわれの罪をあがなう「贖罪」であったのである。

パウロは、神の子イエス・キリストを「御子」と表現し、その救いの業として、「和解」をあげる。つまり、本来ならエゴイズムという自己中心的なわれわれ人間は神に「否定」されても仕方のない存在であるが、神は、天地の創造前からいて神に従属する御子を下さり、御子の苦難と死を通して、神とわれわれ人間との間に和解の出来事をもたらした[58]というものである。御子はこの和解実現のために、われわれ人間の1人として「罪深い肉と同じ姿」[59]となったし、神との和解が実現したことで、神はわれわれ人間を「神の子(たち)」とし[60]、「すべてのもの」を恵みとして与えて下さるのである[61]。しかし、神がわれわれの存在を無条件に「肯定」し受け入れていること[62]こそ、パウロが和解の出来事のメッセージとして訴え続ける真の「現実 reality」なのである。

パウロは、自分がこの世で生きているのは、この「神の子に対する信仰」による[63]とし、自分の実存がこの方にかかっていると記している。つまり、パウロが宣教する内容は、「御子(神の子)」[64]であり「神の子イエス・キリスト」[65]なのである。これは、「神の国」、「神の支配」を宣教の内容とした神中心のイエスとは一見対照的であるが、パウロにとっても、やがて来る世の終わりの時には一切のものが御子に服従するが、御子への服従を通して一切のものが神に服従し、それによって、一切のものにとって神が「すべて」となる[66]のである。つまり、歴史が完成する未来の終末においては、御子は神の内にある存在として、「神が唯一である」となるのである。

パウロ以後の執筆である4つの福音書では、最初からイエスを神の子として登場させている。いわば、読者にあらかじめ「醜いあひるの子」を「白鳥」と教えているようなものである。たとえば、マルコ福音書では、「神の子」という用語は、まず、本の表題[67]に用いられ、物語の最後に、十字架上でイエ

スが絶叫し死を遂げる場面で,「この人は神の子だった」と告白するローマ帝国の百人隊長を登場させている[68]。その間で「神の子」と発言するのは神と悪霊だけで,人間は1人もいない[69]。つまり,最後のクライマックスで初めて人間が気付くインパクトあるレトリックなのである。

ヨハネ福音書では,「神の子」という用語は,神とイエスとの愛による一体的関係を示すメタファーである。先在の神の子がユダヤ人イエスとして十字架上で死ぬ使命(ミッション)を携えて,神によりこの世に送られて来た[70]。イエスは,神の愛を現わし,イエスの愛が神の愛なのである。「救い」とは,われわれが神の子の内に留まることなのである[71]。

主

聖書で「主」とは,宇宙論的な天地と世界史を支配する全能の神の称号である[72]。ヘブライ語の聖書(旧約聖書)では,神である「主」を,YHWHという4文字で表現し,神聖なため「ヤハウェ」という発音を禁止している。原始教団もこの称号で復活のイエスを呼んだ。それを可能にした聖句は,詩編第110編1節であった。すなわち,原始教団はその表題の「わが主(=復活のイエス)に賜わった主(=神)の御言葉」を言い換えて読んだ。それにより,復活のイエスが神の右の座に就くという内容となったのである[73]。

しかしパウロは,「イエス・キリスト,しかも十字架につけられたキリスト以外,何も知るまい」[74]という視点から「主」を説明している。すなわち,イエス・キリストは,もともと神と共にいた存在(先在)であって神と等しい方であったが,神的身分を放棄して人間となり,神に対し僕として十字架の死に至るまで従順であった。そこで,神が高く天まで引き上げ,人間を含めたすべての被造物にとっての「主」としたのである[75]。つまり,神はイエスを,十字架上で死んだ「奴隷」という最低の存在から高い天で現在も支配する「主」という存在へと引き上げたのである。

パウロは,逆説的であるが,十字架につけられたイエス・キリストの「主」称号には人を救う力がある,とする。すなわち,旧約聖書の中にある「主の御名を呼ぶ者は皆,救われる」[76]という言葉をパウロはそのまま用い,「イエスは主である」と信じて告白する者は救われる[77]という。実際,その者は,「主

4.4 イエス・キリストの神性と人間性：まことの神・まことの人

に仕え」[78]る者として，他者を「裁く」ことや「侮る」こと[79]，「高ぶる」こと[80]がそぐわなくなるのである。

最後に，歴史の終わる終末時に主イエスは再び来る再臨への次の祈りで聖書全体は終わっている。「『然り，わたしはすぐに来る。』アーメン，主イエスよ，来てください」[81]。

4.4.3 イエスのその他の称号：「人の子」と「神」

イエスは，自らを「人の子」[82]と呼んだ。元来「人の子」とは，単に人間を意味した。ただし福音書には，キリストのイメージと重ねて創作された「人の子」という表現も入り混じっている。そこでまぎらわしいが，人間としての「わたし」と言い換えて通る箇所は，生前のイエスのものである蓋然性が高い。余談であるが，当時のユダヤ人にとって人の子は「メシア称号」ではなかったので，原始教団は宣教活動には，「神の子」の称号の方を好んで用いたらしい。

「人の子」とは対照的に，ヨハネ福音書は，神とイエスとの一体性から，イエスの称号を「独り子である神」[83]，さらに「神」[84]へと発展させ完成させた。今やイエスは，神のメタファーそのものとなったと言えよう。キリスト教では，「この方が神を示された」[85]とされ，キリスト教の指し示す「神」のイメージの判断は，「イエス・キリスト」を基準とすることとなった。

第5章　新約聖書の文学：豊かな内容への福音の拡張

5.1　イエスの説く「神の国」

《中心的テーマ》

　イエスの活動の中心は，「神の国」というメタファー（比喩）で表現された神の支配であった。それは，やがて彼を死へと導くことになった。イエスの説いた「神の国」は特殊であったが，弟子たちすらそれに気づかず，イエスの死という衝撃と復活のイエスとの出会いを体験して初めて気づいた。彼らが，地上に領土を持つ国のようにイメージしていた神の国は誤解だったのである。イエスの説く神の国は，天ですでに実現していた。その特徴は，家庭的な神が中心であり，この世での人々の立場を逆転させ，神自らが実現をもたらすことにあった。その神の国の福音は，語り継がれて伝承となり，福音書という文学によって，われわれ人類の宝となっている。

　しかし，イエスの死後，変化が起きた。イエスが，「キリスト」「神の子」，そして，神と等しい「主」という存在となった[1]。これにより，イエスは神の国を中心としたが，原始教団は「イエス・キリスト」を信仰の対象とし，前面に押し出した。しかも，どの福音書も，その背後にある共同体の状況の必要に応じて，イエスによる神の国の教えを修正し編集した。福音書を読む際に，ここに記したイエスの神の国と比較しながら読むことで，それぞれの福音書の特色が見えてくるであろう。

第 5 章　新約聖書の文学：豊かな内容への福音の拡張

5.1.1　イエスの説く神の国の背景

　福音書を読む前提知識として，生前のイエスの説いた神の国とはどのようなものかを知っておくことにしよう。「神の国」という用語の背景には，旧約聖書がある。元来，イスラエルの支配者は神ヤハウェであった[2]。ところが紀元前 11 世紀に，近隣の敵に勝利する目的で，民は政治的な王を要求した[3]。その代償として，彼らは「王の奴隷」となり「泣き叫ぶ」ことになった[4]。その後は，神の支配する世界を「神の王国」と呼ぶことになり，さらに，紀元前 6 世紀のバビロン捕囚以降は，神の支配が地上に実現することに関心が移った。

　イエスの登場する紀元 1 世紀のユダヤ人も，天上では，神が完全に支配しており，その支配は永遠に続き，そして将来，神が世界を完全に支配する日が来る，と信じていた。実際，民衆の間には，大衆のために政治的な王が出現する，という期待があった。その期待に応えるように，平民出身で政治的救世主を自称する「王権僭称者」が多く出現したが，ローマ帝国に鎮圧されていた。

5.1.2　イエスの活動の中心的テーマである神の国

　イエスにとって，世界の終わりは近く，「神の国」つまり神の支配が間近に迫っていた。神の支配が見える姿で間近に迫っている。これがイエスの活動の中心的事柄である。

　イエスを含め，当時のユダヤ人にとっての世界は，「天と地と陰府」という 3 層から成っていた。この上-中-下という垂直軸の「地」にわれわれ人間が生き，地の歴史は天の出来事の写しとされた。イエスもこの世界観の中で生き，「サタンが稲妻のように天から落ちるのを見ていた」[5]という。サタンとは，神に敵対する一切の力の象徴である。天ではサタンは神に惨敗し，神による支配（神の国）が実現している。地上では，天から落ちたサタンが悪のあらゆる力をふるっている。しかし，徐々に敗北し投げ出され，ここにも神の支配が実現するのである。こういう筋書きが，確かなものとしてイエスにはあった。これが彼に平静さを与えていた。

　イエスは，天のこの出来事が地の自然の中に反映しているのを見た。イエスは，自然がまったく新しい姿に変わったことを語った。すなわち，野の花も，「栄華を極めたソロモン」以上の装いで咲いている[6]。自然は，神により無条

件に肯定され育まれ，その慈しみの愛を語っているのである。

イエスにとっての使命は，神の国という神の支配が地上にも実現する確実さを宣教することであった。それは，イエスにとって，地上に突き落とされあがくサタンとその支配下にある悪霊たちと闘うことであった。

イエスは自分を「人の子」と呼んでいた。人の子とは，文字通りには，「1人の人間」であるが，神の国をその「人格」においてもたらす使命をもった人間イエスを意味した。つまり，神の国は，人の子の人格を通して，イエスの業の中に具体化し現実となる。それは，場所ではなく，イエスの行く先々で現実となるのである。この使命を果たす自分を，イエスは，サタンを縛り上げられる「強い者」に喩えて言う。「まず強い人を縛り上げなければ，だれも，その人の家に押し入って，家財道具を奪い取ることはできない。まず縛ってから，その家を略奪する」[7]。この喩に見られる，「強い人」であるサタンに対しイエスの行う「略奪」の具体的内容は，癒しと悪霊祓いである。

5.1.3 イエスの「神の国」を表現す3つのルート・メタファー

「神の国」とは「神の支配」をイメージするためのメタファー，つまり「比喩」である。かつてニュートンは，世界の様々な事象を説明するために，「機械仕掛けの世界」というルート・メタファー（root metaphor）を作ったが，神の国の様々な内容を説明するために，イエスは，神の国の根底的なイメージとなるルート・メタファーとして，以下に述べる「家族的な親しみのある父としての神」，「祝宴としての神の国」，そして，「種としての神の国」の3つを好んで用いている。

イエスの時代には，聖書に従って，神は政治的「王」というメタファーで表現されていた。しかし，イエスは，ユダヤ人の子が家庭的な父親を呼ぶときに発する「アッバ」というメタファーで表現した。もちろん，イエスは王的神を否定したのではない。むしろ，王的神の新しい意味を創造するために，弁証法的にそれを家族的面で止揚したのである。つまり，親しい力強い父なる神としたのである。イエスが十字架の上で呼びかけた神は，そのような「アッバ」なのである[8]。

イエスは，このアッバに，母のような優しさを示す，もう1つの弁証法的

メタファーを上に着せ，家族的次元の父の面を止揚する。それは，ある放蕩息子の父親の譬え話である。その息子は生前相続の取り分を持って父のもとを去った。しかし放蕩の末，極貧となった。落ちぶれの果て，父親の家の奴隷の地位よりも劣悪な日雇い労働者となる覚悟で，父親の許へ帰って来る。父親は，息子の姿を遠くから目に留め，「走り寄って首を抱き，接吻し」，最上の服を着せ，「祝宴」を開いた[9]。この譬えのように，神は，どんなわれわれをも，生きるに値する存在として母のように無条件に肯定するアッバである。まさに，「悪人にも善人にも」，「正しい者にも正しくない者にも」等しく恵みを与える方なのである[10]。神の国とは，母性愛に満ち親しく強い父なる神の支配をさしているのである。

神の国のもう1つのルート・メタファーは，「祝宴」である。天ではすでに神により家庭的な婚礼の祝宴が開催されており，この祝宴に，地上では家族を持たない「アウトサイダー」とされている者たちが招かれている[11]。つまり，この祝宴では，世界が「あべこべ」であり，価値観や運命が逆転する。

できものだらけの貧しいラザロという男の話がある。彼は，ある金持ちの門前に横たわり，その金持ちの食卓から落ちる物で腹を満たしたいと思っていたが，やがて2人とも死んだ。金持ちは陰府でさいなまれながら目を上げると，天の宴席でアブラハムのそばにラザロがいたのである。その金持ちは，この世での富の生活の帰結として，天では立場の逆転を見るのである[12]。イエスが「貧しい人々は，幸いである。神の国はあなたがたのものである」[13]と言うのは，この逆転劇の起こる神の国が間近に到来する確信からなのである。

天の祝宴の行動的メタファーとして，イエスは社会の被差別・被排除者たちと好んで食事をした。この人々は，具体的には，売春婦や敵国であるローマ帝国のために働く徴税人，それに「罪人」呼ばわりされた人々である。「罪人」とは，イエスに従う人々から見ても罪ある者たちであって，異邦人とか，職業上タブーを犯した者，さらに刑事犯的犯罪人たちの総称である。神の国のメタファーである祝宴にイエスは，「正しい人」ではなく「罪人を招く」[14]ように語る。それは，その祝宴が小さくとも，逆説的にこのような「いと小さき者たちのめでたい祝宴の祝い」だからである。

イエスは神の国を小さな「種」にも喩えている。蒔かれた後は，「ひとりで

に実を結ばせる」のである[15]。人は成長に関わらない。しかも「どんな種よりも小さい」のに，成長するとその葉陰に空の鳥が巣を作るほどに「大きな枝」になる[16]。さらに「パン種」にも喩えている。パン種はわずかでもパンの生地に入ると何倍にもふくれ全体に行き渡る[17]。この比喩のように，天で始まった神の国は，地上ではイエスと共に到来し，その小さい種は蒔かれた。それはサタンの抵抗にも，また，人間の抵抗や努力，能力の存否・程度にも左右されず，確実に成長する。つまり神の国の逆説的なリアリティは，全世界を覆うに至るのである。

5.1.4 「神の国」における逆説的価値

　神の国では，神がわれわれに立場の逆転をもたらす。すなわち，アウトサイダーたちに自己イメージの逆説的変革をもたらす。立場の逆転の結果，彼らは今や「王的意識」をもって行動することがふさわしい者であり，もはや施しや慈善の対象ではない。イエスは抑圧された土地を歩いた。その願いは，上流階級の人だけが特権的に行うことができた寛大な行動を，平凡な人々の内に受肉させることであった。それは，自分の実存が，王的なもの，富みに満ちた貴族的なもの，知恵のそなわった教養あるものとなることである。彼らのそのような実存に基づく行動こそは，すべての人間にとって神の「救いの使信」そのものなのである。具体的に以下に見ることにする。

　古代オリエントにおいて，平和の制定，敵との和解，敵を赦すこと，柔和さや憐れみは，王の徳として称賛された。王はそのように振る舞うことで，名声を得た。だがイエスは，地上では権力がない小さな者たちに，「平和を実現する人々は，幸いである」「柔和な人々は，幸いである」「憐れみ深い人々は，幸いである」「敵を愛し，自分を迫害する者のために祈りなさい」[18]と語った。神の国では，彼らにこそ，このような特権的行為がふさわしいのである。

　古代では，王の格言に「与える方が受けるより幸いである」とある。気前のよさや慈善は，王など富む者の貴族的な徳として称賛された。また，負債を免除することは，物質的なわずらいとは無縁な富裕者の特権であった。「求める者には，だれにでも与えなさい」，「何も当てにしないで貸しなさい」[19]というイエスの言葉は，このような社会上層に見られる「惜しみなさ」「気前良さ」

が，立場の逆転する神の国では，貧しい者にこそ，ふさわしいことを示しているのである。

ユダヤ教文学によると，「賢者」は肉体労働から自由である。手工業者は「知恵」から排除された。しかし，元大工という建築の手工業者であるイエスは，聖書の世界で「知恵の王」といわれたソロモン以上に，知恵ある者である[20]。イエスの神の国の教えを通して，「ソロモンの知恵」以上の知恵が，農民，鍛冶たち，肉体労働者に語られ，彼らのものとなるのである[21]。

イエスは神の国の逆説的価値の実現を宣教するものの，独裁者や富裕階級による搾取にさらされている人々に対して，蜂起を促さなかった。イエスは，「神による革命」を期待していたのである。そのような神の国が完全には見える形で実現していない状況で，この世の不義に対する抵抗が命じられている。その例として，『ルカによる福音書』第6章29-31節の記述がある。それは，「頬を打つ者」「上着を奪う者」「持ち物を奪う者」に対し，「もう一方の頬を向け」，「下着をも拒」まず，「取り返そうと」しないことである。というのは，このような行動は，受け身の立場をしいられた弱い者に主体性を取り戻させ，人間としての尊厳を維持させる能動的行動だからである。神の国では立場の入れ替えが起こり，抑圧者は弱い者によって愛され，弱い者にとって「打つ」ことや「奪う」ことを許可された者となり受け身の立場に立たされるのである。

5.2　弟子たちの選び

《中心的テーマ》

古代社会では，先生を中心とする弟子の共同体が形成されるのが普通である。イエスの場合も同じであった。多くの場合，弟子となろうとする者が師のもとに来たが，イエスは自らエリート集団とは無縁の人々を選び，しかも，12という数字にこだわり「12弟子」の弟子集団を形成した。この弟子たちは，イエスの死が迫る時に，イエスの殺害を企てる当局へ引き渡したり，捨て去ったりした。このような弟子を選んだ特殊性は，イエスの宣教する神の国の逆説性から導かれたと言えよう。とは言え，その選びは，通常の判断では失敗であろう。しかし歴史を振り返ると，このような弟子集団であったからこ

そ，イエスの死後，やがて世界の3大宗教の1つとなるキリスト教の歴史が始まり得たのである，といっても過言ではあるまい。

弟子が，イエスを当局に引き渡し，見捨て，否認した者であったからこそ，イエスの死後に弟子たちは，神の国の逆説的愛そのものとしてイエス・キリストを宣教し，やがてそれを物語で伝える福音書という新しい文学形態が誕生した。それによりイエスの説いた神の国・支配は，今なおわれわれ人類を豊かにしているのである。以下では，大まかな史実を踏まえた上で福音書を文学批判的に読む。

5.2.1　12人の弟子の選び

イエスには弟子が多くいた。その中で選ばれた12人の弟子は，ペトロとアンデレの兄弟，ヤコブとヨハネの兄弟，マタイ，フィリポ，トマス，バルトロマイ，タダイ，アルファイの子ヤコブ，熱心党のシモン，それに，イスカリオテのユダである。これは，『マタイによる福音書』[22]と『マルコによる福音書』[23]によるが，『ルカによる福音書』では，タダイの代わりにヤコブの子ユダとなっている。

イエスが彼ら12人を弟子とした過程を知る手掛かりとなる物語がいくつかある。たとえばペトロの場合，彼は漁師で，ガリラヤ湖で弟アンデレと網を打っていた。そこへイエスが歩いて来て，「ついて来なさい。人間をとる漁師にしよう」と言った。聖書には，「2人はすぐに網を捨てて従った」[24]としか書かれていない。われわれの感覚としては異常である。しかし，彼がなぜ弟子になる決心をしたかを知る手掛かりとなる長い記述が，他の箇所に見られる。すなわち，イエスの師でイエスにバプテスマ（洗礼・浸礼と訳されている，水で清める儀式）を施したバプテスマのヨハネという人物が，イエスを見かけて，自分の弟子に「見よ，神の小羊だ」と言った。それを聞いてイエスについて行った2人の弟子の内，1人がアンデレであった。彼はイエスの宿でともに一晩過ごした。宿を出たアンデレは，兄ペトロに「わたしたちはメシア（キリスト）に出会った」と言って，イエスのところに連れてきた。そこで問題は，イエスが宿でアンデレらに語った話である。

もし一晩かけて，イエスが単に旧約聖書にある「王としての神」[25]という思

第5章　新約聖書の文学：豊かな内容への福音の拡張

想を語っていたとしよう。それなら，当時は聞き慣れたもので，「ああ，またか」とインパクトもなかったであろう。しかし，イエスのメッセージは違う。当時，類例を見ない独特な「神の国」のメッセージである。これなら，アンデレに強烈なインパクトを与えたと思われる。というのは，当時のユダヤ人は，ローマ帝国の支配の下で，どうすることもできない日々を過ごしていた。イエスは，神の国が「近づいた」[26]とか，「あなたたちのところに来ている」[27]と宣言的に語る。つまり，正義と愛の神の支配は，今，それが最終的な現実段階に入り，「ここに，来ている」と語る。それを聞いて，アンデレは，えりをただし，神へ根本的に立ち返り，神に全面的に信頼する者に変わったのであろう。彼は，自分がこの世に存在する根拠や理由や意味を神に見出したわけである。彼に「生の質的転換」が起きたのである。この体験を自分に与えたイエスはイスラエル待望のメシアだと信じたのである。

このように，ペトロも，湖でイエスに弟子として従う前にイエスと出会っていた[28]。すなわち，すでにイエスをメシアと信じていた。そこへ，イエスから湖畔で弟子となる招きを受けた。そこでイエスに従ったという筋である。類似のエピソードが他の弟子たちにもあったであろう。

イエスの弟子になる招きに，ペトロたちが応えた経過は見てきたが，イエスがどのような判断基準で彼らを選んだかは，別問題である。現代でも雇う側は業務に適切な人材を得ようとする。イエスも同様で，「神の国」の宣教に関わるにふさわしい12人を選び出したと言えよう[29]。イエスの弟子を選ぶ判断基準を，選ばれた弟子の人物を分析することにより探ることにする。

まず職業面を分析すると，ペトロとアンデレの兄弟，ヤコブとヨハネの兄弟，フィリポは漁師である。マタイは徴税人である。次に経済面では，漁師は下層に属するが，ペトロは家を持っていたし，ヤコブ兄弟には雇い人がいたので，彼らは貧しくはない。また，徴税人マタイは，自宅に大勢を盛大な宴会に招けるほど，富裕層に属した[30]。また，社会的面では，ペトロは無学な者であって，聖書の専門的知識のない層に属していた。他の漁師も同じであろう。マタイのような徴税人は，ローマの手先として「民族的裏切り者」と呼ばれ，罪人と同列に見られていた。その対極に，熱心党のシモンがおり，熱心党というのは，モーセ律法のためならば同胞のユダヤ人の命を奪っても良いという

思想をもつ反外国勢力，反ローマ帝国の「過激な民族集団」である。イスカリオテのユダがこの一員だったという説もある。つまり彼らは，経済的に貧しくはないが下層階級に属していたり，マタイのように裕福でも，社会的にはユダヤ人社会からは排除される存在であったりした。その点，熱心党は社会から排除はされていないが，過激性のゆえに社会の中枢ではなく特殊であった。つまり，イエスは，社会的主流にいる者の1人も12弟子とはしていないのである。12弟子の素性は知る限りでは，いずれも「アウトサイダー」であった。

　しかしイエスはさらに，12弟子に，すべての財産放棄を求めた[31]。たとえば同じ徴税人でも，「財産の半分を貧しい人々に施します」[32]と言うに留まったザアカイは，弟子への招きを受けていない。その点，弟子となった徴税人マタイは「何もかも捨てて」いた[33]。イエスは，社会の主流にある者を必ずしも拒んではいない。たとえば，ある金持ちの議員は，全財産を貧しい人々に与えてから「わたしに従いなさい」と招きを受けている。しかし，実際にはそうできなかったのである[34]。

　それにしても，イエスが「12」という数にこだわった理由は何であろうか。それは12という数が，イスラエル民族の全体をさす12部族を意味する数だったからである。イスラエル民族は，父祖アブラハムに始まり，子イサク，孫ヤコブと続き，ヤコブの12人の息子の子孫が，やがて12部族となった。この12部族がイスラエル民族全体であり，後にダビデ王国を形成した。イエスは，ダビデ王国の時と同じ全イスラエルの完全な回復を視野に入れ，全イスラエルの代表という意味を込めて，12人の弟子を特別に選んだ，というわけである。

　これほどまでに重要な意味をもつ12弟子を，イエスはどのように教育し，活動の実践へ導いたのであろうか。教科書的な教育の中心は，基本的原理や原則的なことを扱うが，現実はその通りには行かない例外が多い。良い教育は，教科書を超え，師の実践力を体感し身につけることであろう。イエスは，まず「彼らを自分のそばに置く」教育を行った。さらに，実習的な教育をし，弟子たちを各地へ派遣し，神の国を「宣教」させ，人々を癒すために「悪霊を追い出す権能」を与え実践させている[35]。すなわち，一切を捨ててきた弟子たちは，各地で「貧しい者は幸いである」という神の国の逆説的な幸いを説き，

「油を塗って」病人を癒したのである[36]）。

　ではイエスの教育は成功したのであろうか。実は，彼らの1人，イスカリオテのユダは，イエスの逮捕を手引きしている。それはイエスが弟子たちとの最後の晩餐の席で，イエスが自ら愛の手本として弟子たちの足を洗った直後に起きたのである（当時は客の足を洗うのは奴隷の仕事であった）。他の弟子たちもすべて，イエスの逮捕後，イエスを捨て逃げた。その同じ日に，処刑は執行された。イエスの教育の評価はどうであれ，このような12弟子の選びには，神の支配の逆説的な愛が内在している。そこで，この逆説的な愛による弟子の選びということを次に取り上げる。

5.2.2　神の支配の逆説的な愛の実現形態：弟子の3つのタイプ

　神の支配の逆説的な愛を，弟子たちは，どのように実際に体験したのであろうか。招きの段階，弟子になった後の段階，そして，イエスの死後の教会形成の段階という3つのそれぞれの段階の代表としてマタイ，イスカリオテのユダ，そしてペトロを取り上げる。

　まず，弟子となる前の招きの段階でとりあげる人物は，マタイである。マタイは，ローマ帝国のために同胞のユダヤ人から税を取立てる徴税人である。彼が「民族的裏切り者」と人々から思われるにはわけがある。紀元6年まで，ローマ帝国は，ユダヤ人から税を取り立てる仲介役として，ユダヤ地方の領主にユダヤ王ヘロデを任命して，間接統治をしていた。ところがこの年に，ヘロデ王とその王家を追放し，ローマ帝国の直接統治を始めた。つまり，「神的な皇帝」への直接納税を民に要求したのである。しかし，それはユダヤ人にとっては，十戒の第1戒が禁じた「他の神々への奉仕」を強制することを意味するものだったのである。そこで，ユダヤ人による皇帝への納税拒否運動が勃発し，徴税人は民族的裏切り者視され，罪人と同じ扱いを受けるに至ったのである。

　マタイを弟子とすることは，イエス自身も同罪視されることを意味した。人々は，弟子に「なぜ，あなたたちの先生は徴税人や罪人と一緒に食事をするのか」と皮肉的に問うた。だがイエスは逆に，「医者を必要とするのは，丈夫な人ではなく病人である。……わたしが来たのは，正しい人を招くためではな

5.2 弟子たちの選び

く，罪人を招くためである」[37]と切り替えした。人間を逆説的に肯定する，この神の無条件な愛の世界こそ，イエスの宣教する神の支配なのである。

次に，弟子となった後の段階での逆説的愛を体験する弟子として，イスカリオテのユダをとりあげる。ユダの職業や弟子となった経緯は不明である。「イスカリオテ」とは，他のユダと区別するために，彼の出身地をさす添え言葉である。人物像としては，弟子集団の財務担当[38]として能力も信望もあったらしい。また，ある弟子兄弟が野心的にイエスの左右の特別な座を願うと，他の弟子たちと一緒に立腹し[39]，また，ユダヤ当局へイエス引き渡しの打ち合わせのために「最後の晩餐」の席を中座した時も，他の弟子には普通の用事に行くと思われ，はみ出た存在ではなかった。

その彼が，当局へ出向き，実際，イエスの逮捕についての打ち合わせ通り，役人や兵士に同行し手引きしたのである。ユダの中で何が起きていたか，福音書の描写は一様ではない。すでに，晩餐前にもユダヤ当局へ出向き，イエスを「引き渡す」と申し出ている。当局からユダに金員が払われているが，当局側からの申し出との記述[40]から，ユダ側からの要求との記述[41]へと説明が変わっている。また，ユダとサタンとの関わりの描写も，当局へ出向く前にユダにサタンが入ったとの記述[42]から，最初からユダは「悪魔」であり[43]財務横領の「盗人」であり[44]，悪魔が晩餐の席でユダに「裏切る考え」を植えつけ彼に入ったという記述[45]へと発展している。ユダについての記事不一致はさらにある。すなわち，ユダはイエスの処刑前に後悔し自殺した[46]とか，地面にまっさかさまに落ちて死んだ[47]という記述があるが，より古いパウロの手紙には，復活のイエスがユダも含め「12人」に現れた[48]という記述がある。つまり，パウロはユダの死を知らない。ユダは復活のイエスが弟子に現われた時点では，実際は生きていたことになる。一体，聖書のユダの記事の意味は，何であろうか。これを解明するために，まずユダの離脱の動機を検討しよう。ユダ離脱の動機には，イエスへの失望説が有力である。

ユダは福音書では「裏切り」と表現され，執筆年代が後になると，「悪魔」とか「盗人」とか悪者化され，ついには「死亡」の話となっている。しかし福音書記者の否定的評価を取り除いて見ると，史実的に残るのは，単にイエスを「引き渡す」行為である。では，福音書記者の文学的意図は何か。ユダを単

に反面教師と見る評論家的解釈には疑問がある。というのは,ユダを「悪魔」視していることはユダを神話化していることになるからである。それは,アダム神話と同様に,われわれが自分を見つめ直す契機となる「人間すべてのモデル」としてユダを描く文学手法といえよう。つまり,ユダの「裏切り」という文学的創作の描写は,「自分の理想」と「イエスの視点」との対立に直面し,イエスに失望し背を向け,自分の理想の世界に生きる,われわれの姿を模しているのであろう。ユダの「自殺」「死」という文学的創作の描写は,「われわれを無条件に受け容れている神の愛の現実(reality)のメッセージ」として「イエスの死」を解釈することを拒み,自分の理想で自分を追い詰めるわれわれの姿であろう。

　最後に,イエスの死後に成立した教会の形成段階で逆説的愛を体験する弟子として,ペトロをとりあげる。ペトロは,弟子集団の代弁者的存在であり,かつ,教会創設期の中心となった人物である。本名はシモンで,ペトロというのはイエスのつけたニックネームであり,「岩」を意味する。それは,将来,教会の基礎をつくる役割を担うことを意味するメタファー(比喩)である。

　しかし彼に特に優れた点はない。結婚し,姑と弟と住む家を持つ下層階級の漁師で,聖書には「無学」な者とある。そのほか,イエスの言葉に従うと大漁となり驚嘆したこと[49]や,イエスから「信仰の薄い者」[50]と言われたこと[51]の記述が見られる。

　ペトロには,誤解,人間的な弱さ,無様さ,挫折などのマイナスイメージの話が,かえって多い。イエスを政治的メシアだと誤解し「あなたは,メシアです」と信仰告白した。つまり,ローマ帝国の支配からユダヤ民族を解放する政治的カリスマと誤信した。そこで,イエスが受難への決意を語ると,イエスをいさめ始めた。しかし逆に,イエスから「サタン,引き下がれ」と叱責されている[52]。また,イエスの死の前夜にもたれた最後の晩餐の席で,「主よ,ご一緒なら,牢に入っても死んでもよい」と言った。しかし直後,イエスの最後の必死な祈りの間は,眠っていた[53]。イエスの逮捕後は逃げ,そっと戻って来たが,人々にはイエスを知らないと3度も言い,その弟子であることを否認した[54]。

　しかしそれでもなお,イエスの死後,ペトロは教会のリーダーとなってい

く。それは，神の国の無条件な愛の逆説性にある。つまり，復活のイエスはペトロに最初に現れた[55]。これによりペトロは，挫折のどん底から立ち直り，イエスのメシアについての誤解から解放され，イエスの贖罪的死の運命こそが真のメシアの運命である，との信仰に目覚めた。イエスの生前，晩餐の席でイエスから，「立ち直ったら，兄弟たちを力づけてやりなさい」[56]と命じられ，復活のイエスから，「わたしの羊を飼いなさい」[57]と命じられたことで，ペトロは復権し，原始教団の指導者となった。

5.3　手本としての主体的愛：「我と汝」「アガペーとエロース」

《中心的テーマ》

　キリスト教のシンボルは「愛」であり，イエス・キリストの十字架は，神の究極的な愛のシンボルである。キリスト教は他の宗教には見られない，愛という関係の宗教である。この愛という関係について，世界の2大思想の1つであるヘブライ思想から，哲学者M.ブーバーは，「我と汝」という人格的関係であると説明をしている。また，もう1つの世界思想であるギリシア思想では，愛を分類し，親子の愛（ストルゲー），友情の愛（フィリアー），恋愛（エロース），無償の愛（アガペー）の4つに分け，哲学者プラトンはエロースを最高の愛と説いている。しかし，聖書にはエロースの用語はなく，その対極にある「アガペー」という用語だけを，イエス・キリストが実現した神の愛の表現として用いている。それは，「自分にされたくないことは隣人にしてはならない」という消極的面を超え，「隣人を自分のように愛せよ」という積極的なものである。キリスト教成立後，イエス・キリストの愛の素晴らしさは神話的に表現されるに至っている。

5.3.1　世界2大思想の中でのイエスの愛

　M.ブーバーは，われわれの他者との関係は，「我と汝」か「我とそれ」かのいずれかであるという。その違いは，前者が「相互に人格的主体として向き合う関係」であるのに対し，後者は「相手を対象化してモノ的に利用する関係」であることにある。つまり，相手を主体として見るか客体として見るかの違い

第 5 章　新約聖書の文学：豊かな内容への福音の拡張

である。われわれは，社会の種々の制度の目的達成のために自分が利用されることも甘受すると同時に他人を利用する。これが「我とそれ」の関係である。これが悪いのではないが，しかしイエスは，神をも人をもモノ的な客体として利用しなかった。すなわち，神には，神と自分が一つであるという相互に主体的な関係を維持し続けた。また，人間には，各人を「この世における唯一の独自の存在である相手」として呼びかけ，分け隔てなく無条件に受け容れ続けた。イエスの死は，自分を排除する人をも無条件に受け入れた結果であった。喩えると，イエスは，「神という焦点」と「人間という焦点」を持つ楕円の円周上を回る点となって行動したのである。

　男女の愛に象徴されるエロースの愛の対極にあるものが，イエスの語るアガペーの愛である。単純化すれば，エロースは「奪う愛」を意味し，アガペーは「与える愛」を意味する。

　ギリシア思想の上で，エロースとは，本来は「自分の欲求を満たす価値あるものを愛の対象とし，それと合一となろうとする自己充足的な所有欲」を意味する。「合一」となるために，相手と自分との間にはそれ以外の他者を受け入れない「排他的な愛」となる。それは，最初は男女の恋のように肉体的な美に向かうが，やがて最も価値があり理想である真善美に向かうもので，プラトンが最高な愛と称賛した理由もここにある。このようなエロースの愛は，手に入れたい相手の価値が高く，手に届かないものである程，自分を成長させる素晴らしい面を持っている。たとえば，キリスト教の修道士は，神へのエロース的な愛によって，神と自分との2人だけの間で祈り，一体化を願う瞑想をし，神の心の実現としての社会奉仕に努めている。しかし，エロースの愛には，所有し自己充足をめざすという自己欲的な限界がある。一旦，自分の所有欲が満たされ，相手にはもはや自分の生の渇望を満たすものが見当たらないとなると，その相手に対しては「消滅」するのである。

　だがしかし，このエロースの愛の消滅するところで，アガペーの愛が始まり得るのである。アガペーの愛は，「与える愛」と言われるように，真善美の価値を欠く相手を価値あるものへと創り変える創造性を持ち，また，価値も魅力も欠く相手に究極的には自分自身をも与える程に関わり，相手を価値ある者とするのである。この「価値の創造性」と「犠牲的な自己贈与」の愛こそ，イエ

5.3 手本としての主体的愛:「我と汝」「アガペーとエロース」

スの言動と死が指し示す神の愛なのである。だが注意しなくてはならないことは、われわれ人間には、アガペーの愛だけを追い求めると、孤独と枯渇感に襲われる危険があることである。では、どうしたら良いのか。注意すべきは、聖書の中心はわれわれ人間のアガペーの愛ではなく、われわれ人間に対する神のアガペーの愛であり、その根源は神にあるとされていることである。逆説的だが、神をエロース的愛で愛する者は、神が共にいて下さるという心の潤いを体験し、神との一体化の結果として、神の持つアガペーの愛を実践する者へと変えられていくのである。つまり、アガペーの愛は、「神から発する贈り物」なのである。

だが、「我と汝との関係」や「アガペーの愛」を理解すれば、神の愛が分かったことになるかと言えば、そうはならない。イエス・キリストが実現した神の愛は、人類史上で無比で唯一絶対なものであり、「我と汝」という表現も「アガペー」という用語も、その他、いかなる言葉も適切には表現できないものである。このような制約を踏まえ、聖書はアガペーという用語を選んでいる。つまり、アガペーは、神の愛のメタファー(比喩)であるに過ぎない。

5.3.2 イエスの主体的愛

本来は表現不可能な神の愛について、イエスの言動からその愛の意味を見てみよう。

イスラエルの民は、エジプトの地で奴隷という価値のない存在とされ、虐待されていた時に、神の無償な愛によって救い出された民であるから、愛に関しては同じ無償の愛をもって応えるようにと教えられている。すなわち、「正義を行い、慈しみを愛し、へりくだって神と共に歩むこと」[58]、そして「正義と恵みの業を行い、搾取されている者を虐げる者の手から救」うこと[59] が奨励されている。このような観点から、ユダヤ教の教師ヒレルは、「自分がされたくないことは、隣人にしてはならない。それは律法全体であって、それ以外のことはこのことから推しはかられるだけのものである」と説いた。しかし、イエスの時代のユダヤ人は、愛の精神を軽んじ、律法の形式的な遵守を重視していた。そこでイエスは、「律法全体」[60] は愛に尽きることを教え行動で示した。このように、イエスの愛の教えはイスラエルの基本に戻る教えだったのであ

第5章　新約聖書の文学：豊かな内容への福音の拡張

る。

そこで，イエスの愛の教えに何か新しいことはあるのかということになる。イエスの説く愛は，これまでの愛のように，出エジプトの出来事をもたらした神への応答ではない。イエスの愛の教えは，神の国の支配者である神なる方が，母性愛に満ちた家族的な父，「アッバ」として無条件にわれわれ人間を愛しておられることによる。われわれの神への応答とは，その愛に気づき受容することなのである。ここにイエスの愛の固有性がある。イエス以前での神の国の到来についての考えでは，愛よりも裁きが強調されていた。それというのも，神は義しい人を祝し，罪人を裁くと信じられていたからである。具体的にその違いは，「悔い改めよ」という言葉の意味に示される。通常の意味では，「反（against）神」から「向（toward）神」という姿勢の転換を内容とするが，イエスが言う「悔い改めよ」の意味は，神によって無条件に愛されている現実を受け容れよ，という一事に尽きる[61]。だからこそイエスは，敵すらも自分たちが愛されていることに心を開くように，神の無条件な愛というものが敵を包み込む愛であることを語り[62]，さらに，裁かれるべき「罪人」やそれと同一視されている徴税人などと自ら積極的に食事をしたのである[63]。そして，神の愛を受け入れた者はすべて，神に敵対していた者であれ罪人であれ，神がわれわれ人間に与えようとしている祝福，善い賜物を受け取ることができる状態にあることに気づくこととなったのである。

神の無条件の愛を受け容れた人間としての在り方について，マタイはイエスの教えとして，神への愛と隣人への愛を記している[64]。これを黄金律という。要は「全心，全霊，全力で，神を愛せよ」ということと，「隣人を自分のように愛せよ」ということである。

まず，神への愛に関して，読者の中には「完全無欠な神は愛せるが，欠点の多い人を愛することは難しい」と思う人もいるであろう。このように神への愛と隣人への愛とを切り離しやすい。しかし聖書をよく読むと，両者の愛は切り離せないことがわかる。まず，生活の基本的ニーズを充たす基盤を欠く「最も小さい者」の1人に何かをしたか否かは，すなわち，神に対してしたか否かそのものであると言われている[65]。もっと一般化して，端的に「目に見える兄弟を愛さない者は，目に見えない神を愛することができません」[66]とすら記

5.3 手本としての主体的愛：「我と汝」「アガペーとエロース」

している。つまり，隣人愛を伴わない神への愛は，聖書には存在しえない。

次に，隣人愛について，「せよ」と命じる黄金律は，先に述べたユダヤ教の教師ヒレルの「するな」という禁止命令とは対照的であるが，両者は人間関係に関する律法の表裏をなす要約である。ヒレルのいう禁止命令は愛の消極的面を表現し，それに対して，イエスのいう行動命令は愛の積極的面を表現したものである。だが，両者の間には決定的な違いがある。黄金律の隣人愛は，無条件な愛の神の支配の到来を人間関係において明らかにするが，ヒレルの禁止命令は，とうていそのようなことを果たせない。放蕩息子物語がその例である。放蕩息子が破産し新たな人生を始めようと帰宅した場合に，「お前が心を改めて生計を立て直し償いをするまでは，帰って来ても家に入れない」という厳格な態度の親に対して，単に「そのような父親になるな」という禁止命令によっては，無条件な愛の神のイメージは描けない。やはり，厳格な態度の親の姿に対比するように，「放蕩息子を手放しで喜んで迎える」肯定的で積極的な愛の父親をイメージさせることによって初めて，神の見えない無条件の愛が明らかになってくるのである[67]。

ところで「隣人」の範囲はどこまでで，誰のことを言うのかとイエスに尋ねた教師がいた。イエスは次の譬えで答える。1人の旅人が盗賊に半殺しの目に遇わされ道端にいた。祭司とレビ人というユダヤ教の祭儀に関わる人物が次々に登場し，反対側を通り過ぎて行った。そこに，異民族の血を引く「サマリア人」と呼ばれた被差別民の1人が登場する。彼は負傷者を見るや心を痛め，寄り添い，介抱し，金銭的犠牲もいとわず助けた。この話を語り終え，イエスは逆に「誰がこの負傷者の隣人となったか」と問う。質問者は「助けた人」と答える。イエスは「あなたもそうせよ」と命じる[68]。このように，神の国の到来を示す隣人愛は，関係を隔てている壁の向こうにいる他者の真の隣人となり，その人を自分のように愛することである。つまり隣人愛は，隔ての壁を打ち壊す行動原理なのである。

しかしまだ「自分のように」という言葉の意味が解明されていない。「自己愛」の勧めをしていると読むことに対しては，自己愛はエゴイズムではないか，イエスがエゴイズムを奨励するはずはないという見解もある。この問題は，エゴイズムに陥らない愛はありうるかという問いに言い換えることができる

であろう。ここでの愛は「アガペーの愛」という価値のない者へ注がれる愛であるから，自己価値の存在を前提とするナルシスト的な自己愛とも，利己中心のエゴイズム的な自己愛とも異なるものが想定されている。言い換えると，自己へのアガペーの愛は，愛されるに値しない自己を無条件に受け入れる神の，自己への価値創造・価値賦与の愛に感謝することから生まれる，自己建設的な愛であると言えよう。つまり，この感謝から，神に愛されている自分と等しい他者（貧しい者，弱者など）という理解をもって交わることを，「自己のように」と表現している訳である。

5.3.3 むすび：初代キリスト者によるキリスト論から見た，手本としてのイエスの愛の実践躬行

このようなイエスの愛は，イエスの死後，弟子たちによって継承された。しかし弟子たちはその焦点を，「神の国の到来」から，「愛の実践躬行者としてのイエスの死」へ移している。加えて，キリストを神話的に表現している。すなわちキリストは，天にいた存在という神話的姿で描かれ，その神話的な表現の自己謙虚と献身的奉仕の統合が，黄金律の示す愛の手本とされている。

原始教団のキリスト者は，キリストが，元来は天で神と等しい方として，神と共におられたと信じた。この方が，人間を救おうとする神の愛の思いに従順に従い，ボランティア的主体性をもって，神と等しい身分を放棄し，人間として生まれ，そして最も低い位置にご自身を置いて，われわれ人間を愛し通した，と信じたのである[69]。日本でも「実るほど頭を垂れる」というように腰が低く謙虚なことは美徳とされているし，他者のニーズを同じ視点で見る重要さが言われている。それと似ているが，イエスの自己謙虚は，いわば，親が無になって子どもより低い所に心を置いて，子どもの言葉に真摯に耳を傾け，子どもに何が必要かを見極めるようなことである。イエス・キリストは下降志向で，奴隷が主人のニーズを知るように，下から見上げる目線で，われわれのニーズを見極める方なのである。実際，聖書は比喩的に，イエスは無になって奴隷の身分にまで自分を落とし十字架の上で死んだと語っている。聖書は，われわれが，神話的に描かれた自己謙虚なイエス・キリストを手本として，「へりくだって，互いに相手を自分よりも優れた者」と考えることで，愛の和が生

まれるように勧告しているのである[70]。

聖書には，イエスに，自分が「仕えられるためではなく仕えるために」そして「自分の命を献げるために」この世に「来た」[71]と神話的にその献身的奉仕を語らせている場面がある。これは，イエスの愛が，われわれ人間のニーズに気付くだけに留まらず，ニーズを充たすように生命をかけて献身し，仕えるものであることを語っている。これは自己謙虚と同様に，イエスがキリスト者の手本となるためである。そのため，「世間では支配者が民を支配し，偉い人が権力を振るうが，出世志向の君たちは，皆に仕える者になり，トップ志向の者なら，すべての人に仕える者となりなさい」という旨の勧告がなされている。しかしこの手本は，単なる手本ではない。「来た」とあるように，使命感を伴うものである。つまり，愛の実践とは，自己の使命という意味づけをもって行う献身的な奉仕なのである。そして，社会的により上になるほど，地位的にも財政的にも，より多くの人に仕えニーズに応えることができる機会と可能性に恵まれ，そのように地位と財を用いることが求められているのである。

5.4　イエスの生命を賭けた無条件の赦し

《中心テーマ》

　旧約聖書には，人間の過ちに神が厳しく応じた物語が多い。神の言葉に反し禁断の実を食べたアダムをエデンの園から追放し，また，弟アベルを殺害したカインをエデンの東のさすらいの地に住まわせ，さらに，バベルの塔のある町を建設した野心家たちには，言語を乱し野望をくじいた。しかし例外がある。すなわち，モーセ律法を破り姦淫と殺人を犯した凶悪犯，王ダビデである。ダビデのもとに預言者ナタンが来て王を責め，王は罪を認め悔いた。すると，ナタンが神の赦しを宣言し，死刑を免れた。王は，「打ち砕かれ悔いる心を，神よ，あなたは侮られません」[72]と讃美している。しかしこれで良いのであろうか。他の人との不公平感はぬぐえず，ナタンが神の義である正しさを曲げたのかという疑問も残る。公平ならば，ダビデをも罰するか，すべての人間を等しく赦すかのいずれかではないのか。イエスはこの点で，ナタンとは全く異なる。すべての人間に対する神の無条件的赦しを語った。ここにイエスの独自的

な新しさ，固有性がある。

　神による「ゆるし」には「赦」という漢字を用いる。「許」は，許可，許容，許諾などの熟語があるように，「相手のことばへの同意」を意味するが，「赦」は，恩赦，特赦，赦免などの熟語があるように，「ムチで打つことをゆるめること」を意味する。イエスの時代，ユダヤ人がモーセ律法を犯すと，そのユダヤ人に罰を加えた。罰は石打による死刑などであった。神による「ゆるし」とは，その罰を控えることである。そこで，神のゆるしには「赦」という漢字が当てられている。だが，イエスの説く神の無条件な赦しの意味は，イエスの死後の原始エルサレム教団ではモーセ律法違反の罪を贖う「贖罪」となり，パウロでは神による「和解」となった。

5.4.1　イエスが宣言する神の無条件の赦し

　イエス以前に，イエスの師であるバプテスマのヨハネが罪の赦しを語っていた[73]。ヨハネは，「威嚇的な怒りの神の裁き」のメッセージを語り，「悔い改めのバプテスマ」を受けることを罪の赦しの必要条件とした。すなわち，彼は「差し迫った神の怒り」を印象づけて悔い改めを迫り，悔い改める者には，全身を水に浸すバプテスマ（儀式）を授けていたのである[74]。ヨハネが説く悔い改めとは，悪の道から正しい道へ方向転換する決断であり，人々にはハードルが高かった。しかしイエスは，ヨハネの弟子であったが，その説くところは，全く対照的であった。イエスは，神の裁きの間近い迫りではなく，「神の国」である無条件な愛の神による支配が差し迫っていることを語った。イエスの語る神とは，母性的愛に満ちた親しいアッバである父なる神であった。それに応じて悔い改めの内容も異なり，神の無条件な愛の赦しを受け入れることであった。このようにイエスは，師であるヨハネとは全く異なっていたのである。

　こうしたイエスの活動には，いくつかの特色が見られる。当時，徴税人など，職業上の理由でモーセ律法を犯しやすいと見なされていた者たちとは，一般のユダヤ人は距離を取った。しかしイエスは全く逆であった。すなわち，「罪人の仲間」[75]と呼ばれたほどに彼らと交わった。徴税人と食事を共にし，徴税人を弟子とし，さらに，徴税人の家に宿泊した。「罪深い女」[76]とされた者には，イエスの足に香油を塗ることを許した。一体，このような振る舞いの

5.4 イエスの生命を賭けた無条件の赦し

意味は何であろうか。ユダヤ人指導者たちは彼らを上から見ていた。対照的にイエスは、「医者を必要とするのは、丈夫な人ではなく病人である。わたしが来たのは、正しい人を招くためではなく、罪人を招くためである」[77]と述べ、神と彼らとの人格的関係を医者と病人との関係に喩えた。さらに、彼らの抱く上下関係の常識を逆転させ、「徴税人や娼婦たちの方が、あなたたちより先に神の国に入るだろう」[78]と述べた。つまり、自らの罪を告白していない徴税人や娼婦たちとイエスとの交わりには、罪人を無条件で赦す神の意思が、彼らにはすでに現実（reality）として実現しているという意味があったのである。

では、イエスは、罪を赦される者の「罪」を一切口にしないのかといえば、そうではない。たとえば、イエスの足に香油を塗った「罪深い女」に面と向かって、「あなたの罪は赦された」[79]と宣言している。さらに、中風の者にも「あなたの罪は赦される」[80]と語っている。病人への言葉としては、現代人のわれわれには奇異であるが、これは当時、病気は罪への神罰であるという信仰が世間一般でなされていたことによる。特徴的なことは、イエスが罪を口にするのは、「罪の赦しの宣言」の中であることである。しかし、まさにイエスのこの宣言こそが、当時のユダヤ人指導層には、ユダヤ教の世界の根幹的事柄への挑戦と映る大事件だったのである。というのは、いわば、生徒が先生から採点を頼まれた時に、勝手に友のために点数を変えられないのと同様に、人間にできることは、ある事柄が律法違反かどうかの判断だけであり、神だけが罪を赦せるのである。当時のユダヤ人指導者たちが、イエスが「神を冒瀆している」[81]と不快感を抱くのも当然だった。しかし彼らの目の前で、この中風の者は癒され立って帰ってしまった。つまり、イエスには罪の赦しを宣言する権威が与えられている現実を、彼らは否定できなくなったのである。

問題は、イエスが罪の赦しの宣言により何を意味し目指していたかである。解釈の手掛かりはその文脈にある。文脈から見ると、イエスとの人格的出会いにより徴税人は愛の関係の回復を体験し、女は娼婦ながらその真実な愛が公に肯定され、中風の者は身体的健康を回復し社会生活へ復帰している。イエスによる罪の赦しはすべて、現在から未来へ向かう「共同体へ復帰する出来事」と言えよう。つまりそれは、罪ある者というレッテルのある者が神の赦しを体験し、自分は神に愛されているという自己理解を抱き、神と人との関係の中へ回

第5章　新約聖書の文学：豊かな内容への福音の拡張

復させるものと言えよう。

　ここまでわれわれは，「悔い改め」とはイエスの説く神の無条件な赦しを受け取ることであることを見てきたが，イエスは，われわれが他者を赦すことを求めているのであろうか。また，どの程度の赦しを求めているのであろうか。弟子のペトロがイエスに，赦すのは7回までかと問う場面がある。「7」という数字は，ユダヤ教では完全数である。というのは，7日で天地創造がなったからであり，ペトロとしても，これを完全な回数と思ったのである。しかしイエスは，「7の70倍まで」[82]と言った。これは，決して回数が問題なのではなく，赦しは無限，無条件であるという意味である。この問答の後に，譬えとして，イエスの口から「寛大に赦す王が赦さない結末で終わる話」が加えられている。ある王が，通常の「16万年分」の賃金相当な負債を負う家臣を，返済不可能であることを見て憐んで赦してやった。ところがその直後に，この家臣は，通常の賃金「100日分」の債務を負う仲間を無情にも赦さず投獄した。王はそれを知って怒り，情をかけて赦したことを撤回し，その家臣を投獄してしまった。というのは，多くを赦された者が，わずかなことすら赦さない者となっているからである。

　なぜこのようなことが起きるのであろうか。この問いに，心理学と聖書研究とを結合する牧会学というものを提唱したW. オーツという学者が，1つのヒントを提供している。「われわれは，多くの場合，自分自身の誘惑との闘いが原因となって，その誘惑に負けている違反者をさげすむのである」と述べた上で，「われわれの他者への厳しさは，自分自身に対する怒りに気づかない内面的無知が原因となっている」と解説している。そこで，われわれが他者を赦す者となるには，「われわれ自身が，赦されているという深層的な自覚を持つ」体験が必要である，と述べている。譬え話の無情な家臣に当てはめると，彼は借金返済を免れ，「やれやれ，もうかった」という損得勘定の体験はしたが，彼自身が「赦された」という深層的な知覚の体験をしなかった，ということになるであろう。結局この家臣は，赦しが撤回され投獄されるはめになった。もしその後，再度赦されたら，彼は初めて「赦される愛」を心の深みで感じる体験をするのであろう。つまり，彼は「他者を赦す者」へと変えられ，気づいていない「自分への怒り」から真に解放されるのであろう。

同じテーマが、『ヨハネによる福音書』の後代付加物語[83]に見られる。ユダヤ教の教師連中が不倫現場で捕えられた女をイエスのもとへ連れて来て、「モーセ律法では石で打ち殺せとあるがどうお考えになりますか」と問うた。するとイエスは、「罪を犯してない者がまず（彼女に）石を投げなさい」と答えた。すると年長者から去り、すべてが去った。イエスは彼女に、「わたしもあなたを罪に定めない」と言った、という物語である。年長者は、我が身を省みる時、自分自身への神の赦しを深層的に知覚して石を手にできず、年少者は、尊敬する年長者に従う外なかったのであろう。

このように見てくると、「主の祈り」にある「我らに罪を犯す者を我らが赦す如く、我らの罪をも赦し給え」という句には、ある前提があることになる。それは、他者を赦す決断の前に、われわれは、自覚していない自分自身への怒りから解放されていることが必要なことである。では、自分への怒りから解放された自分にはどのようにしてなれるのか。それは、自分自身が神によってすでに赦されていることを心の深みで知覚し、赦された喜びを体験していることである。この知覚的体験にとり、「如く」という用語の意味は大きい。それは、完全無欠な神が、欠陥の多いわれわれ人間を赦す豊かさは、そもそも負い目のあるわれわれ人間が、同様に負い目のある他の人間を赦す豊かさとは、比べものにならないほど絶大でおごそかなものであることを示している。重要なのはこの知覚なのである。

5.4.2 原始エルサレム教団による「贖罪論的赦し」という解釈

イエスの死・復活の後に成立した原始エルサレム教団は、イエスから「罪の赦し」を継承した際に、「罪を贖うキリスト」というイエス像を案出した。この贖罪的キリストという考えは、旧約聖書の『イザヤ書』第53章6節に依拠したものである。そこには「わたしたちの罪をすべて主は彼に負わせられた」とある。しかし、これは、生前のイエスの語った罪の赦しの宣教に対して、微妙な変化をもたらした。すなわち、原始教団は、イエスの赦しを「贖罪論的赦し」と理解することで、われわれの視線の強調点を、われわれ人間の「過去の個々の罪過」へと移行させてしまったのである。それというのは、この聖書箇所は、イスラエルの民が神ヤハウェに背いて、モーセ律法に違反し、その結

果としてバビロン捕囚となった過去の個々の過ちを振り返ることに強調点を置いたものだからある。つまり，過去への反省によって未来には同じ過ちを犯すまいとするものなのである。その限りで，未来へ向かうための教訓的な過去志向型と言えよう。

原始教団は，イエスの死の贖罪論的視点から，先に述べた「負債を赦された家臣の物語」も「主の祈り」も再解釈し，イエスの死による罪の贖論的な赦しがすべての根底にあるとしたのである。

5.4.3　パウロによる「罪人の赦し」の解釈

ところで，新約聖書で最も古い文書は，パウロの文書である。その中に，「赦し」という言葉は3箇所[84]にしかなく，この節のテーマと関連するのは2箇所で，1つの事件に関する。それは，何か重大なことで，ある教会の信徒が処罰され，その後で，今度は赦すようにというパウロの勧告がなされている事件である。この教会には，もともと福音を誤解し，何でも許（容認）されていると信じ，誰も罰しないことを誇る傾向があった。処罰はパウロが要求したようである。しかし，なぜ処罰を求め，しかも処罰の後で赦すように勧告したのであろうか。それは，教会の正しいあり方として，教会はまず，自分たちの一部として，その者と連帯し共に悲しみ，その者への処罰によって共に痛み，その後で，その者が絶望しないように，赦し，慰め，関係を回復させることが適切である，とパウロには思えたからである。しかし，すべての場合にそうかと言うと，そうではない。その者の救いのために，罰し除名する方が良いケースもある，としている。つまり「状況」によるのである。

しかし，パウロはキリスト者同士の赦しを語るだけで，イエス・キリストによる神の無条件な赦しを語っていないのであろうか。確かにパウロは，自分に「律法での落ち度はない」と言い切っているから律法違反の贖罪は彼には当てはまらないであろう。しかし，自分が「エゴイズムな人間」であったこと，つまり実存的罪人であり，「教会の迫害者」[85]であったことを述べている。この実存的罪は神と人間との関係を破壊し，その破壊された関係の回復は，エゴイストである実存的罪人によっては不可能である。それにもかかわらず，パウロは「使徒」とされた。この体験は「神の赦し」ではないのか。ヒントとな

るのは，神が一方的な恵みにより，御子イエス・キリストの十字架のむごい死を通して，エゴイストな実存的罪人である自分を，無条件に受け入れてくださった，というパウロの説明である。パウロはこの出来事を「和解」と呼び，この和解を受け入れることを「信仰」と呼ぶ。そして，パウロは，神による和解を受け入れた時に自分に実存変化が起きた，と言う。その変化とは，かつての実存的罪人であった自分が一瞬にして過去となり，自分が「新しく創造された者」[86]となったことである，といい，この解放的喜びを，パウロは語っている。つまりパウロにとって，イエス・キリストによる神との和解を信じ，その信仰を通して，神との和解の関係に入ること，それが「実存的罪人を受け入れる神の赦し」の体験なのである。

　だがしかし，信仰によって，われわれはもう過ちを犯さない人間となったのであろうか。決してそうではない。われわれに起きる変化とは，神との和解を信じる者として，自己アイデンティティ，つまり自己理解が変わることであり，どのような自分であっても自分はすでに無条件に救されている者であるといいうる自己理解をもつことである。生き方も，この新しい自己理解にふさわしい生き方をすることになるのである。いわばこの「新しい自己理解」をもつとは，「あなたは無条件に救され新しく創られた人間である（直説法）から，そのような新しい人間として生きなさい（命令法）」という自分への声を大切にして生きることと言えよう。

5.5　イエスによる全人間性回復の癒し

《中心的テーマ》

　一般的には，「癒し（healing）」とは，病む人の身心に効果的な治療を施し，その健康を回復することであるとされている。WHO（世界保健機構）憲章は，「健康とは身体的にも精神的にも，社会的にも完全に良好な状態であり，単に病気がないとか病弱でないということではない」としている。近代医学は，始めは，疾患部分を正常に修復することを任務とし，患者から病気を切り離していたが，「患者不在の医療」と批判され，医師‐患者間のパートナー関係医療へ変わった。しかし，これも，約30の業種の人々が関係している医療現場の実

第5章　新約聖書の文学：豊かな内容への福音の拡張

情には合っていないと批判され，患者の側から見た複数の医療者との関係という捉え方へ移行している。1973年のアメリカ病院協会による「患者の権利章典」には，「患者は，思いやりのある『人格』を尊重したケアを受ける権利がある」と記されており，東日本大震災では，被災地の患者の回復にとって宗教の役割が見直され，患者のケアを中心に位置付けて，宗教も含め等しい立場で協力するケアの必要が主張されている。WHOの定義する健康の回復に近づいたと言えよう。しかし，聖書の世界の健康の意味は，「人間としての完全な状態」を意味し，WHOの定義よりも進んでいる。しかも，イエスは，癒しは「神の国が到来していること」のメッセージであると理解し，それは，神に創造され無条件に愛され主体性をもつ1人の人間存在の共同体への回復である，とした。

5.5.1　イエスの癒しの背景

聖書に出てくる「健康」とは，ヘブライ語の「シャーローム」という「平和」を意味する用語から派生した語である。それは，幸福で満ち足りた人間の「完全」な状態を意味し，物質的繁栄も心身の健康も含む。この維持は，神の戒めを守ることによる，とされている。そこで，人々は病気予防のために神との交わりを大切にし，戒めの遵守に努力した。その一方で，病人への視線は厳しくなった。病人は，律法の違反者，宗教的逸脱者というレッテルを貼られ，さらに病を「神罰」としたので，二重苦を負わされたのである。それゆえ，イスラエルの宗教的社会では，病人にとって，癒しとは身体的回復以上に，神による罪の赦しという喜びをもたらし，他方で，社会の一員としての地位の回復を意味したのである。しかし同じ病でも，神罰ではなく，神の敵対者であるサタンがひき起こす病も認められていた。その例が『ヨブ記』にあるのだが，そのような病も神の許可なしには起きないとされ，その癒しも神によるとされている。

しかし，聖書は，神と人間の技術の両者による働きを認めている。その上で，健康も病も癒しも，究極的には神とわれわれとの交わり的な関係としての霊性によるものであることを主張し，神に信頼して祈り，神との親しい関係に心を注ぐ大切さを教えているのである。

ところで、聖書の世界において、最も苦しむ者、貧しい者の視線で正義を要求したのは、アモスなどの預言者たちであったが、彼らにも、病人や障がい者の立場に立つ視点はなかった。預言者たちは、弱者を顧みないイスラエルの罪を批判するために、皮肉にも、社会の底辺に押しやられて苦しむ「重い皮膚病の人」や「障がい者」を、重大な罪のメタファー（比喩）として用い、結果的には、重い病人は悪い罪人であるという構造的な社会意識を固定化してしまったのである。

イエスはこのような聖書の世界に登場した。以下では、イエスによる癒しを見よう。

5.5.2　イエスの癒しに対する姿勢

イエスは病の人々を癒した。その癒しは、すでに述べたように、単に疾患の医療やケアばかりではなく、病人の社会への復帰を含む「完全」な回復であった。では、イエスに新しいものはないかというと、そうではない。イエスは、病気を神罰とする考えを一切破棄する。たとえば、『マルコによる福音書』第2章には中風の者が登場する。イエスは彼に罪の赦しを宣言する。一見、病と罪との因果関係の肯定論者のような印象を与えるが、イエスは違う。そのような考えは、イエスを敵視していた聖書の専門家たちが、心の中に抱いていたものである。イエスはそれを見抜き、罪の赦しを宣言し、「病者＝罪人」という否定的なレッテルから中風の者を解放したのであった。中風の者は、罪の赦しの宣言をうけた後も、中風の病のまま寝ていた。では一体、中風はいつ、どのように癒されたのであろうか。「起き上がり、床を担いで家に帰りなさい」とイエスが彼に命じた時に、その言葉によって癒されたのである。病は、神罰ではないのである。

だが、なぜイエスは病を神罰としないのであろうか。イエスにとって、病は、神の定める秩序の内に、その場所などないのである。病は神の創造とは矛盾する悪であって、悪霊の仕業なのである。だが、イエスはただそれだけの理由で病を癒したのではなく、イエスの自己理解による。すなわち、イエスは、悪霊の業を滅ぼす使命を負っている者として自己を理解し、それゆえにサタンとその軍勢と闘い、自分の前にある病をすべて癒したのである[87]。したがっ

第5章　新約聖書の文学：豊かな内容への福音の拡張

て，イエスは病に，たとえば，忍耐を養うなどの教育的な積極的意味を見出さなかったのである。

　しかし，皮肉にも，この点についての弟子たちの無理解を，『ヨハネによる福音書』第9章が物語っている。ここでは生まれつき目の見えない人が登場する。すると弟子は，何と，因果論的な神罰の見地から，「この人が生まれながらに盲人であるのは，だれが罪を犯したからですか。本人ですか。それとも，両親ですか」とイエスに問うたのである。イエスは，勿論そんな考えを拒否する。

　だが，イエスが「神の業がこの人に現われるためである」と説明した言葉によって，新しい問題が始まった。すなわち，この言葉の中の「ためである」という句が，独り歩きしたのである。キリスト教の長い歴史の中で，盲人は，神によって強制的に道具化され，神の業を現わすための「手段的存在」のように解釈されてしまった。しかし，第9章全体の文脈を読めば，決して，「我とそれ」という利用関係が神と盲人との関係ではないことが明らかであろう。むしろ，「我と汝」という人格対人格の関係で，イエスがこの盲人と出会い，その出会いを通して，「この人の中に，この人に対する神の創造の業」が実現されていくのである。つまり，盲人が「盲人＝罪人」のレッテルに由来する差別や排除から解放され，社会の主体的な一員となり，神に創造され愛されているトータルな人間存在としての自己理解を回復していくのである。具体的に見てみると，癒された後，彼は別の地へ転居せず，後ろ指をさしていたはずの近所の人々に，「わたしがそうなのです」と堂々と言い，イエスを「罪ある人間」と言う指導者たちには「あの方は預言者です」とか「神のもとから来られた」と自分の確信を明言し，彼らのくどい尋問には「あの方の弟子になりたいのですか」と切り返している。ただ盲人というだけで差別され苦しんだ彼は，今や自らの主体性のゆえにユダヤ当局から追放されるが後悔せず，イエスに会うとイエスを信じたのであった。

　しかし，イエスは，百戦錬磨してすべての人を癒したわけではない。確かに，イエスは尋常でない癒しのカリスマであった。12年間も「出血の止まらない」女は，「この方の服にでも触れ」るだけで癒されると信じ，背後からイエスの服に触れて癒された[88]。さらに，ギリシア人である女やローマ帝国の

5.5 イエスによる全人間性回復の癒し

百卒長がイエスのもとに来て，遠隔地にいるその娘や召使の癒しを頼むと，異邦人の家に入れないイエスは，東アジアの宗教の事例にあるように，彼らを遠隔地から癒した[89]。しかし，郷里では，人々が不信仰であったので，イエスは，「ごくわずか」の癒しのほかは「何も」できなかった[90]。だが，だからといって，信ずる側の信仰の有る無しが，癒を左右すると即断はできない。というのは，イエスの弟子たちはイエスから癒す力を授けられて癒していたが[91]，信仰のある両親の子を癒せなかった。結局，イエスが癒したのである[92]。このように見てくると，われわれに信仰があることは，イエスの癒しが起きるには必要条件だが，十分条件ではないと言えよう。

　イエスの癒しの出来事が，ナマの資料に近い形で『マルコによる福音書』第1章40節以下の物語に保存されている。重い皮膚病の人がイエスに近づき，「わたしを清くすることがおできになります」と言った。日本にも，自然に反するものを「汚れ（気枯れ）」とし，それを祓うことを「清め（浄め）」とする神道の表現があるが意味は異なる。聖書は，「重い皮膚病」の原因について明記していないが，この病気かどうかを診断する手続を，『レビ記』第13章に定めている。それによると，病につき祭司は「ナシ」と診断し健康なら「あなたは清い」と宣告し，「アリ」と診断したなら「あなたは汚れている」と宣告する。この手続きは，神の民であるユダヤ人が，社会で「聖なる務め」を果たす上で，不浄なものや汚れから身を遠ざけるために必要だったのである。つまり，イエスが「清くなれ」と命じる言葉は，癒される者にとって治癒と社会への復帰の両方を意味したのである。

　しかし，この癒された者は，奇異な行動に出る。『レビ記』第14章には，癒された者は，社会復帰に必要な手続きとして，祭司から「完治の確認」と「清めの儀式」を受ける必要があるとされている。そこで，イエスは祭司のところへ行くように彼に言った。それなのに彼は，祭司のところへ行かずイエスのことを言いふらしたのである。つまり，社会復帰に必要な手続きをスキップしてしまったのである。彼の行動の結果，群衆はイエスに敵意を抱き，イエスは公然と町へ入れなくなった。彼は，そうせざるを得ない異常に強烈なインパクトをイエスから受けたのである。

　一体，この癒された者は何を体験したのであろうか。イエスの癒しのカリス

第5章　新約聖書の文学：豊かな内容への福音の拡張

マ性であろうか。確かに，魔術師のような呪文や儀式も，医療の専門家の行為も一切行わずに，イエスは単に手を差し伸べるなどの簡単なことを行い，「清くなれ」という言葉だけで病気を癒している。だが当時，無償の癒しこそ異例であるが，同様な治癒を行う民間治療師は外にも多くいたという。実は，イエスの病気に対する姿勢こそが，当時の常識からあまりに逸脱したイエスの癒しの固有性なのである。すなわち，当時の人々もわれわれも不慮の大病を患うと，信仰的に神に向きあい，すべてを素直に受け入れる義務があるような錯覚に陥りやすい。時には，病になったのは神罰とか誰かの代理役だと思ったり，それも使命と感じたり，反対に感謝したり，恵みだとナイーブに感じやすい。しかしイエスに独特な点は，この類の考えを一切退け，すべての病が今すぐ無くなるべきものとした姿勢にある。しかしそれ以上のことが，この物語にはある。それは，病人を「深く憐れ」むイエスの心である。この重い皮膚病の人を「汚れた者」として避けず直接触れたイエスは，彼も神に創造され愛され主体性をもつ1人の人間存在であるとして，彼と向き合い，「我と汝」という関係で出会っているのである。これこそ，この重い皮膚病の人が初めて体験したことであった。この点でイエスは，病を治療する医者とも清めの儀式を行う祭司とも，本質的に異なっていた。このような「自分と向き合うイエスを体験する」という出会いこそ，癒された者が受けたあの強烈無比なインパクトであった。

　イエスは，やがて敵意を抱いた群衆がイエスの死を求める声を上げたことにより，ローマ帝国によって処刑される。そのように癒し自体には，イエスが神の業を行う者であるということに何の証明力もない。ではイエス自身は，自分の癒す行為をどのように理解していたのであろうか。それを示す場面がある。それは，イエスの師であるバプテスマのヨハネから，その弟子を通して，「来たるべき方はあなたでしょうか」と尋ねられ，「ヨハネに伝えなさい。目の見えない人は見え，足の不自由な人は歩き，重い皮膚病を患っている人は清くなり，耳の聞こえない人は聞こえ，死者は生き返り，貧しい人は福音を告げ知らされている」[93]と答えた場面である。一見，イエスの自己証明の言葉のようにも読めるが，よく注意して見ると，主語はすべて癒された人々たちであり，内容はその癒しである。この意味を，イエス自身が説明し「わたしが神の霊で悪

霊を追い出しているのであれば，神の国はあなたたちのところに来ているのだ」[94]と述べている。つまり，イエスの癒しは神の国が彼らのところへ来ているというメッセージだったのである。

5.5.3 初期キリスト教会の癒しに対する姿勢

弟子たちは，イエスの死・復活後にキリスト教が誕生した後も，癒しを行った[95]。生前のイエスの癒しの活動は，神の国の迫りを証しするものであった。しかし今や，癒しは，天に昇ったキリストが弟子たちに与える「聖霊」の働きによるものとされ，キリストの名でなされ，イエス・キリストを証しするものへと変わったのである。

福音書のイエスの癒しの物語には，このキリストを証しする目的で創作的作業がなされた。癒したイエスの偉大さを強調する賞賛の言葉や不自然な記述は，その創作の公算が大きい。たとえば，イエスによる悪霊祓いにより，癒された人の中から出た悪霊が豚の群れに入り，豚の群れが48キロまたは10キロほど離れた湖になだれ込んだという話がそれである[96]。

しかし最も大きく手を入れたのは，生前のイエスの癒しの意味である。かつて，原始エルサレム教団は，旧約聖書『イザヤ書』第53章6節にある「わたしたちの罪をすべて主は彼に負わせられた」という句に着目し，イエスの死の意味を贖罪論的に理解したが，今度は，『マタイによる福音書』が，その直前の第4節に見られる「彼が担ったのはわたしたちの病，彼が負ったのはわたしたちの痛みであった」という句に着目し，生前のイエスが病気をした記事はどの福音書にもないが，そう想定して「病気代理論」を唱えた。つまり，イエスはわれわれを癒すために身代わりとなり，われわれの病を負ったというのである[97]。1世紀末作の『ペトロの手紙Ⅰ』は，同じ線上で，その間の『イザヤ書』第53章5節の「彼の受けた傷によって，わたしたちはいやされた」という句を引用している[98]。

そのほか，癒す能力は，「特別な人」に与えられた「特別な賜物」となり[99]，すべての病人が癒された訳でもなく[100]，しかもある場合は，病人が多くいるのはキリスト者相互の助け合いがない結果として共同体の責任であると理解されている[101]。さらに，病者の癒しのために祈ることが，教会の務めの1つと

されている[102]。病人の癒しは，単に病者個人の問題ではなく，健康の語源であるシャーロームという神の平和が支配する共同体のあり方の問題であり，互いに支え建て合う関係の問題なのである。

5.6 「ゲッセマネの祈り」に示されるイエスにとっての苦難の意味：喪失と癒し

《中心的テーマ》

　バッハのオルガン奏者・医師・神学者として有名な A. シュヴァイツァは，「神秘的なことに，世界は苦難で満ちている」ことを指摘した。生命を奪う病の告知，愛する者の死，愛する者から見捨てられることなど，喪失体験は往々に悲嘆となり心の病の原因ともなり得る。

　かつて，悲嘆は，精神分析学者であるフロイトにより，人間の異常な状態とされたが，その後，自然で普通のこととされ，60年代に，キューブラ＝ロスが心の癒しの5段階説を唱え注目を浴びた。すなわち，「まさか」という否認，「どうして私が」という怒り，「解決には何でもするから」という取引，「やはりダメか」といううつの状態を経て，「しかたない」という受容に至るという。しかし現在は，心の癒しは，苦難の意味を創造し構築することによるとする見解が主流である。

　この「意味 meaning」を，精神科医 V. フランクルは見出してナチの強制収容所を生き抜き，ニーチェは「生きる理由のある者は，ほぼいかなる生き方にも耐え得る（He who has a why to live for can bear with almost any how）」と述べている。つまり意味とは，「何のために」という「理由 why」なのである。

　イエスは，究極的な喪失体験の中で最期を迎える。弟子により当局へ引き渡され，弟子に見捨てられ，同胞のユダヤ人から死刑判決を求められ，最後はローマ帝国で最も残虐な十字架刑で殺害された。だが神と人から無価値とされ，苦難と死の意味が分からないままの断末魔の末に壮絶な死を迎えたイエスは，逆説的に，あらゆる時空の枠を超え苦しむすべての者の理解者となったのである。

5.6 「ゲッセマネの祈り」に示されるイエスにとっての苦難の意味：喪失と癒し

5.6.1　イエスが死を覚悟するまでの過程

　そもそも，神の国を説いたイエスが，なぜ，ユダヤ当局から命を狙われるのであろうか。この時のユダヤ当局は，一枚岩ではなく内部的に対立していた。すなわち，神殿を中心とする祭司層で，厳格な解釈を主張し，モーセ律法の文言にない規定を認めなかったサドカイ派の存在があった。対照的に，パリサイ派は民間の会堂を中心とし，律法のゆるやかな解釈を行い，生活のどんな些細なことも規定化する努力をし，規定は 613 あると主張していた。その両者が，イエスの殺害では利害が一致したのである。彼らは，イエスの人気が，ユダヤ社会での自分たちの権威と影響力に危機をもたらすと感じ，不安感や嫉妬心を抱いていた[103]。

　しかし，より決定的にイエスの生命を危険にさらす大事件となったのは，イエスの起こした「宮清め」事件であった。イエスは「神殿の外庭」で，商人の台や腰掛をひっくり返し，商人と巡礼者を暴力的に境内から追い出した[104]。これは，小さな行動であったが，本質的には，彼らの生活と神殿制度を根底から揺さぶる行動だったのである。当時，神殿の一切はレビ人と祭司たちがとりしきっていた。彼らは，約 2 万人という大規模な階級をなし，全員が勤めるのは，過越祭などの 3 大祝祭だけであった。それ以外の神殿勤めは，組ごと年に数週間行えばよく，日頃は農業以外の仕事で生計を立てていた。それ以外の生活財源は，参拝者が神殿へ上納する物の 10 分の 1 と初穂であった。また神殿維持のため特に重要な財源は，過越祭に行われる，境内での売買や両替による収益であった。つまり，これらは，犠牲奉献する巡礼者に必要不可欠なものであり，同時に莫大な神殿歳入の基礎だったのである。

　しかしイエスが問題視したのは，神殿が民族的な排他的体制の中心基地で，まさに神の国に真逆な存在であったことである。そこでイエスは，宮清めで神殿の財源を失わせようとしたし，さらに神殿倒壊を予告したのである。それ以後イエスは，ユダヤ当局には最も危険な人物となった。

　また，神の国のより根本的なことでも対立した。すなわち，敬虔なユダヤ人は，心を汚さずモーセ律法に忠実であろうとして，徴税人や売春婦たち「罪人」との交際を回避し，安息日の労働全面禁止を遵守した。しかしイエスは，神の国の中心的なこととして，罪人たちを受け入れ，安息日にも病人を癒し

第5章　新約聖書の文学：豊かな内容への福音の拡張

ていたのである。これは，敬虔な彼らには耐えられないことであった。これら様々な対立の中で，宮清めがユダヤ当局のイエス殺害の陰謀を決定的にしたのであった。

　もしユダヤ当局の殺害の陰謀を，イエスが主体的に自殺行為のように受け入れたのであれば，イエスは死に際し悲嘆や喪失の体験をしなかったろう。事実はどうであったかを見てみる。

　宮清めの事件などで，イエスはユダヤ当局による身柄拘束の危険を感じると立ち去っている[105]。当局の下役が逮捕に来た時も[106]，安息日に人を癒し命が狙われた時も[107]，同様である。さらに，リンチなどの危機に遭遇すると身を隠し[108]，寂しい場所へ逃れ[109]，人々の間を通り抜けて[110]逃げている。さらに，当局などとの衝突を回避するために，ユダヤ地方を避け[111]，ガリラヤや[112]，異邦人の土地やガリラヤ湖の「向こう岸」を転々としている[113]。これらの行動は，イエスの生き抜こうとする努力や工夫と言えよう。

　それでは，イエスは，実際に逮捕される時期が間近に迫った時に，一体どのように行動したのであろうか。逮捕の日は，処刑の日から逆算できる。処刑は金曜日であったが，この金曜日の年月日を指定する記述はない。ただ福音書には2通りの記述があり，過越祭が始まった第1日目（マルコ）という記述と，その準備となる前日（ヨハネ）という記述がある。過越祭とは，紀元前1200年頃，イスラエル民族がエジプトで奴隷とされていた状態から解放された出来事を祝う解放祭である。この祝祭の初日に，イエス処刑に至る一連のこと（逮捕，審問，判決，ローマ総督への引き渡し）をユダヤ当局が進めることは考えにくい。それを考慮に入れ，J. ブリンツラーの念入りな研究に従い，イエスの死は30年4月7日金曜日で，逮捕は4月6日の夜と推定して話を進める。

　4月7日の日没と同時に始まる過越祭が接近する中で状況が動いた。すなわち，ユダヤ当局はイエスをもはや放置できないという強迫観念に襲われ，最高法院は，政治的判断から裁判前にイエスの死刑を正式に決議した。イエスは，身の危険と死期の迫りを感じ，密かに弟子たちを連れて荒野の方へ向かい，身を潜めた。これに対抗し，ユダヤ当局は公にイエスを指名手配し，「イエスの居どころ」について届出命令を布告した[114]。これで当局がイエスを追い詰めたようにも見えた。だがイエスは，裏を書くような行動に出た。『ヨハ

5.6 「ゲッセマネの祈り」に示されるイエスにとっての苦難の意味：喪失と癒し

ネによる福音書』第12章によると，何と過越祭の5日前に，イエスはロバに乗って，弟子たちとエルサレムへ堂々と入城したのである。実はこれは，メッセージ・アピールのパフォーマンスである。すなわち，紀元前4-3世紀の預言者が「見よ，あなたの王が来る。彼は神に従い，勝利を与えられた者，高ぶることなく，ろばに乗って来る，雌ろばの子であるろばに乗って」[115]と預言したことに，あやかったのであろう。イエスが平和の象徴であるロバに乗って入城する姿は，「ローマの軍馬」に対するパロディであり，イエスが無害であることをアピールするアイロニーであろう。群衆はこれを歓喜の声で迎えた。その結果，当局はイエスに手を出せなくなり[116]，イエスの逮捕は，難問中の難問となったのである。

だが，祭を前にエルサレムの空気の緊張感は，日々高まっていった。すなわち，平常時では可能性に過ぎないユダヤ人の反ローマの暴動や反乱が，現実に起きかねない状態であった。ローマ人総督もユダヤ当局も，神経を尖らせ警戒態勢を敷いていた。祭まで残り2日となった時，最高法院は，逮捕への道筋を入念に審議し，逮捕を祭の後にする決議をした[117]。他方，イエスは身を隠し，居場所は弟子たちが知るだけで，状況は硬直状態となった[118]。

しかしユダヤ当局に，突然，幸運が舞い込んだ。弟子の1人，イスカリオテのユダが，イエスの指名手配・届出命令に従い当局へ出向き，民衆の騒ぎとならない手口で引き渡す約束をし，その対価に奴隷1人の値相当な銀貨30枚を受け取り[119]，知らぬ顔でイエスのもとに戻って行った。ユダの密約以後，イエスに安全な所はなく，悲嘆と喪失体験の時が刻々と迫るのである。

5.6.2 イエスによる最後の晩餐とゲッセマネでの祈り

逮捕となる夜，すなわち，イエスには生涯で最後の夜が来た。イエスは，密かな場所でユダを含む弟子たちと食事をした。これが「最後の晩餐」として有名な場面である。イエスは，神への賛美の祈りをし，パンを割いて分配し皆と食べた。続いて，1つの杯でぶどう酒を回し飲みした。これは何のために，行われたのであろうか。「神の支配が実現しているところには，すべての者が皆一つとなる共同体がある」ことを，イエスは弟子たちに体で覚えさせたのである。つまり，この晩餐は，神の国のメタファーなのである。しかしイエス

第5章 新約聖書の文学：豊かな内容への福音の拡張

には，心の揺らぎがあった。一方で，死期が迫り，これが自分の最後の晩餐となるという「悲しみ」と，他方で，自分の処刑の前に神の国がすぐに到来し，新たに杯を飲むようになるという「希望」との揺らぎである。揺らぎの中で，「はっきり言っておく。神の国で新たに飲むその日まで，ぶどうの実から作ったものを飲むことはもう決してあるまい」[120]と言った。これはイエスのこの希望の表明である。ユダが出て行ったのは夜であった。その後，ユダ以外は讃美の歌をうたい，オリーブ山へ出かけた。

イエスは，ゲッセマネという所に来ると，3人の弟子だけを連れて進み，さらに彼らも残して奥に進み，独りとなった所で悲しみ，苦しみ始め，声に出して同じ祈りを3度口にした[121]。

> アッバ，父よ，あなたは何でもおできになります。この杯をわたしから取りのけてください。しかし，わたしが願うことではなく，御心に適うことが行われますように。

この時のイエスの心境は分かりにくい。「悲嘆（grief）と別離（separation）」という出来事に関し，心理学者のW.E.オーツは，人間だけがそれを事前に知的に認知し，未然に防ぐ責任と能力を備え，そして，死期が迫る可能性を感じ取る時には，「重要な意味」をもつ人と話し合うという。すなわち，ユダヤ当局とユダとの密約による自分の身に迫る危険を，イエスは知的に認知し「揺らぎ」の中で，未然に防ぐ責任を果たすために神へ力の限り祈ったと言えよう。つまり，「アッバ，父よ」と呼びかけられた神は，イエスにとって，唯一話し合える重要な意味を持つ存在だったのである。「杯」は旧約聖書では「苦難」や「神罰」のメタファーでもあり[122]，マルコは「苦難」の意味で記述している[123]。イエスは，人間としての弱さから，直面する苦難の排除を神に願う思いと，神への服従の決意との間を往き来する祈りを3度も繰り返した。このような状況での心理過程について，オーツは，「なぜ（why）」という意味を問う苦悩と「もし（if）」という希望的仮定とが，段階的に発展せず合流するために，われわれの感情は混乱すると説明している。つまり，イエスはわれわれと同じ単なる人間なのである。根本的問いは，イエスにとってその「苦難」

5.6 「ゲッセマネの祈り」に示されるイエスにとっての苦難の意味：喪失と癒し

とは何か，ということである．V. フランクルによると，英雄などが意味の分かる苦難を自ら積極的に引き受けるように，問題は苦難自体ではなく，「苦難の意味」だという．つまり，イエスの「わたしが願うことではなく，御心に適うことが行われますように」という祈りは，現時点では，無価値かつ無意味にしか思えない苦難の意味を分からせてください，という祈りと言えよう．イエスはユダたちが近づく気配を感じ，祈りを止め，居眠りをしていた3人の弟子に「時は来た」と言う．しかし，神からは「苦難の意味」について何の声も答もないまま事は進むのである．

翌朝までに，何が起きたのであろうか．イエスは逮捕され，大祭司邸へ連行され，弟子たちは逃走した．ユダヤ教のこの時の最高法院は，深夜に議員を招集して緊急の裁判を開き，朝にはユダヤ法により死刑判決を下した．大祭司は，死刑執行の許可者であるローマ総督ピラトにイエスを引き渡した．しかし問題は，引き渡しの理由である．そもそも，イエスが神殿で暴れユダヤ教の神を冒瀆しても，ローマ総督には何ら関係がない．考え得ることは，イエスをローマ皇帝に反逆する危険な国家的政治犯だとして訴えることであろう．福音書の記述で唯一この根拠を与え得る箇所は，審問で大祭司が「お前はほむべき方の子（＝神の子），メシア（＝キリスト）なのか」と問い，イエスが「そうです」と答えたとする場面である．これは，イエスが自らを神の子キリストと公表した唯一の場面である．大祭司はローマ総督に「ユダヤ人の王」として引き渡したのである．しかし，ローマ総督はイエスに会い「政治的に無害な者だ」と確信した．だが，事はそれで終わらなかった．ユダヤ当局は，最高法院の判決に力を借りて群衆を扇動し，ローマ総督に圧力をかけた．ローマ総督ピラトは，群衆の暴動への恐れから，イエスへの十字架刑を執行した．

5.6.3 イエスの喪失体験と癒しについての一つの結論

ガリラヤからイエスについて来た女性の群れが遠くから眺めるほかない状況下で，30年4月7日午前9時，イエスは十字架につけられた．6時間が経過し，死の寸前にアラム語で叫んだ．

　　エロイ，エロイ，レマ，サバクタニ

（わが神，わが神，なぜ，わたしをお見捨てになったのですか）[124]

　文字通りに取ると，イエスはローマ帝国，ユダヤ当局，民衆，弟子たちばかりか，神からも見捨てられた自分だ，と自己理解し叫んだことになる。しかし，イエスは逮捕直前に「御心に適うこと」を願い，神への服従を祈ったのではないか。調和的に，この言葉を旧約聖書にある讃美の祈りの一つと同じであるとして，イエスは讃美の祈りを奉げる途中で息切れたに過ぎない，と解釈する立場がある。しかし，通常は賛美の祈りを静かに口ずさむことに照らすと，叫んだというのは尋常ではない。しかも，極度の衰弱状態で，長い詩編を最初から言うとは考えにくい。やはり，未解決な苦難の意味を最後に求めたのだと言えよう。問題は「絶叫の意味」である。確かに，「なぜ」と答を期待する限りで，究極な意味での神への絶対的な信頼はイエスにある。だが，それほど絶対的な信頼を置く神に見捨てられた，という体験による心の傷は深刻である。人々からは無価値な厄介者として排除されたイエスは，いわば神によって，神の国を拡大する使命と職を解かれて無価値な者とされ，断末魔の末，苦難も死も無意味な状態のままで殺害された。

　苦難に価値も意味も見いだせず，悲嘆と喪失の癒しも希望も無く死んだことで，イエスは逆説的に，民族，国境，文化，時代を超え，同じ体験者すべての普遍的理解者として死んだと言えよう。

5.7　イエスの死に見る逆説的勝利

《中心的テーマ》

　イエスの神の国の活動は，彼が神と人に見捨てられた死によって終わるはずであった。社会学者であるマックス・ウェーバーは，カリスマの死後，残された者たちには何の幸も得られなくなってしまうのでカリスマの権威は消滅するという。同様に喪失心理学者であるJ.H. ハーヴェイも，喪失体験を味わわせた指導者を「けなす」傾向があるという。残された弟子たちも，イエスの説く神の国が間近に実現すると信じ一切を捨てて追従し，イエスの死によって望みは全くついえ，思い込みを打ち砕かれた。しかし弟子たちは，キリスト教を誕

生させたのである。

　その際，原始エルサレム教団は，イエスの死に「罪人を救う贖罪」という価値を見い出した。マタイ，ルカ，それにヨハネ福音書も，イエスの死にストレートな有意義性を見出だした。すなわち，マタイは死に至ったイエスの生き方に「新しい倫理の模範的姿」を見出し，ルカとヨハネはイエスの死に「神から託された救済や解放の任務の達成」という価値を見出したのである。このような解釈はいずれもイエスの死の無価値性や無意味性を消した。対照的にパウロとマルコは，十字架の死の無価値性と無意味性をそのまま継承し，そこに逆説的な有意義性を見たのであった。

5.7.1　原始エルサレム教団とパウロの異なる道

　弟子たちがイエスの死に贖罪的な価値と意味を見出してその死を受容したことを，54年頃に書かれた最古のキリスト教の文書の1つが記している。それは「聖書に書いてあるとおりわたしたちの罪のために死んだ」[125]という記事である。この表現はイエスの苦難や十字架を捨象し，単にイエスの「死」に着眼し，われわれがモーセ律法を犯した罪のすべてを神罰から贖い救うために，その死が昔から予告された神の計画（摂理）によるものであると受け取ったのである。

　しかし，この贖罪論はモーセ律法違反が前提であるため，すべての者が一旦はユダヤ人となることが前提とされた。つまり，この救済論は，ユダヤ民族主義的な枠に留まった。対照的にパウロは，モーセ以前のアブラハムにまでさかのぼった。アブラハムへの神の約束は律法とは無関係にすべての人を救う約束であった。つまり，万人がユダヤ人とならないで救われる万人救済論である。パウロはこれに着眼して，われわれ万人に内在する「エゴイズムという1つの実存的罪」を問題とし，万人に共通なこの罪にイエスの十字架の死が解決を与えたと主張した。

　パウロは，十字架上のイエスが人として貧しく弱く苦しみ，モーセの律法から呪われ，その果てに無価値とされ無意味に死んだことを，決定的なこととして受け取ったのである。すなわち，神はわれわれがエゴイズムの故に味わう究極の虚無をエゴイズムとは無縁なイエスに負わせ，イエスの苦難と死を代償と

第5章 新約聖書の文学：豊かな内容への福音の拡張

して、神がわれわれを無条件に受け入れている[126]と理解したのである。

原始教団のイエスの抽象的死への集中に対し、パウロはその十字架の苦と死に集中したのである。

5.7.2 マルコ福音書によるイエスの死の意味

最古の福音書である『マルコによる福音書』は、十字架上で絶叫して死んだイエスを描き、処刑の場面でイエスに向き合ってそばに立ち、最期を見届けた百人隊長を登場させる。百人隊長は処刑したローマ帝国軍隊の指揮官である。その彼が、「本当に、この人は神の子だった」[127]と言うのである。

しかし、百人隊長がどのような意味で言ったかは疑問である。まず、当時「神の子」という表現はローマ皇帝崇拝を意味し、文字通りに考えれば、彼の告白は国家権威への挑戦か反逆となる。しかしマルコには、彼にその意識があったとか、逆に聖書の意味する神の子という意識があったとか主張するつもりはないであろう。マルコはこの問題にそっぽを向いている。では、狙いは何か。

『マルコによる福音書』第1章1節のタイトル的書き出しには「神の子イエス・キリストの福音の始め」とある。つまり、「神の子」という言葉は重要なのである。しかし、それを口にするのは、「汚れた霊」[128]や、「汚れた霊にとりつかれた人」[129]であり、正常な人間による告白は、百人隊長が最初で最後なのである。つまり、マルコは「神の子」という地上の至高な権威と力をもつ者が生きる生の逆説的な意味を、ここで明らかにしているのである。それは、世から無価値とされ自分自身にも無意味としか思えない究極の苦難と死に終わる生命を生き抜くことなのである。

一体、マルコの読者に対する狙いは何であろうか。精神科医である V. フランクルは、苦難の逆説的意味を『夜と霧』で次のように説明している。ナチの強制収容所の多くの収容者は、「生きしのげられないなら、この苦しみのすべてには意味がない」と考えた。だが、それでは苦しみや死の意味は成り行きの偶然に左右されてしまう。それでは思考順序が逆なのである。「まっとうに苦しむ」ことは、「最期の瞬間までだれも奪うことのできない人間の精神的自由」の実現であり、「最期の息を引き取るまで、その生を意味深いものに」するの

である，と述べている。つまり，イエスは最期の瞬間までまっとうに最も苦しみ抜いた。そうすることで，逆説的にその生を最も意味深いものとして生きた，ということなのである。マルコは読者に対し，彼らも同じように生きることが福音に生きる道であることを，このタイミングで訴えていると言えよう。つまり，十字架上のイエスと同様な状況にある場合に，イエスと同様に苦難と死を生き抜く時，実は，神の支配の現実を体験しているのである。「苦難を回避する栄光のキリスト」などはありえないということである。マルコは，このことの告白者に異邦人の百人隊長を選んでいる。マルコは，イエスの逆説的生が，モーセ律法の民族の枠を超え，万人に共通な普遍的な生き方であることを示したと言えよう。

5.7.3 マタイ福音書とルカ福音書

『マルコによる福音書』を土台に，80年代に『マタイによる福音書』が，そして80年代後半に『ルカによる福音書』が書かれた。

マタイのテーマはマルコと異なり，イエスが「インマヌエル（神がわれわれと共におられる，という意味）」[130]であることに変わっている。つまり，イエスは，「神が共にいる人間の原型」なのである。というのは，イエスが「まるで神が見えるような人間」であったからである。実際，イエスは父なる神への従順な模範的生き方を貫き，神の意志を行動で現わしたのである。

では「神が共におられる」というテーマにそって，イエスの死の場面を，マタイはどのように描いているのであろうか。まず，ゲッセマネでの葛藤の祈りに対し，イエスと共にいる父なる神はイエスが祈る前からイエスの必要をすべて知っている方であるとする[131]。ならば，十字架の上でイエスが「なぜわたしをお見捨てになったのですか」といった絶叫を，マタイはどのように描いているのか。注目すべきは，イエスの絶叫に続く「一連の異変」の描写である。異説もあるが，この異変はイエスの問いに対する神からの回答なのである。つまり，確かにイエスの内面では神に捨てられているが，現実は違い，神がそこに臨在し，共に苦しんでいる。異変は，インマヌエルという「神の臨在」を知らせているのである。

では，百人隊長がイエスを「神の子」と告白していることを，マタイはどう

描くのであろうか。それは，百人隊長が，異変現象は神がここにイエスと共にいて起こし，神がイエスを神の子として啓示したメッセージとして納得した告白なのである。マタイのこの描写は，マルコのように苦しみを強調する代わりに，物語の全てを通してイエスの神への従順の貫徹の姿を前面に押し出し，百人隊長の告白をインマヌエルというテーマのクライマックスとする狙いだったのである。

実は，マタイの関心は，70年にローマ帝国によって崩壊した神殿無き時代に，ユダヤ人キリスト者と異邦人キリスト者とを統合することにあった。神が共にいる象徴である神殿のあった時には，異邦人キリスト者にも神殿祭儀を守らせて両者は一致した信仰生活をしていた。今や，その統一をイエスが新しい神殿であるとして理解し，これまで守ってきたモーセ律法の内，一方で神殿祭儀規定を放棄するが，他方でイエスの定める倫理的戒を守ることで，律法の完成ができると信じた。つまり，インマヌエルとしてのイエスを模範とする生き方による統一を図ったのである。

同じマルコを用いながらも，ルカは世界とその歴史を視野に入れ，「世界の救い」をテーマとした。使徒言行録はその続編である。すなわち，イエスがイスラエルの民の中で失われた者や排除された者たちを尋ね求め[132]，十字架上で処刑されることで第1段階が終わる。そのイエスを神が死から復活させ，全世界の主・キリストとして立て[133]全世界の救いへの歴史が始まる。これが第2段階である。これにより，神のアブラハムへの全人類救済の約束[134]は成就する[135]。つまり，イエスの十字架の死は，世界の中心にある。しかも，歴史の主である神がなす最終的で決定的な救済愛の出来事なのである。ルカは，両段階を通じ，われわれの側に「罪の赦しを得させる悔い改め」[136]を強調する。しかし悔い改めは立ち返るべき者，つまり，すべての者に等しく顧みを向けている神の無条件な愛を受容することなのである。この点，生前のイエスと同じである。

ルカは，十字架の死をイエス自ら決断した死として描く[137]。そのためイエスは，神に絶望的に問いかける祈りも叫びもしない。その代わり，十字架上で自分の迫害者のために赦しを執り成す祈りをする[138]。また，共に処刑される犯罪人が神の国で「わたしを思い出してください」とイエスに願った。す

ると，彼にはパラダイスを約束した[139]。加えて，その絶命の言葉は，「父よ，わたしの霊をみ手にゆだねます」[140] という平安な思いの言葉であった。つまり，イエスは十字架上で，非暴力，反復讐，赦しの執り成しをし，神に信頼する人生の模範者なのである。言い換えると，全霊をこめて神への完全な信頼を置く人生の道をわれわれに開いたのである。ここであの百人隊長が登場する。しかしマルコやマタイと異なり，何と彼はイエスを「神の子だった」とは言わず，「正しい人だった」と言う。実はこれは，ローマ社会の上流階級を読者として念頭においたルカの宣教的作文である。つまり，ピラト総督[141] もガリラヤ統治者ヘロデ・アンティパス[142] も口にした，ローマ帝国側の正式見解として，ルカが考案したものである。だが百人隊長だけは「神を讃美した」[143] と描かれている。つまり，彼は「神も」イエスを正しいと見ていると告白する証言者なのである。さらに，イエスの死を要求した群衆も後悔し「胸を打ちながら」帰る[144]。つまり，イエスの十字架の死は，民族の隔たりを超え，万人を神に立ち返らせた救済の出来事なのである。言い換えると，ルカは，イエスの立場から，正しい者に用意されたところへあらゆる者が行けるようにする，イエスの奉仕のクライマックスとして，イエスの十字架の死を描いたと言えよう。

5.7.4 ヨハネ福音書

『ヨハネによる福音書』は，1世紀末に書かれた。ヨハネのもつ世界観は，「神は愛です」[145] ということを前提に，悪魔が愛なる神に敵対してわれわれの世を支配し，愛に反する生き方をするように働きかけているというものである。この悪魔から解放し，愛の関係を回復するために，神が「神の独り子」イエスを解放者キリストとして世に送り出した，という壮大なパラダイムがヨハネにある。この福音書では，十字架の上は，世の支配者である悪魔と神の子イエス・キリストとの究極的な闘いが展開した「戦場」なのである。では，イエスの十字架上の死は，イエスの敗北であろうか。確かに，悪魔は勝利を手にしたように見える。しかし，イエスの最後の言葉は意外にも「成し遂げられた」という達成感の表明であった。その意味は，神から与えられた使命を自分は達成し，世の救いが現実となった，ということである。イエスは，殺害される

第 5 章　新約聖書の文学：豊かな内容への福音の拡張

中でも愛を貫徹した。愛の貫徹によってイエスは悪魔に勝利して裁き，世の支配者の座から追放し，悪魔の支配から世を解放した。これがヨハネの構想である。つまり，十字架の出来事は悪魔からの世の解放の出来事である。十字架は，イエスが父なる神から栄光を与えられた場なのである。したがって，ゲッセマネの園での苦しい祈りや十字架上の絶望的な叫びは，ヨハネにはない。執筆当時，ヨハネ共同体（教会）は，ユダヤ教徒から異端として迫害され，彼らの集会から追放されていた。ヨハネの意図は，キリスト者が信仰を新たにして奮起し，「世」に向かって，告白して行く決心をするように促すことだったのである。

第6章 新約聖書の示す希望：イエス・キリストを信じる者の幸い

6.1 逆説的弱さ：恵みを体験する「実存」としての弱さ

《中心的テーマ》

 1990年代にインドネシアやタイに行った時，その低所得と物価の安さとは反比例的に若者の目の輝きは強かった。一方，香港では，森林のような超高層マンションビル群に目を奪われたが，毎日飛び降り自殺者が多いと聞かされた。皮肉にも，発展途上国の若者には目標があり力強さがあるが，国家経済が衰退ぎみの先進諸国の若者はその力強さを持ちにくいのであろう。今ある状態によって，われわれの力は左右されるといえよう。

 しかし，力に関して人類史を見ると，力ある王，民族，国が出現し文明を築き消えることの繰り返しである。現代も個人から企業に至るまで力を求める。しかしこのような中で，逆流的な存在が約2000年前に十字架上で処刑された「無力なイエス」である。聖書はこのイエスを「キリスト（王，救い主）」と告白する。「弱いイエスこそが王の中の王であり救い主の中の救い主である」としている。ここに，他の宗教や教えと異なるキリスト教の唯一性やユニークさがある。

 イエスの処刑から数年後（蓋然的には33年），キリスト者となったパウロは自分の弱さで葛藤していた。彼はその時にイエスの声を聞いた。それは「わたしの恵みはあなたに十分である。力は弱さの中にこそ十分に発揮されるの

だ」[1]という声であった。原文では「力は弱さの中で完成される」となっている。それは、われわれの力の尽きた果てに、弱さの中で真に神の愛が迫り、われわれの内で力になることであると言えよう。

6.1.1 生前のイエスに見られる力と弱さ

　イエスは生涯を通して弱かったわけではなく、カリスマ的な人物であった。逸話だが、12歳の時にエルサレム神殿で学者と問答をし、中心的存在として天才ぶりを発揮し、彼らを驚嘆させた[2]。ユダヤ教では13歳で成人となるが、すでに非凡な知性とひるまない気力を備えた少年だったのである。

　このイエスのカリスマ性は、成人となったイエスにも継続した。逸話の典型的なものは、売春婦や徴税人、さらに律法違反となるような職業に従事した者など、ユダヤ社会でアウトローとして排除された者との親交の話である。これが原因で支配階級層から非難されたことで、カリスマ性は遺憾なく発揮される。政治的圧力を跳ね返し、「医者を必要とするのは、丈夫な人ではなく病人である」[3]と切り返し、「徴税人や娼婦たちの方が、あなたたちより先に神の国に入るだろう」[4]と断言した。極め付けは、現場で捉えられた「姦淫の女」の逸話である。彼女を告発する法律専門家たちを見ることなく、イエスはやおら座り込み、地面に何かを書き始めた。彼らの告発は、モーセ律法の「姦淫する者は姦淫した男も女も共に必ず死刑に処せられる」と定める規定[5]に基づく。このとき、イエスが何を書いていたかを知るすべはない。やっと腰を上げたイエスが告発者に放った言葉は、「あなたたちの中で罪を犯したことのない者が、まず、この女に石を投げなさい」という一言であった。そしてまた身をかがめて地面に何かを書き続けた。このようなイエスは弱いどころか、ふてぶてしさの極みと言えよう。筆者にとって印象的なことは、以前E. シュヴァイツァー先生が「あれは告発者の罪を一つひとつ書いていたんだよ」と微笑まれたことである。

　イエスのカリスマ性はこれに留まらない。イエスは、病人や障がい者を癒す奇跡的な力を発揮し[6]、その癒しの権能を弟子に与え[7]、彼らも癒す奇跡を行っている。しかし最もカリスマ性を発揮したのは、安息日に癒しを行ったことである。モーセ律法には、1週間の第7日である安息日の労働を一切禁止し、

6.1　逆説的弱さ：恵みを体験する「実存」としての弱さ

違反者は「すべて死刑に処せられる」と定められている[8]。しかしイエスは，ユダヤ当局から命を狙われる羽目になっても[9]，病人たちの救いを安息日厳守よりも優先させる強気を崩さなかったのである。

　まさにカリスマ的存在としてイエスには，アウトローの人々への使命と大胆な愛に基づく，社会的圧力にも屈しない強靭さが見られるのである。

6.1.2　イエスのカリスマ性の限界と究極的な弱さの原因

　だが，イエスのカリスマ性は無限ではない。確かに，出血の止まらない女性がイエスの服に触れるだけで癒されると信頼を寄せたようなケースでは，イエスの「内から力が出て」癒しが起きた[10]。しかし，不信仰な人々の場合には，癒しの力は何ら発揮できなかった[11]。

　『マルコによる福音書』の第14章32節以下には，弱いイメージだけのイエスが単純なタッチで描かれている。すなわち，その弱さはユダヤ当局がイエスの命を狙い始めて徐々に追い詰め，弟子の1人であるイスカリオテのユダの密告によってイエスの逮捕が確実なものとなった時点から始まる。この時点からイエスは「ひどく恐れてもだえ始め」，そして，「できることなら，この苦しみの時が自分から過ぎ去るように」と祈っている。これまでのイエスの大胆さや不敵さからは予期しにくい祈りであろう。しかし，イエスの弱さの意味は，現代の自爆テロのテロリストの強さと比べると見えてくる。自爆テロリストにも恐怖心はないとはいえない。しかし，彼らには死の見返りとして，価値ある達成目標が定められており，その死は意味あるものなのである。彼らは計画を入念に行い，達成のために祈り，実行直前まで家族や友人にも悟られないように平常に振る舞う。そして，自ら「勇敢な英雄」として多くの犠牲者を巻き込み自爆する。対照的にイエスは，犠牲ではなく憐れみを大切とし，生命が尊ばれる神の国が実現することに使命を燃やし活動している。神の国には，死によって達成される目標などは存在し得ない。しかし今イエスには，自分には価値もなく意味が見えない死が迫って来ているのである。もし例外的に神の国にとってイエスの処刑に意味があるならば，その意味は神だけが明らかにできるものなのである。しかし，神は沈黙し答えない。しかも，自分の宣教の根拠である「神の国の間近な実現」の兆しは全く見えない。ひどく恐れ，もだえ，祈

り，その直後に逮捕され，その日の内に十字架につけられ，「神から見捨てられた」という惨めな自己理解のまま，その6時間後に力無く弱さの極みの状態で息を引き取った[12]。断っておくが，聖書では，夕刻の日没の時が1日の始まりである。

イエスは，唯一，神との関係で自己存在の価値や意味が見えなくなった時に，カリスマ的な力を失ったのである。つまり，イエスにとって，力も弱さも，神と自分との関係における価値と意味によって決まっていたと言えよう。

6.1.3　パウロと「逆説的弱さ」

パウロは，「弱さ」というテーマに最も向き合った人物の1人として傑出している。パウロも元来は，弱い人間の範疇に入らない。生粋のユダヤ人であり，教育面ではいわば米国のハーバードやイェール大学に喩えられるようなヒレル学派の教師ガマリエルの門下生で，エリート中のエリートであった[13]。初めは，キリスト教をユダヤ教から派生した異端と決めつけて，ユダヤ当局の方針によるキリスト教会迫害に積極的に加わっていた。このことをパウロ自身は『ガラテヤの信徒への手紙』第1章13節以下で「かつてユダヤ教徒として……徹底的に神の教会を迫害し……同じ年ごろの多くの者よりもユダヤ教に徹しようとしていました」と述べている。

しかし，パウロは，イエス・キリストを信仰した後，ますますエネルギッシュになっている。パウロは，『コリントの信徒への手紙Ⅱ』第11章23節以下で，キリストに仕えることを誇る多くのキリスト者に言及して，「わたしは彼ら以上にそうなのです」と述べ，彼が体験した苦難のおびただしいリストを挙げている。たとえば，ユダヤ当局やローマの官憲により逮捕されて「投獄され」，200回近くも「鞭打たれ」，「死ぬような目に遇ったこと」が度々あったことなどである。しかも，『使徒言行録』第28章の記述から察するに，彼は殉教し，逸話ではイエスと同じ十字架刑による死であった。しかし，イエスと異なる面がある。それは，パウロには自分に応えてくれる十字架上のイエス・キリストがいる，という信仰があったことと言えよう。すなわち，十字架上のイエス・キリストは，パウロの働きをその殉教も含め無駄にしない，という確信である[14]。この限りでは，パウロは弱さとは無縁であったような印象を与

6.1 逆説的弱さ：恵みを体験する「実存」としての弱さ

える。

　パウロに自分の弱さと向きあうきっかけを作ったものがある。それは，彼の内にある「1つのトゲ」であった。その「トゲ」とは，『コリントの信徒への手紙Ⅱ』第12章7節に記述されており，ある事柄をメタファーでぼやかして表現したものである。つまり，それが何の譬えかを明示していない。そこで，以下に記す文脈から解釈するほかない。

　　　思い上がることがないようにと，わたしの身に1つのとげが与えられました。
　　　それは，思い上がることがないように，わたしを痛めつけるために，サタンから送られた使いです。この使いについて，離れ去らせてくださるように，わたしは3度主に願いました。

　この記述によると，トゲの起源はサタンにある。サタンとは，「神に敵対する存在」をいうから，そのトゲがパウロを「痛めつける」ものであることは分かりやすい。つまり，トゲは非建設的で非健康的なマイナスな存在である。しかし，それにもかかわらずパウロは，もしトゲが自分になかったら自分が思い上がり高慢となって，神の恵みの世界に反する自分となると述べ，トゲの意味を，思い上がる高慢から自分を守る働きをするプラスな存在として，真逆に評価しているのである。しかし，それならばなぜ，パウロは文字通りはっきり明示する表現を避けて「トゲ」という1つのメタファーを使うのであろうか。恐らく，隠しておきたいし，読み手にも詮索しないでほしい何かなのであろう。この「トゲ」が具体的に何かということが重要なのではなく，パウロにとっては，露骨に直接的に表現できないものをかかえている自分の「弱さ」が重要なのである。

　それでは，自分を高慢から救うプラスの面がある「トゲ」は放置しておくべきものなのであろうか。「サタンの使い」である以上，パウロはトゲが無くなるように「3度」も祈ったと言う。3度というのも比喩的表現で「何度も何度も」ということで，つまり，「これさえ無ければ」と思わんばかりにトゲが無くなるように，イエス・キリストに懸命に祈ったということである。しかし，

第6章　新約聖書の示す希望：イエス・キリストを信じる者の幸い

祈りは意外にも叶わない。その時パウロは，トゲが離れ去らない意味を，次の言葉によって主イエス・キリストから明かされるのである。

　　わたしの恵みはあなたに十分である。
　　なぜなら力は弱さの中で完成されるからである。

　重要なことは，この言葉の語り手である「わたし」とは，十字架で弱さのゆえ殺害されたイエス・キリストであることである。つまり，本来は神と等しい身分であって，しかもカリスマ的な力あるイエスが，その対極にある最も弱い者へと急降下し，殺害されたのである。同様にパウロも，トゲにより弱い者へと急降下させられ苦しんでいる。パウロにとってイエスの言葉は，パウロの弱さとその苦しみを共感的に受け止め，パウロを理解する十字架上のイエスの言葉なのである。
　しかし，2人の間には決定的な違いがある。イエスは自分の弱さを神にも人にも見捨てられ全く孤独な中で味わったが，パウロには弱さのただ中で，イエスから同伴者的な愛の言葉が与えられているのである。しかも確かに，パウロは苦しみもがいているが，しかし，その弱さには「その中で力が完成する」という逆説的に積極的な意味のあることの保証が告げられているのである。その意味を見ると，パウロは，弱さの中で自分にとっての「恵み」は「十分である」と聞いた。恵みというものは，自分の才能や努力などに見られる此岸の力が尽きたところで始まる，彼岸的なものである。つまり，恵みとは，自分のエネルギッシュな力では歯が立たない壁にぶち当たって挫折している只中で体験するものである。その体験とは，神によって自分が受容され肯定されていることを知ることである。逆説的であるが，自分の弱さのただ中で，この神の恵みに「気付く」ことによって，われわれの内に力が完成していくのである。
　しかしさらに重要なことは，過去に苦しみを体験した人の言葉よりも，現在苦しみのただ中にいる人の言葉の方が何倍も説得力と共感を惹き起こすことである。確かにイエスは死後に神によって死者の中から復活してしまった。しかし，パウロが声を聞いたイエスは，復活した方であると同時に，十字架の上で今も弱いままで苦しみを知る方なのである。つまり，『ガラテヤの信徒へ

の手紙』第3章1節が記すように,「十字架につけられ給ひしままなるキリスト」(文語訳聖書)なのである.

では,弱さの逆説的意味を知ったことで,パウロに何が起きたのであろうか.それは,パウロが,「わたしは弱いときにこそ強い」という「新しい自己理解」を与えられ,弱さによる卑屈さから「解放」されたことである.パウロは,此岸的な力の限界に突き当たり,弱い自分を無条件に受容し肯定する神の恵みに気づき,無限大な彼岸的力が今や自分の内で完成するのを知るのである.

まとめると,次のようにも言える.われわれは「力」という言葉から,スポーツや戦争などの「勝利する力」を連想したり,また登山や発明,手術などを「成し遂げる力」を連想したりする.また,聖書の世界なら,イエスの癒す力やパウロの賜物としてのエネルギッシュな力などを思い浮かべるであろう.しかし,そのような力は,決して逆説的な力ではない.自分は弱い存在に過ぎないという惨めさを味わい苦しみもがく中で,このような此岸的なエネルギッシュな直接的力が尽きて,われわれは自分の弱さを味わう.しかしこの時,われわれは彼岸の世界へ導かれ,弱ければ弱い程,弱い者を無条件に肯定し受容する神の愛が大きく迫るのを知り,逆説的に,自分の内で力は完成度を増していく.パウロが「弱い時にこそ強い」と述べている[15]のは,このような実存的体験なのである.今や,弱さは除かれるように祈るべきものではなく,むしろ大切なものなのである.

6.2 実存的自由:近代の人権的自由と実存的な救済的自由

《中心的テーマ》

戦後の日本国憲法が基本的人権として保障している自由とは,外部の邪魔や拘束を受けずに行動できることである.しかし,一人ひとりはそれほど自由とは言い難い.自由に伴う「自己責任」という言葉が横行し,貧しい者が助けを求めることに罪悪感を覚え餓死した例もある.幸いに職に就いたとしても,職場のしがらみに絡み取られる者も少なくない.さらに家庭関係が冷え込み,職場での疲労が癒されず,親戚間では高齢となった身内の世話や墓を守るのを誰

第 6 章　新約聖書の示す希望：イエス・キリストを信じる者の幸い

が担い，遺産をどう配分するかなどで気まずい仲も多い。人間関係での不自由さは深刻である。しかし，今や問題は世界規模である。開発や消費の自由が環境を破壊し，生命の危機を招いている。

聖書に人権という用語はないが，自己の利益中心的な人権的自由の基礎づけを，英国の J. ロック（1632-1704）は聖書に求めた。しかし聖書を再吟味すると，旧約聖書での自由は，他者の尊厳を侵さず，弱者を保護している。新約聖書では，イエスは愛の発露として自由自在に振る舞い，パウロは他者に徹底的に仕える自由として実践した。これは「逆説的な自由」と言えよう。

6.2.1　ジョン・ロックの聖書神話による人権思想とその発展

そもそも英国には 1215 年に王に対して封建貴族の権利を再確認したマグナ・カルタがあったが，17 世紀に，T. ホッブス（1588-1679）が専制的絶対主義国家論を唱えていた。彼は「万人が万人に敵対して闘う」自然状態を想定し，万人の共存は，各自が生来有する自然権を放棄し，専制的絶対権力をもつ国家を認め服従する社会契約を結ぶ外ないと主張した。これに対抗し，ロックは聖書を基礎に，神の創造した自然状態では「人間とは自由で平等な存在である」と主張した。すなわち，神によって人間には，他人に譲り渡せない自由，生命，私有財産の所有などの「天賦の人権」が与えられている。人間は主権者として相互に社会契約を結び，人権の実現と保護を任務とする国家を成立させ，国家のあり方を決定できると主張した。

ロックの主張した人権思想と民主主義は，米国独立と独立宣言（1776 年），フランス革命と同人権宣言（1789 年）にも影響を与え，近代の基礎を築いた。しかし，自由権の「自己決定」による「自己責任」の原理は，貧富の格差を拡大し，貧者にとって自由は空腹の自由でしかなくなった。この問題打開のために，国家は自由放任の原則を修正し，生存権，教育を受ける権利，労働権などの社会権を保障し，その反面，私有財産を制約した。日本国憲法もこの流れをくむ。

しかし，近・現代の基本的人権は，権利主体の利益保護のためのものである。特に自由権は自己中心性をその属性としている。これが前述の様々な問題の火種となっているのである。

6.2 実存的自由：近代の人権的自由と実存的な救済的自由

6.2.2　聖書の世界における個人の尊厳の思想と自由の逆説性

　旧約聖書で自由をテーマとする物語は，出エジプトの出来事である。その物語の中で神から与えられた十戒は，エジプトの地での奴隷状態から解放され，自由な身となったイスラエルの民が自由人としてどう在るべきかを示した指針である。すなわち，エジプトの地では，彼らは弱い寄留者であったために，突如，新しいファラオによって奴隷とされてしまった。彼らは，人格を否定され虐待され人間的尊厳を奪われた。この奴隷状態から解放され自由な身となった出来事が出エジプトである。しかし，自由な身となるや，一転して，要求が通らなければリンチを加えんばかりの勢いで，指導者であるモーセに水[16]や食物を要求した[17]。この身勝手に振る舞うイスラエルの民に神が与えたものが十戒であった。

　十戒の核となる思想は2つある。1つは，「神とイスラエルの民との垂直的関係」である。すなわち，神の恩寵によって自由へ解放されたのであるから，イスラエルの民の諸君は，今後もこの神を信頼し頼るはずで，まさか他の神々へ心移りすることはできまいとするものである。もう1つは，「他の人間との水平的関係」，ことに弱者との水平的関係である。すなわち，弱い被虐待的立場からの解放という体験をした諸君は，よもや弱者の人間的尊厳を踏みにじることはすまいというものである。特に十戒の後半は，日常生活の上で，他者の生命や家庭を築く夫婦の絆，生活の経済的基盤である所有権，公正な裁判の制度を尊重することを定めている。旧約聖書では，自由な存在とは，他者の人間的な尊厳を侵害せず，弱者を尊重する者なのである。

　これに対し，イエスで目を引くことは，律法に対して「自由人」として振る舞う独特の「自由自在さ」である。すなわち一方で，イエスは，律法遵守の極めて厳格な立場を取り，ユダヤ教の中で律法厳守を自認し排他的となっているエリート集団の自己欺瞞を暴いた。たとえば，「姦淫をしてはならない」とは「情欲をもって見る」という心の領域にまで及ぶと言い，「目には目を，歯には歯を」という同害復讐の原則に対しては，「敵も愛せ」と命じた。他方で，社会的アウトローの人々を極端に寛大に包摂し，この点ではモーセ律法や先祖の伝承より自分を上に置いた。たとえば，当時，律法を厳格に守る人たちは，律法違反による感染から自分を守るために，徴税人や娼婦，「罪人」と呼ばれる

人々との交際を敬遠したが，イエスは積極的に好んで彼らと親しく交わった。さらに，ユダヤ人は，同じ理由からサマリア人や異邦人とは交わらなかったが，イエスは彼らとも交わり，「サマリア人」を隣人愛のモデルとした[18]。さらに，ユダヤ教が厳守する労働禁止の安息日に病人や障がい者を癒した。イエスの自由さは，（現代風に言えば，社会は人を能率や有能さで測るが）神はすべての人を等しく必要な尊い存在として受容している，という「神の国の現実（リアリティ）」を示すことにあった。この一点は，何に対しても一歩も譲らなかった。

イエスの自由は，排他的な支配層には手厳しい。しかし，排除されたり救済を放置されたりしている者には，彼らが生きる力を回復し，社会生活に復帰できるように自由に振る舞い，イエスの実存をかけた。それは，神の無条件な包摂的愛（unconditional inclusive love）の実践であった。

6.2.3 パウロにおける実存的自由とその逆説性

キリスト教の成立後，キリスト者のあり方として自由を最も強調したのはパウロであった。パウロが記した『コリントの信徒への手紙Ⅰ』第9章19節は，「わたしは，だれに対しても自由な者ですが，すべての人の奴隷となりました」と記している。これに基づいて宗教改革者のM.ルターが『キリスト者の自由』という名著を著すほど，キリスト教のいう「自由」を理解するには重要である。

この節の前半は，パウロが自由人として誰に対しても自由であることを記しているが，後半は，現代ではイメージしにくい「奴隷となる」という1つのメタファー的表現を用いている。その意味は，「人に徹底的に仕える者となる」ことである。続く第22節では，「すべての人に対してすべてのものになりました」と述べている。つまり，「誰に対しても」ということである。パウロにとっては，これが自由な人間として選び取る自分の在り方なのである。

具体的には，どのようなことなのであろうか。パウロはユダヤ人に対しては，自分はもはやモーセ律法の下にはいないが，ユダヤ人に合わせて律法を守る生活をしたという。多くの学者は，『使徒言行録』を根拠に，愛弟子のテモテに「割礼」儀式を妥協的に行ったことを例に挙げる[19]。しかしパウロ自身

6.2 実存的自由：近代の人権的自由と実存的な救済的自由

は，自らユダヤ人として，『申命記』第25章3節の律法に従って「40に1つ足りない鞭」を「5度」も受けたことを例に挙げる[20]。つまり，パウロは「無割礼の異邦人も救われる」という福音宣教をしたことが「神への冒瀆」に当たるとして，ユダヤ人に裁かれた。本来なら，「ユダヤ人の身分剥奪」の罰が下るところであろう。しかし，『ミシュナ』という口伝律法集の規則によると，鞭打ちの刑に服従するならユダヤ人の身分を保全できるのである。そこでパウロは，逮捕の度に鞭打ちの刑に服し，ユダヤ人としての身分を保全し，彼らに福音を5回もアピールできたのであろう。しかし，対照的に異邦人に対してパウロは，律法を放棄し異邦人のライフスタイルに従った。さらに，キリスト者に対しても同様であった。ある食事をタブーと信じている者に対して，パウロ自身はそれがタブーでないと知っていたが，その信者に合わせてそれを食べなかったのである[21]。

しかし，パウロは，決してローマの諺にもある「郷に入っては郷に従え」ということに倣ったのではなく，それは「何人かでも救うため」[22]の実践なのである。救いとは，自分が神に無条件かつ無限に愛されていることに目覚めることである。この目覚めは，結果的に，「他者を愛する自由人」への道を開き，パウロの実践する自由やイエスの自由と同様に，お互いが連帯し合い，共に生きる社会，いわゆる包摂的（inclusive）社会の土台を築くものなのである。しかし，パウロは，「他の人々に宣教しておきながら，自分の方が失格者になってしまわないため」[23]と述べ，自分も救いをいただく1人に過ぎない者として行動しており，上からの目線ではない。

パウロも日常的生活上の権利としての自由を知っている。実際，「食べたり，飲んだりする権利」や「信者である妻を連れて歩く権利」などを挙げている[24]。しかし，信者の中には，この自由を勘違いし，タブーは一切ないとして生活が乱れる者がいたのである。というのは，彼らは，自分たちはもう完全に自由なのであって「わたしたちには，すべてが許されている」[25]と信じたからであった。そこでパウロは，世の終わりまでは，イエス・キリストが世の完全な支配者とはなっておらず[26]，死の力や悪の力との闘いが続いているから，「すべてのことが益となるわけではない」[27]と教えたのであった。すなわち，パウロが真に大切にしている自由は，「日常生活上の権利としての自由」

第6章　新約聖書の示す希望：イエス・キリストを信じる者の幸い

よりは，むしろ，何が他者の救いのために益となるかという視点から，権利としての自由を手放すことができる自由さであったのである。

なぜであろうか。それは，パウロが「すべての人の奴隷」という存在に自らなり，誰にでも徹して仕えることのできる自由人であることを大切にしたからであった。当時，古代ギリシアのストア哲学では，自由人とは他人の意見に左右されず思うままに行動する人のことであった。パウロの発想は真逆である。その発想の源を，多くの学者は，「キリスト，それも十字架につけられたキリスト以外，何も知るまい」[28]というパウロの言葉に見る。パウロは，十字架上のキリストの意味を，「キリスト賛歌」と呼ばれている『フィリピの信徒への手紙』第2章6節以下で述べている。

　　キリストは，神の身分でありながら，神と等しい者であることに固執しようとは思はず，かえって自分を無にして，僕（原語では「奴隷」）の身分になり……へりくだって，死に至るまで，それも十字架の死に至るまで従順でした。

大方の見方では「十字架の死に至るまで」という句は，パウロの加筆句で，重点は「死」よりも「十字架の死」にある。つまり「神の身分」という完全に自由な存在であったキリストが，自発的に「奴隷の身分」になり，十字架の死に至った。そのキリストの究極的な卑賤の姿に，パウロは自由な実存的存在が持つ「逆説的自由さ」を認めたのである。この自由な愛の行為は，徹頭徹尾，他者の利益を志向する。その理由を「主は豊かであったのに，あなたがたのために貧しくなられた。それは，主の貧しさによって，あなたがたが豊かになるためだった」[29]と，パウロは述べている。この「豊かさ」とは，神に無条件に無限に愛され肯定されている存在（being）であるという新しい自己理解のメタファーである。この「自己理解」をわれわれの内に創造するキリストは，パウロにとって，自他を共に復活の救いへ至らせる真の自由さの原型なのである。

6.2.4 むすび：現代の「自由」社会における不自由さと世界的危機を振り返って

最初に記したように，現代の問題は大きく2つあった。1つは，人間関係で苦しみや不自由さを感じる者が著しく多いことである。もう1つは，地球温暖化，資源の大量消費，原発の大量廃棄物などによる地球規模の環境破壊と生命存続の危機である。実は，近代の人権的自由の保障には落とし穴があった。人権的自由は，自由の主体であるわれわれの利益のための自由であり，他者の自由や利益との対立や衝突を生み出し，排他的（exclusive）となりやすい。たとえその妥協的調整ができたとしても，答を持ちえない。というのは，人権は，権利主体の利益保護という「自己中心性」を内在的な原理としているからである。そこで，法哲学者の井上達夫氏は，新たに「他者への自由」というものを説いている。それは，「他者」を「教える教師」として受容することを自由の内容とするものである。これにより，人権的自由の自己中心性を「脱却」できると主張する。同様に，神学者のS. ハワーワスも「他者の要求」は「利己的な自由」を「克服」するために必要だと主張する。

しかし，イエスとパウロとに特徴的な「逆説的自由」は，そもそも自己中心性を内包しない自由である。逆説的自由は，一見，自己矛盾を犯している自由と見えよう。というのは，逆説的な自由人とは，自由自在に他者に仕える存在である，という自己理解だからである。しかし，イエスもパウロも，逆説的な自由人としての自己アイデンティティから，献身的に他者志向の生を選びとったのであった。だが今，これを肯定した上での新たな問題は，「他者」の中に生物や自然も含まれるかという点である。パウロは，「被造物がすべて今日まで，共にうめき」苦しんでいるといい，生前のイエスも，自然に優しい眼差しを向けていた。同様に，十字架上のイエス・キリストも，われわれが，この逆説的な真の自由人として，この「他者」に仕えることを待ち望んでいると言えよう。

第 6 章　新約聖書の示す希望：イエス・キリストを信じる者の幸い

6.3　真の平和を目指して：世界人権宣言の基礎となっている聖書の示す「平和：シャーローム」

《中心的テーマ》

　われわれは，20世紀に2つの世界大戦を体験し，その後も戦争や内紛は絶えない。第2次大戦を始めたナチス・ドイツはヒトラーを指導者とし，600万人のユダヤ人の生命を奪った。また，1994年4月から7月までの間に，アフリカ東部のルワンダ共和国でもジェノサイドが起きた。ジェノサイドとは，ある特定の国民，民族，人種，宗教的集団の絶滅を意図する破壊行為である。人口の85％を占めるフツ族の強硬派が，同じフツ族の反対勢力の指導者を殺害し，人口の14％に過ぎない支配的なツチ族の絶滅をはかり約100万人を殺した惨事であった。21世紀には，ロシアのウクライナ侵攻が起きた。

　かつて日本も，植民地拡大を目指す欧米諸国の侵略政策に倣い，戦争の道へ進み，アジア諸国に多くの犠牲者を出し，人類史上唯一の原爆の被爆国となって敗戦した。その反省から，日本国憲法は，前文にあるように，「政府の行為によって再び戦争の惨禍が起ることのないようにすることを決意し」て，「平和憲法」の誕生を見た。その2年後の1948年に国際連合が採択した世界人権宣言は，「人類社会のすべての構成員の固有の尊厳と平等で譲ることのできない権利とを承認することは，世界における自由，正義及び平和の基礎である」とし，人権保障が平和の基礎であるとした。

　世界人権宣言は，平和を訴え続けたエレノア・ルーズベルトが起草者にいなければ，成立しなかったと言われている。彼女は，「政治的迫害，投獄，拷問などから被抑圧者を守る権利」を人権として主張する自由主義陣営と，「失業や住宅難，貧困から被搾取者を守る権利」を主張する旧ソ連を代表とする社会主義陣営の対立を調整し，平和の基盤に両方の人権を置いた。何が彼女をそうさせたのか。「今までで最も偉大な人物」を訊かれた彼女は，「イエス・キリストです。その人の名前以外，あげることはできません。時代が変われば，人間の価値観も変わるからです」と答えている。

　聖書は，変わらない価値観として，「最も小さい者の1人」と連帯することの大切さを教えている。

6.3 　真の平和を目指して：世界人権宣言の基礎となっている聖書の示す「平和：シャーローム」

6.3.1 　聖書の平和を意味する「シャーローム」という用語

　新約聖書はギリシア語で書かれており，ギリシア語で平和は「エイレーネ」という。エイレーネは，戦争が永遠に続く中で，一時的な戦争の停止状態を意味する。また，イエスを始めユダヤ人の日常語はアラム語であった。しかしそのような状況にあっても，ユダヤ人にとって平和の意味は「シャーローム」という旧約聖書にあるヘブライ語が持っていた特別な意味に変わりはなかった。

　われわれは「こんにちは」と挨拶するが，ユダヤ人は「あなたのシャロームはどうですか」と挨拶する。返事は「わたしのシャロームは良い」である。しかし，このシャロームを「平和」と訳したら意味をなさない。シャロームを英語では "well-being" と説明している。つまり，シャロームは，あらゆる意味で満ち足りている人間としての存在を意味しているのである。個人のことで言えば，神との関係も人との関係も良く，身心が健康で物質的にも満ち足り生活環境も安全で将来的にも保証されていることを意味する。集団や国家のことで言えば，相互に良い関係にあって繁栄し安定が続くことを意味している。つまり，戦争の無い状態以上のことなのである。

　旧約聖書では，『詩編』第85編11節に「慈しみとまことは出会い，正義と平和は口づけし」とあるように，シャロームは，愛の実践と正義の実現とが結びついている。それは，『イザヤ書』第52章7節に基づいて，メシアが現われる時代が来た時の祝福を意味するようになった。シャロームをもたらすのは神である。人間の争いはメシアの到来を遅らせるため，シャロームには争いを終結する意味があった。新約聖書はエイレーネという用語を用いるが，これは基本的にはヘブライ語のシャロームと同じ意味である。ただパウロによる手紙に至ると，新しい用法も目立つ。物理的な豊かさの外に，精神的内面の「平和」という表現が見られる[30]。

　聖書のいう「平和」とは，われわれが神と人間とに良い関係を持ち，社会的には愛と正義が実現され，精神的にも満たされ，しかも，それに永遠の保障があることと言えよう。これは神からの贈り物であって，究極的には神の国が実現し救いが完成する時の豊かさと同じである。

6.3.2 平和の樹立へイエスの歩んだ道

　現実の世界は，この平和からはほど遠い。平和を樹立するためにイエスはどのように取り組んだのであろうか。まず，「平和ではなく，剣をもたらすために来た」[31]と自らについて述べている，この言葉の意味から見てみよう。強い軍事力や政治力により秩序が保たれていると，一見，穏やかで平和のように感じられるかも知れない。しかしその表面的な平和の皮を一枚はぐと，その下には，正義を踏みにじられ貧困にあえぎ，差別され排除され苦しむ者が多くいる。苦しむ者を放置する平和を天秤に喩えると，一方の端にはこのような苦しむ者たちが乗っており，他方の端には豊かな権力者たちが乗っていて，秩序の衡平を保っている状態である。これを人々が平和と呼ぶことがあっても，それは，「偽りの平和」であって，聖書のいう平和とは真逆なものでしかない。イエスの言葉は，それが真の平和でないことを明らかにし，偽りの平和の均衡を保つバランスを崩し，その体制の基盤を土台から揺るがすのである。

　では，その「剣」とは何であろうか。マタイはイエスの「剣を取る者は皆，剣で滅びる」[32]という言葉を記している。これは，イエスが死刑直前の逮捕の場面で語られた言葉である。逮捕阻止のため剣を抜いた弟子に，イエスが剣を鞘に収めるように命じ，暴力は神の国と相いれないことを教えた場面である。イエスは無暴力を貫いた。つまり，「剣をもたらすために来た」とイエスがいう「剣」とは，平和を侵す支配体制の基盤を揺るがす剣であるが，文字通りの意味での剣ではなく，一つのメタファーである。それは「イエスの言葉」である。無条件な神の愛を説き，罪の赦しを宣言し，病人を癒し，イエスの行動に意味を与える言葉である。このイエスの言葉こそ，偽りの平和の秩序に襲いかかる「剣」なのである。

　平和を作りだすイエスの言葉は，『マタイによる福音書』第5章の「山上の説教」の中に保存されている。1つは「復讐の禁止」である。古くは復讐として不均衡な報復が行われていたが，それを阻止するために「目には目を，歯には歯を」という同害報復の原則が打ち立てられた。しかし，歴史を振り返ると，報復の原則は，国家間，民族間，部族間の闘いを現代に至るまで終止することができない。なぜであろうか。たとえば，城を壊された者が相手の城を壊しても，自分の城は回復せず，結局は2つの城が破壊され，鬱憤をはらして

6.3 真の平和を目指して：世界人権宣言の基礎となっている聖書の示す「平和：シャーローム」

も恨みは根深く残り，対立は続くからである。報復の思想を無価値，無意味とする新しい行動をとるように，イエスは主張した[33]。その行動とは，第1に「右の頬を打つ」暴行に対しては，反対の左の頬を出す行動である。ここで想定されている状況は，力のある者が，弱い立場の者が歯向かえないのをよいことに，憎悪にまかせ侮辱や屈辱を与える目的で，右手の甲でパシッと叩く場面である。イエスは，叩かれた弱者が抗議として左の頬を差し出す行動に出よ，というのである。しかし，実際にそのようなことをすれば，叩いた者の挑発となり怒りを買い，さらに暴行を受けるであろう。イエスの意図は，神の国では決して暴力は許されないことを示すことにある。しかしそれに留まらず，われわれは，暴力に屈し譲歩し抵抗をあきらめる必要はないし，かえって暴力を振るう強い者にわれわれ弱い者が抵抗し，世の権力が悪であることを告発する必要があることを説いているのである。実際，イエスは，自分を逮捕し殺害しようとする権力者に対して無暴力による抵抗と抗議を実践した。その結果，権力者らによって法の執行の名のもとで殺害され，その法による平和が偽りであることを明るみに出したのである。

イエスの平和を作り出すもう1つの言葉は，「敵を愛しなさい」という「愛敵の原則」である。従来，人間本来の原則は「愛には愛を，敵には憎しみを」ということであるとされており，真逆の愛敵の原則に対しては，頻繁に批判がなされてきた。たとえば，愛敵は人間の心理とは矛盾するユートピア的要求に過ぎず，階級的闘争が続く限り不可能である，という批判である。しかし問題は，なぜイエスは愛敵の原則を掲げるのかという点にある。それは，神の国における神の無条件の愛は現実（reality）である，と捉えているからなのである。すなわちイエスは，神なる「父は悪人にも善人にも太陽を昇らせ，正しい者にも正しくない者にも雨を降らせてくださる」[34]ことに愛敵の根拠を見ているのである。イエスにとって，愛敵は神の本質である。つまり，愛敵はわれわれ人間の本性や心理や能力の次元の事柄ではなく，また敵が変わるためという手段的次元の事柄でもないのである。愛敵は，敵対関係を凌駕する愛なる神の支配が実現する時に，当然に現実（reality）のものとなる事柄なのである。言い換えれば，愛敵の原則は，神に希望を置くイエスが，神の国が実現することの確かさに基づいて主張し実践しているものなのである。

第6章　新約聖書の示す希望：イエス・キリストを信じる者の幸い

イエスによる平和実現への行動の主柱は，神の国に起源をもつ「無暴力」と「愛敵」なのである。

6.3.3　われわれに開かれたシャーロームという平和実現への道

『マタイによる福音書』第5章9節には「平和を実現する人々は，幸いである。その人は神の子と呼ばれるであろう」とある。問題は，無暴力と愛敵を意に介せずに暴力を振るう国家，民族，部族，権力者などに対しても，無暴力と愛敵の教えが有効かどうかである。

無暴力と愛敵に対する批判は現代でも絶えない。1つは，非現実的だという批判である。たとえばナチズムのもとで600万人のユダヤ人が殺された際，婚約者がユダヤ人であったボンヘッファーはヒトラー暗殺を企てた。彼は牧師で神学者でもあり，尊敬されるほどの人であった。また，実際にナチの軍事力を食い止め解消させたのは，当時のソ連を始め連合軍の軍隊であった。もう1つの批判は，結局，無暴力と愛敵を守る者は，自らの手を汚さずに，暴力による悲劇の阻止を他人に任せているだけだ，というものである。さらに本質的な批判がある。すなわち，無暴力と愛敵は神の国の実現が切迫した状況を前提条件とする倫理であるというものである。しかし，イエス自身が十字架刑で殺害されるに至り，神に見捨てられた身を嘆き，そして予期した神の国の実現はなく，そのまま現代に至っている。現代ではその前提条件を失い通用しない，という批判である。

このような批判には，反批判がなされている。まず，ナチの件では，欧州のキリスト者が無暴力と愛敵の精神を実践していれば，あのような悲劇は起きなかった，という歴史認識による反批判がある。次に，本質論に関しても，無暴力は愛敵の結果であるとの反批判がある。イエスの愛敵の教えは，徴税人や売春婦や罪人への無条件な愛を実現する「神の国の逆説性」に基づいている。そこで，もし愛敵の原則を否定するならば，イエスの説いた神の国そのものの否定という根本的問題に突き当たる，という反論である。さらに，暴力や復讐は人間を「非人間化」し神の国とは真逆の次元の原理である。無暴力と愛敵は，神の国の次元での抵抗と抗議のあり方として説かれている，とする反論がある。

これらの反批判の要点は，歴史認識によるキリスト者としての反省と，無暴力と愛敵に対する批判が神の国の価値観の否定に繋がり，そもそもこの世界の次元での議論であるということにある。

　しかし仮に，反論の主張を認めても，たとえば，ルワンダのジェノサイドのような悲劇が起きる時や正義に反して人権侵害が行われている人々が実際にいる現状に，われわれは向き合う必要がある。どう向き合うかという課題に対する1つのヒントが『マタイによる福音書』第25章31節以下に見い出される。特に注目すべきは，第45節に記されている「王は答える。『はっきり言っておく。この最も小さい者の1人にしなかったのは，わたしにしてくれなかったことなのである』」という，王であるキリストの裁きの言葉である。ここで「裁き」というのは，われわれが「神の側の働きをする者」であるか，それとも「その反対側にいる者」であるか，という区分けを意味する。「この最も小さい者」とは，飢え，渇き，旅をして，病気の状態で裸のまま牢にいた者を指し，「社会の中で人の助けを必要とする困窮状態にある者」である。イエスは，十字架に付けられそして権力者の暴力により殺害されたという点で，このような「最も小さい者の1人」であった。これは，われわれの自己アイデンティティの問題であると言えよう。すなわち，イエスがその1人となったことと同様に，われわれ自身が，この「『最も小さい者の1人』の位置に自分の身を置く者」としての自己アイデンティティを持つかどうかという問題であり，突き詰めると，それは，人と人との距離をどれだけゼロに近づけられるかという問題と言えよう。

　真の平和とは，「自分と他者との距離をゼロ」に近づけられることであり，イエスの実践した無暴力と愛敵は，この距離を「ゼロ」にしたものと理解できよう。

6.4　永遠の生命への希望：美しい新しい国・世界への旅立ち

《中心的テーマ》

　有史以来，「死」はわれわれ人間には未知で捉え方も多様である。日本の風習では，葬儀で清めの塩を用意することがある。これは神道によるものら

しい。神道では，稲米を成長させて実らせる生命的霊力を「ケ」といい，「穢れ・汚れ」は「ケが枯れる」に通じるので，塩で清める訳である。また古代インドから仏教を経て入った「輪廻」の思想も，われわれに影響を及ぼしてきた。生命は，生有（誕生の瞬間）→本有（生きている間）→死有（死ぬ瞬間）→中有（初七日や四十九日など）→生有を繰り返すという思想である。釈迦はこれを倫理化した。すなわち，欲（煩悩）が苦しみの原因であるから，もし欲を捨てて悟りを得て「解脱」という状態にいたらないならば，死後もただ苦しみの世界（本有）を繰り返すだけだというのである。

医療や福祉の分野を見ると，近代医学は，死を否定的に見てきた結果，延命に力を尽くした。しかし現在では，人生の最期での「人間としての生の質」を重視するターミナルケアやホスピスが普及しつつある。これらの誕生の背景にはキリスト教があり，キリスト教の施設の中には，なくなった人を多くの人で正面玄関から「天国への旅立ちとして見送る」ところもある。この「見送り」の思想は医療機関にも普及し始めている。キリスト教では，死は再会を期した別れなのである。

6.4.1　聖書の世界における死生観の大きな流れ：旧約聖書時代から原始教会まで

聖書の世界では，神は万物を創造し生かすものであり，一切の生命はその源を神に持つとされている。その反面，神は与えた生命を被造物から取り上げ終止符を打つことができるとされている[35]。これが死である。神は，われわれの生死を支配する唯一の主なのである。

旧約聖書では，われわれの生死は，神の言葉に対するわれわれの決断にかかっている[36]。すなわち，神の言葉に従順な者は生命を選ぶが，不従順な者は死を選ぶことになる。しかし，死を罪に対する罰（punishment）とする記述はない。ただ，普通でない死が罰とされているだけである。いずれにせよ，死後，死者は，「安らかに先祖のもとに行く」[37]か，「陰府に下」る[38]かである。陰府とは，「感謝」も「賛美」もなく，神に「期待することができない」[39]ところとされているが，他方で，「神はわたしの魂を贖い陰府の手から取り上げてくださる」[40]という神の恵みによる永遠の生命への希望が残されているとこ

ろとされている。

　イエスの時代，ユダヤ教の中にはサドカイ派のように死者の復活を否定する一派もあった。しかし，イエスは，死後には父祖のもとに行くという考えも，陰府に下るという考えも，共に受け継いだ。イエスに特徴的なことは，天にある神の国では，死んだ父祖アブラハムたちはすでに復活し，宴会の席にいることである。そればかりか，死後に生前の境遇の逆転が起きることになっており，死者が父祖のもとに行くか，それとも陰府に下るかは，その生前の状態によって振るい分けられるのである。たとえばラザロは，生前に「悪いものをもらって」，皮膚に「できものだらけの貧しい人」だったので，父祖アブラハムの胸元で大事にされている。しかし対照的にある金持ちは，生前に「良いものをもらっていた」ので，「陰府でさいなまされ」「炎の中でもだえ苦しんで」いるのである[41]。逆転劇だけでなく，この世での区別も天では撤廃され，この世では排除されている異邦人が，天では東西からやって来てアブラハムたちに迎えられるのである[42]。こうした天における神の支配（神の国）の地上での実現は間近だ，とイエスは信じていた。そこで，その実現前に人が死ぬとどうなるかということは問題としなかった。しかし皮肉にも，イエス自身，神の国が予期した形で実現する前に処刑され，現代までその神の支配の実現は見ないままである。

　イエスの死後，復活のイエスと出会う経験をしたペトロを中心とする弟子集団よってキリスト教は誕生し，神の国の地上での完全な実現への期待は受け継がれた。しかし，その考えは大きく変化した。すなわち，復活のイエス・キリストが天の父のもとにいるが，雲に乗って再び来る出来事（再臨）が起き，神の支配（神の国）が間近に実現する，と待望したことである。しかも弟子らの原始教団の関心は，「ユダヤ民族の永遠の復活」であった。しかし，以下で見るように，この民族性の殻をパウロとヨハネ共同体は破り，永遠の生命への希望は，すべての人間に開かれたのである。

6.4.2　パウロにとっての永遠の生命への希望

　パウロは，イエスの弟子とは対照的に，ユダヤ教の主流の1つパリサイ派のエリートであった。この派は死者の復活を肯定していた。パウロは，この考

第6章　新約聖書の示す希望：イエス・キリストを信じる者の幸い

えに基づき永遠の生命を論じている。

　パリサイ派の教えを見ると，死はすべての人の運命だが，死で終わる生命は「真の生命」ではない，とする。つまり，死で終わる自然の生に執着する者は，誰でも「死んでいる」と見なされた。真の生命とは，肉体的死の後に神から与えられる永遠の生命である。それは人生の長さの問題ではなく，人生の質の問題である。つまり，永遠の生命とは，人間存在としてどう生きるかという，「実存的な生命」と言えよう。その反対に，永遠の死も人間存在の質の問題と言えよう。

　パウロは，肉体的な死も永遠の死も，「罪が支払う報酬」[43]であると言う。だが，一体，神の創造した世界に罪はどのようにして存在するようになったのか。パウロは，これをユダヤ教の教えに従って理解したのである。すなわち，神が創造した最初の人間であるアダムが罪を世界にもたらし，あらゆる人間が罪人となり死ぬことになったと解釈した[44]。しかし，同じ罪でも，このアダムの罪は，「個々の行為の罪」を定めるモーセ律法の規定以前に犯されたものである。それは，律法違反を意味する複数形の「罪（罪々）」から区別される必要がある。そこでパウロは，アダムの罪を単数形で表現した。それは，自己中心的なエゴイズムという，人間存在のあり方に関わる罪である。つまり「実存的な罪」である。ここまでは，ユダヤ教の教えの継承と言えよう。

　しかし，パウロはアダムの罪の結果については，ユダヤ教の教えを超える。すなわち，人間だけではなく，すべての「被造物は虚無に服し」，苦しみ死ぬはめになったと言う。すべての被造物の救いが問題なのである。パウロは，やがて世の終わりが来て，人間が死から救済されることが，全被造物の「滅びへの隷属から解放」される救いとなるという。つまり，人間はすべての被造物の運命に共同責任をもつ存在なのである[45]。この解放は，人間にとっては「体（からだ）の贖われること」である[46]。贖われるとは，原語では「解放される」意味である。体とは，生まれながらのエゴイズムという実存的「罪に支配された体」[47]であり「死に定められたこの体」[48]である。われわれは，この体から解放されることになっている。これがわれわれ人間の救いである。

　誤解されやすいが，体が贖われるとは，体が無くなることではない。それは，生まれながらに与えられている「自然の命の体」がそのまま，質的に異な

6.4 永遠の生命への希望：美しい新しい国・世界への旅立ち

る「霊の体」[49]へと変えられ，神は「死ぬはずの体をも生かしてくださる」[50]のである。それは，イエス・キリストの霊が自分に宿っている生き方をすることであろう。これを，「この朽ちるべきものが朽ちないものを着，この死ぬべきものが死なないものを必ず着る」[51]というイメージで語っている。つまり世の終わりに，霊の体へと変えられる現在の体を，おとしめたり消し去ったりする思想はないのである。

パウロが現在ある体が死後も存在し続けることを強調するのは，信仰とは，自己の人間存在の全体をかけて，十字架刑で処刑されたイエス・キリストが見えるように明らかにすることにあるからである[52]。だからこそ，パウロは，投獄やリンチ，飢え，寒さ，死に瀕することなどの身体的な苦しみを甘受したのである[53]。さらに，売春的行為の当事者となることは神への賛美と相容れないとパウロが主張するのも，賛美を含め信仰とは，現在の自己の全体をかけてなすものだからである[54]。

死と復活について，パウロは，「わたしたちの古い自分がキリストと共に十字架につけられた」[55]とか「わたしたちは，キリストと共に死んだ」[56]という。現に生きている者が「十字架につけられた」とか「キリストと共に死んだ」というのであるから，これは肉体上の死を指すのではなく，われわれの生き方に関するメタファー的表現であると言えよう。つまり実存的な意味での死のことである。その死と復活のイメージとしては，自己中心でエゴイズム的な生き方をしている今の自分が死んで，愛の生き方をする自分へと復活することである，と言えよう。すなわち，「もし，わたしたちがキリストと一体になってその死の姿にあやかるならば，その復活の姿にもあやかるでしょう」[57]とか，「わたしは，キリストとその復活の力とを知り，その苦しみにあずかって，その死の姿にあやかりながら，何とかして死者の中からの復活に達したい」[58]とパウロが述べていることと同じである。ここのキリストの「苦しみ」や「死の姿」とは，前後の文脈からみると，十字架に象徴されている内容であって，それは運命に見放され呪われ弱く愚かなキリストが味わった，極度な苦しみと壮絶な死の姿である。つまり，「その死の姿にあやかる」とか「その苦しみにあずかる」とは，そのようなキリストの苦しみと死の姿を，われわれが永遠の命の生き方として選び取る，という逆説を意味しているのである。この逆説的

第6章 新約聖書の示す希望：イエス・キリストを信じる者の幸い

な生き方と復活とは表裏をなし，この生き方は復活の前提である。しかもパウロは，未来志向的に，未来の復活の素晴らしさと現在の苦難は「比べものにならない」[59]と，希望あふれる未来を語る。しかしこの未来は完全ではないが，すでに現実となっているのである。それゆえにその分，「死者の中から生き返った者」[60]として愛の実存的生を今生きることが重要であるとする。

では，完成する終末的未来はいつ来るのであろうか。それは，キリストが天から天使たちと共に再臨する時[61]であるとされている。この再臨の時，キリストが，宇宙の敵対的な支配や権威，勢力を除去し，万物への支配を確立し，愛である父なる神に国を引き渡す。それにより，神の国が地上に到来し，永遠の命を与える愛の神による支配が完成する[62]。罪と死の世が終わるのである。

だが，この再臨の「時」の遅延問題が起きた。信者たちは，自分の生存中に再臨があると信じていたが，死者が続出したのである。パウロはこの問題の最中で，再臨が間近い実現を信じて希望を抱いたまま，イエスと同様に，ローマ帝国により十字架刑により殺害されたと伝えられている。

われわれ多くの日本人にとって残る課題は，キリスト教を知らない者や拒んだ者も，死後に復活し霊の体を与えられ永遠に生きる者とされるのかどうかという問題である。パウロは，ユダヤ人には「神の予めの選び」があって，「全イスラエルが救われる」としている[63]。つまり，ユダヤ人の救いは確実で，彼らの個人的な神や他者への関係も信仰の有無も言動の善悪も問わないというわけである。どうしてかというと，紀元前1000年以前に，神が彼らの先祖であるアブラハムにその約束をしたからだという。しかし神の恵みが一方的に支配し，人間の側のことは一切無関係である，とパウロはそこまで主張しているのであるなら，一歩進めて，すべての人にも同じことが起きることをパウロは何らかの形で語っているのではないか，という議論がなされている。

確かに，ある箇所では，キリスト信者の復活のみを念頭においている[64]が，他の箇所では，「異邦人全体が救いに達する」ことや「全イスラエルが救われる」ことを併記し，神は「すべての人を憐れむ」と書いている[65]。神の憐れみに制限はない。この記述の底流には，アダムによって罪と死がすべての人に及んだのなら，恵みはそれ以上だから，イエス・キリストによって永遠の生命がすべての人に及ぶはずだ[66]という考えがあろう。しかも万人救済は，「すべ

てのものは，神から出て，神によって保たれ，神に向かっている」[67] という神の歴史の目標を完成することにもなる。そこで肯定しているとも取れるが，パウロ書簡の答は，開かれたままである。

6.4.3 ヨハネ文書に見られる永遠の生命への希望

　パウロの死後，約30年を経て書かれた『ヨハネによる福音書』は，神の愛をテーマとする独特な終末論の世界を展開している。それによると，世の終わりの時は現在もう来ている。これを専門用語では「現在的終末論」とか「実現された終末論（realized eschatology）」という。これを第5章25節が端的に表現し，「死んだ者が神の子の声を聞く時が来る。今やその時である。その声を聞いた者は生きる」と記している。すなわち，「死んだ者」が「今」「神の子の声を聞く」ことは，文字通りにはできない。つまり，これはメタファー的な表現であって，「死んだ者」とは信仰していない者のことであり，「神の子の声」とは『ヨハネによる福音書』の執筆者が属する共同体（「ヨハネ共同体」という）が説教などで告げるイエスの言葉のことである。簡単に言うと，今，信仰していない者がヨハネ共同体が告げるイエスの言葉を聞くなら，その人は死から命へ移っている[68]，つまり「生きる」ようになるということである。では，このイエスの言葉とは何かというと，それは「わたしは復活であり，命である。わたしを信じる者は，死んでも生きる。生きていてわたしを信じる者はだれでも，決して死ぬことはない。このことを信じるか」[69] と問い掛ける言葉である。「はい，信じます」と応答する時，その時から永遠の命を生きる者とされる，というのである。

　しかし，信じた後に，われわれが肉体的に死ぬことは変わらない。肉体的な死後，どうなるのであろうか。その答はこうである。復活したイエスが天に上って，父の神のもとに，われわれを迎え入れる「住む所」を用意し，われわれは肉体的に死ぬと，この「住む所」へ直行するのである[70]。そして，未来に「彼」の現れる時が来る。その再臨の時，「彼」を見て，その「彼に似た者」になるのである[71]。この「彼」を新共同訳聖書のように「神の子」つまりイエス・キリストと解釈する立場もあるが，「神」と解釈する立場も有力である[72]。いずれにせよ，『創世記』第1章26節の「神の像」として，われわ

れは，愛に満ちた人格をもつ「彼に似た者」となるのである。

　もっとも，終末論の記述には先がある。それは，紀元1世紀末のローマ帝国（ドミティアヌス帝）の迫害に対抗して書かれた「ヨハネの黙示録」である。政治的権力によって十字架刑で殺害された非戦闘的なイエスが，天では神の右の世界万物を支配する座に即位する。罪と苦難と病と死の下にある古い天地は過ぎ去り，新しい天地が成る。待望する永遠のシャーロームの美しい世界が実現する。神があらゆる民族と共にいて，涙や苦難や決別，死というものは，すべてなくなる[73]。ここに，『創世記』第1章に始まる神の天地創造の世界は完成し，聖書の物語は完結するのである。

6.5　福音のエイジェント：教会とは

《中心的テーマ》

　イエスの死後，教会は誕生した。弟子たちは，死者から復活したイエスが自分たちに現れた（顕現）という体験をし，エルサレムに集まった。そして，イエスの死と復活によって成し遂げられた良い知らせ（つまり「福音」）を告げ知らせるために，自分たちが神によって特別に選ばれ，世界から呼び出され集められたものと信じた。こうして原始エルサレム教団は誕生した。キリスト教は，イスラエルにあるユダヤ人だけの原始エルサレム教団からギリシアのアンティオキアを中心地とするユダヤ人と異邦人混合のヘレニズム教団へ，さらにパウロによって重点がローマや小アジアにある異邦人が多数を占める教団へ移る，という流れで世界へ広がって行ったと言えよう。その他に4つの福音書を生み出した教団などがあり，本項でも若干触れることにする。

　教会の普及は，福音理解の変化と対応している。原始エルサレム教団は，「イエスの死」とはユダヤ人のモーセ律法違反に対し贖罪をもたらす「キリストの死」であると理解した。しかし，ヘレニズム教団は，律法を重要としつつも神殿体制維持の祭儀規定には批判的で，異邦人に割礼は不要とした。さらにパウロは，「イエス・キリストの十字架」とは無条件にすべての人を受容する神の愛を示す福音であると明言し，律法の拘束からの自由を展開した。以後，教会をこの多面的な福音宣教のエイジェントとしてキリスト教は変通し，世界

の普遍的宗教へと歴史を超えて普及し，すべての人類の宝となるのである。

6.5.1 初代の教会の大きな2つの流れ

教会は，復活のイエスが現れたという「顕現」の体験を最初にしたペトロたちからなる原始エルサレム教団に始まる。ペトロはその証人とならねばならないと確信し，信仰はイエスという人格に集中した。すなわち，伝統的には「モーセ律法を守ること（行動）によって救われる」とされていたが，今やそうではなく，救いは「聖書（旧約聖書）に書いてあるとおり」，律法違反の贖罪のために死んで復活したイエス・キリストを信じる[74]という，信仰告白によるものとなった。ペトロたちはユダヤ人に向かい，この贖罪信仰の告白により贖罪の救いにあずかれると説教し，入信者にバプテスマ（洗礼）を施した。『使徒言行録』第2章は，イエスの昇天から10日目の五旬祭の日に，彼らに神の霊（聖霊）が降り，神殿への巡礼者に各地の外国語で説教したという物語を記している。五旬祭は，ユダヤ教ではモーセ律法が与えられたことを祝う日で，キリスト教では，教会誕生の記念日である。

しかし，イエスの弟子たちはユダヤ文化を背景にアラム語で話すユダヤ人であったので，キリスト教の教会が誕生したという自覚を持たず，自分たちはユダヤ教の共同体に属していると考えていた。すなわち彼らは，自分たちこそが真のユダヤ教徒だと考えていた。そこで，再び神殿のあるエルサレムに集まったのである。彼らは，モーセ律法の遵守と神殿での礼拝を大切にした。そればかりか，新たに入信する異邦人にも同様に要求した。そのため，ユダヤ教徒によってエルサレムから追放されなかったのである。その後，聖書に記述はないが，紀元70年のローマ帝国軍により神殿が崩壊した後で，原始エルサレム教会は歴史から消えたとされている。

現代のようにキリスト教が世界へ広まったのは，「ヘレーニスタイ」が始めたヘレニズム教会による。ヘレーニスタイとは，ギリシア文化圏で育ちギリシア語を母国語とするユダヤ人キリスト者である。彼らも最初は原始エルサレム教団のメンバーだった[75]が，イエスと同様に，モーセ律法と神殿祭儀を批判したことが原因でユダヤ当局から迫害され，エルサレムから追放された。「ステファノの殉教物語」[76]は当局による迫害の一例である。ところが，ユダ

第6章　新約聖書の示す希望：イエス・キリストを信じる者の幸い

ヤ当局がヘレーニスタイをエルサレムから追放したことは，キリスト教史も，世界史も変えることになった。すなわち，彼らは，ギリシア世界の各地へ散って行き，異邦人へ伝道し，しかも律法遵守義務を課さずに彼らを教会に受け入れた。やがて律法から自由なユダヤ人と異邦人との混合教会が誕生した。ヘレニズム教会の異邦人キリスト者は，旧約聖書の背景を持たないので，彼らへのキリスト教の伝達には様々な変更が必要となった。たとえば，ユダヤ人キリスト者には説明がなくても当然にわかる「イエスはキリストである」ということは，異邦人キリスト者には理解されにくかった。それに，天地創造の「唯一の神」とか，世界の支配者である「唯一の主」という用語も，説明が必要となった。その結果，「キリスト」はもはや称号でなく，「イエス・キリスト」という名前の一部となり，「イエスは主である」という信仰告白が重要となった。

しかし，ヘレニズム教会での決定的な発展は，ユダヤ教を背景とする贖罪論とは異なり，ギリシア文化に合うキリスト論が誕生したことである。特徴的なことは，イエス・キリストの救済行為は「先在のキリスト」を派遣した神の救済行為ということにある。すなわち，イエス・キリストは永遠の昔から神に属し，神と共にもともと天にいた「先在の方」となった。この先在のキリストが，神から人間救済の命を受け，天からこの世に派遣されて人間イエスとして出現したのである。イエス・キリストは奴隷的な死によって使命を完成した。そこで神がイエス・キリストを天へ引き上げ帰還させた。そして，この世に再び来る再臨時までイエス・キリストは，天ですでに実現している神の支配に参与している[77]という信仰内容に発展した。贖罪論を欠く，「エチオピアの高官への伝道物語」[78]が異邦人伝道の一例である。

6.5.2　パウロの宣教による世界の異邦人教会への道

パウロ（ヘブライ語名はサウロ）は，ユダヤ教徒であった時には，律法を守ることで神の前に自己を義しいものにしよう，という宗教的エゴイズムにとらわれていた。それなのに，ヘレニズム教会は「律法を守らなくて良い」という教えをユダヤ人にも異邦人にも宣教していた。パウロにとっては，許し難いことであったので，この教会を迫害した。しかしその最中にパウロは，復活のイエス・キリスト（御子）の啓示を，神から受ける体験をしたのである。パウロ

は回心し，異邦人へ福音を伝える宣教使命を与えられ[79]，真逆の立場に変わった。パウロは福音の理解を深め，神の究極的な目的は異邦人を救った後で自分の同胞であるイスラエル民族を救済することにある[80]，という確信に至った。そこで，異邦人伝道に力を入れ「世界宗教」へと発展させた。

しかし，復活のイエス・キリストの啓示が，なぜ，また，どういう意味で，パウロを真逆に変えたのであろうか。それは，イエスが神により「わたしたちのために」「罪」とされ[81]，「わたしたちのために呪いとなって，わたしたちを律法の呪いから」解放したことにある[82]。つまり，呪われ，十字架につけられたイエスが，復活の主として生命へ至る道を啓示した，という事実的体験だったのである[83]。もはや，律法が救いの道ではなくなったのである[84]。分かりやすく言えば，神がすべての人間を，律法とは無関係に，そのままの状態で神との和解の関係へ招いている，ということである。「信仰する」とは，神のこの招きを心に受け入れることとなったのである。神が和解してくださっていることを受け容れ，神との和解の関係に入ることを，「信仰義認」という[85]。

パウロは，この「十字架の真逆的逆説」を明確に表現するために，ヘレニズム教会のキリスト賛歌の信仰告白に，「十字架に至るまで」という一句を書き加えた[86]。すなわち，人間的な見方によれば，弱く，愚かで，呪われた人生の敗北者でしかない十字架の上のぶざまなイエス・キリストこそが，神により天に挙げられ真に強く賢く最も祝福された勝利者である，という内容である。

十字架の逆説を要約すると，「力は弱さにおいて完成する」[87]という一事である。それは，すべての者が必要とされるが，特に弱い者が必要とされケアされる存在である，というパウロの教会観に見られよう[88]。このような十字架の福音によって，キリスト教は律法主義的なユダヤ民族の枠を突き破り，異邦人の多い教会を形成し，世界へ広がる普遍的な理論的基盤を得たのである。

6.5.3 むすび：キリスト教の教会とは何か

これらの教会観を踏まえ，福音を宣教するエイジェントとしての「教会」を説明し，結びとする。

教会は，死んで復活したイエス・キリストを世に証言するために，イエスの

第6章　新約聖書の示す希望：イエス・キリストを信じる者の幸い

弟子たちが設立したものである。教会はギリシア語では「エクレシア」という用語で呼ばれている。ユダヤ教徒の集会を「シナゴグ」と呼び，新約聖書でも教会を，たとえば『ヤコブへの手紙』第2章2節のように，同様に呼ぶ箇所があるが，それは例外である。エクレシアという用語は，元来ギリシアの世俗社会で，「集合を告知する者によって集められた集会」を指していた。その用語をキリスト者が借用した狙いは，自分たちは「イエス・キリストを世で証言するように，神により選ばれ集められた集団」なのだ，という集団的アイデンティティを互いに持つという特別な意味にあった。

教会の招集者は神である。これは教会の質の問題であって，教会の大小は問題ではない。小さな教会でも神が共にいて働いている。これを「神の臨在」という。重要なことは，神がイエス・キリストを通して働かれていることである。つまり，それは「イエス・キリストの臨在」なのである。そこでマタイは，「2人または3人がわたしの名によって集まるところには，わたしもその中にいるのである」[89]というイエスの言葉を記している。イエス・キリストとのわれわれの人格的な交わりは，われわれ相互の交わりの基盤である。ここに旧約聖書の成就がある。つまり，旧約聖書の集会はモーセ律法という規則による契約に基づいたのに対して，新約聖書の教会はイエス・キリストを通して実現した神の愛という関係による契約に基づくものである[90]。つまり，教会は規則によってではなく，神への愛と相互への愛という人格的な実存的交わりによって，他者との共存（co-existence）を究極的な価値としている共同体である。

だが，教会は神の国ではない。神の国は世の終わる終末の時に出現し，勝利するが，教会は勝利することはない。終末の時までの途上で正義と愛による平和の実現へ向かって，悪と闘う共同体なのである。新約聖書は，このような教会を示すために，教会の様々なメタファーを用いている。

キリストの体

教会は「キリストの体」[91]であると表現されている。人間の手足や耳や口などがどれも身体に必要であることに着目し，教会のどのメンバーも教会に必要な存在であることを「体」という用語で表現している。しかも，世の支配や

人々によって無価値な邪魔者として排除された「キリスト」の体であることに，教会の特徴がある。パウロは「体の中ではほかよりも弱く見える部分が，かえって必要なのです」と述べ，教会では，苦楽を共にし「各部分が互いに配慮し合っています」とも述べ[92]，弱者を特にケアする愛の共同体であることを強調している。

さらに，『コロサイの信徒への手紙』とそれを下敷きとして記された『エフェソの信徒への手紙』を見ると，教会を「キリストの体」という延長線上で，キリストを「教会の頭」に喩えている。教会の頭であるキリストは，教会内でユダヤ人と異邦人とを「一つ」とし，両者間の敵意という壁を取り壊し，平和を実現した。しかしさらに，教会の「頭(かしら)」であるキリストはすべてのものの上にある存在であるとして，視野を世界平和へ広げている。教会内の平和は，人類全体の一致へ向けた先駆けとなり，世界が一つとなり世界平和が実現するためのものなのである，と記している。

キリストの花嫁

教会は，「キリストの婚約者」[93]であるとも表現されている。これは，キリストが世の終わりに再臨する時，婚約段階を終え，キリストと教会とが一つとなることを意味している。しかしその結婚の基礎づけは，キリストの教会に対する無償なアガペーの愛にある[94]。教会は，キリストが「ご自分をお与えになり」「養い，いたわる」愛を，キリストの言葉を通して知る。そのことにより，「聖なる，汚れのない，栄光に輝く教会」へと成長するのである。

教会をキリストとの婚約者とする表現は，1 世紀末にエスカレートするローマ帝国による教会迫害下にある読者を支えるメタファーとしても用いられ，ヨハネ黙示録第 19 章に登場する。この時，手紙の著者が直面する状況を見ると，皇帝ドミティアヌスが皇帝崇拝を強要し，自分を「主にして神」と呼ばせるプロパガンダを展開し，巷には永遠にローマ帝国が存続するという錯覚が広がっていた。皇帝崇拝の儀式は，著者たちの教会がある小アジアの地方でも強化された。著者は，神話的表現により読者を支える。すなわち，天上ではキリストとの戦いにサタンが決定的な敗北をし，地上に投げ落とされた。そこでサタンは激しく怒り，地上を支配し，教会を怒りの標的とした[95]。その結

第 6 章　新約聖書の示す希望：イエス・キリストを信じる者の幸い

果，キリスト者には殉教者が出るほど苦難の道が強いられるに至った[96]。しかしこの状況下で，教会の婚約者であるキリストが「主の主」，「王の王」として[97]間近に再臨する。その時，現在の迫害する国家は滅亡し，迫害のある世界は消え去り，神によって，人々に救済をもたらす新しい天地が到来し，その時，神による支配の計画が完成するのである[98]。新天地では秩序が逆転し，今苦しい生活を強いられている者には素晴らしい永遠の未来が開けるのである。このような幻により，読者が，「キリストの婚約者」としての自己理解を確固と保持し，新天地の希望を抱いて，苦難の道を挫折せずに生き続けるように喚起しているのである。

ぶどうの木とその枝

『ヨハネによる福音書』には，イエスを「ぶどうの木」に喩え，弟子たちを「その枝」に喩えるメタファーがある[99]。メタファーの意味は，イエスの内に留まるならば，弟子たちは実を結ぶというものである。イエスの内に留まるとは，イエスの言葉に留まることであり，実を結ぶとは，互いに愛し合う戒めを実践することである。しかし相互愛は，決して人間的な力によるのではない。それは，父なる神が神の子であるイエスを愛していることに源を発し，父の愛にイエスが応え，自分の命を捨てるほどに弟子を愛し，イエスの愛に弟子たちが応えて，互いに愛し合うことの連鎖で実現する。相互愛は，このような意味での神からの贈り物なのである。

実は，「イエスの言葉」とは，『ヨハネによる福音書』の著者らの属するヨハネ共同体が語るイエスの言葉なのである。簡単に言えば，ヨハネ教会の語るイエスの言葉に留まるならば，聞く者は相互愛を実践する者となる，ということである。すなわち，読者が弟子の立場に自分を置いて，父なる神の愛をイエス・キリストを通して受け取り，その愛に応える決断をするかどうかに，相互愛の実践がかかっている，ということであろう。ここに，「ぶどうの木とその枝」のメタファーが果たした，無償な犠牲的精神のアガペーの愛の普及という，世界的貢献が可能となった理由が存在しよう。

全体を通して見ると，教会とは，すべての人を救うイエス・キリストの「福音」を宣教し，弱者の人格を大切にする「世界平和実現への共同体」を形成

し，そして，父なる神の無条件で無限なアガペーの「愛の普及」を目指す，キリストのエイジェントと言えるであろう。

註

第1章

1) イザヤ書 **43**:4
2) テモテへの手紙 II **3**:16
3) ヨハネによる福音書 **5**:39
4) マルコによる福音書 **1**:9
5) ミカ書 **5**:1
6) エレミヤ書 **31**:31-34
7) イザヤ書 **66**:22
8) コヘレトの言葉 **8**:14
9) ヨハネの黙示録 **21**:4

第2章

1) 創世記 **1**:26-27
2) 創世記 **1**:3, 6, 9, 11, 14, 20, 24, 26, 29
3) 創世記 **1**:3
4) 創世記 **1**:6-7
5) 創世記 **1**:28
6) 創世記 **3**:16
7) 創世記 **3**:17-19
8) 創世記 **2**:7
9) 創世記 **2**:23
10) 創世記 **2**:17
11) 創世記 **2**:25, **3**:7, 10
12) 創世記 **3**:10
13) 創世記 **3**:20-21
14) ヘブライ人への手紙 **11**:4
15) ヨハネの手紙 I **3**:12
16) 創世記 **5**:3
17) 創世記 **6-9**
18) 創世記 **10**
19) 創世記 **11**:1-9
20) 創世記 **11**:4
21) 創世記 **11**:6
22) 創世記 **11**:7-8
23) 創世記 **11**:1
24) 創世記 **11**:1
25) 創世記 **11**:10-26
26) イザヤ書 **14**:13

第3章

1) 創世記 **1-11**
2) 創世記 **12**:3
3) 創世記 **12**:4
4) 創世記 **12**:7
5) 創世記 **12**:11, 13
6) 創世記 **12**:19
7) 創世記 **12**:16
8) 創世記 **12**:17-20

註

9) 創世記 **12**:17
10) 創世記 **20**:3-7
11) 創世記 **20**:14-16
12) 創世記 **20**:7, 17-18
13) 創世記 **13**:9
14) 創世記 **14**
15) 創世記 **18**:16-19, 29
16) 創世記 **15**:6
17) 創世記 **15**:7-10, 18-21
18) 創世記 **18**:14
19) 創世記 **21**:1-3
20) 創世記 **21**:21
21) 創世記 **22**
22) 創世記 **25**:1-10
23) 創世記 **29**:25
24) 創世記 **29**:30
25) 創世記 **29**:31
26) 創世記 **30**:1
27) 創世記 **30**:22
28) 創世記 **35**:16
29) 創世記 **37**:3-4
30) 創世記 **37**:20
31) 創世記 **37**:4
32) 創世記 **37**:27
33) 創世記 **39**:7
34) 創世記 **39**:22
35) 創世記 **41**:45
36) 創世記 **42**:6
37) 創世記 **42**:13
38) 創世記 **43**:26
39) 創世記 **42**:24, **43**:30
40) 創世記 **45**:2
41) 創世記 **42**:21
42) 創世記 **42**:28
43) 創世記 **44**:16
44) 創世記 **45**:3-8
45) 出エジプト記 **1**:11
46) 創世記 **15**:13-14
47) 出エジプト記 **1**

48) 出エジプト記 **2**
49) 出エジプト記 **7-10**
50) 出エジプト記 **13**:18
51) 出エジプト記 **14**:31
52) 出エジプト記 **20**:22-**23**:33
53) 出エジプト記 **25-31**, **35**；レビ記 **16**, **27**；民数記 **10**
54) レビ記 **17-26**
55) 申命記 **12-28**
56) 出エジプト記 **19**:6, 8
57) 出エジプト記 **32**
58) 民数記 **11**
59) 民数記 **14**
60) 民数記 **15**:32-36
61) 民数記 **16**
62) 民数記 **20**:1-13
63) 民数記 **25**:2
64) 申命記 **34**
65) 申命記 **34**:5-12
66) 列王紀上 **15**:5
67) 歴代志上 **17**
68) サムエル記上 **4**
69) サムエル記上 **5-6**
70) サムエル記上 **9**:21
71) サムエル記上 **10**
72) サムエル記上 **11**
73) サムエル記上 **14**:47-48
74) サムエル記上 **13**:5-14
75) サムエル記上 **15**
76) サムエル記上 **15**:21
77) サムエル記上 **16**:1
78) サムエル記上 **16**:12
79) サムエル記上 **16**:23
80) サムエル記上 **17**:1-**18**:4
81) サムエル記上 **18**:6-29
82) サムエル記上 **19**
83) サムエル記上 **24**
84) サムエル記上 **25**:44
85) サムエル記上 **26**

註

86）サムエル記上 **27**
87）サムエル記上 **29**
88）サムエル記上 **31**
89）サムエル記下 **1**
90）サムエル記下 **2**
91）サムエル記下 **3, 4**
92）サムエル記下 **5**:1-5
93）サムエル記下 **5**:6-12
94）サムエル記下 **6**
95）歴代志上 **28**:3
96）サムエル記下 **7**:14
97）サムエル記下 **9**
98）サムエル記下 **10**
99）サムエル記下 **11**
100）申命記 **22**:22
101）サムエル記下 **12**
102）サムエル記下 **13**
103）サムエル記下 **14**
104）サムエル記下 **15**
105）サムエル記下 **19**
106）サムエル記下 **20**
107）列王紀上 **1**
108）列王紀上 **2**
109）列王紀上 **2**
110）列王紀上 **3**
111）列王紀上 **5**
112）列王紀上 **10**:14-15
113）列王紀上 **9**:27
114）列王紀上 **10**:28-29
115）列王紀上 **5**:1
116）列王紀上 **10**:1-13
117）列王紀上 **9**:6-7
118）列王紀上 **11**
119）列王紀上 **22**:40
120）列王紀上 **22**:35
121）列王紀下 **8**:28
122）列王紀上 **21**:25
123）列王紀上 **18**:16-40
124）列王紀上 **19**:1-8

125）列王紀上 **21**
126）列王紀下 **9-10**
127）列王紀下 **18**:12
128）列王紀下 **12**
129）列王紀下 **14-15**
130）列王紀下 **16**
131）列王紀下 **18**:1-7
132）歴代志下 **30**
133）列王紀下 **19**
134）列王紀下 **24**:3-4
135）歴代志下 **33**
136）列王紀下 **21**:19-26
137）列王紀下 **22**:13
138）申命記 **17**:14-20
139）列王紀下 **23**:21-23。歴代志下 **30** と異なる。
140）列王紀下 **23**:28-35
141）列王紀下 **24**
142）列王紀下 **25**
143）アモス書 **2**:6-7
144）アモス書 **3**:15
145）アモス書 **4**:1
146）アモス書 **8**:5
147）アモス書 **5**:12
148）アモス書 **7** 以下
149）アモス書 **5**
150）アモス書 **3**:2
151）ホセア書 **8**:4
152）ホセア書 **4**:2
153）ホセア書 **4**:3, **8**:4
154）ホセア書 **2**
155）イザヤ書 **1**:16-17
156）イザヤ書 **5**:8
157）イザヤ書 **5**
158）イザヤ書 **5**:25-30
159）イザヤ書 **6**:13
160）イザヤ書 **7**:14
161）イザヤ書 **8**:1-10
162）イザヤ書 **10**:24 以下

註

163）イザヤ書 **7**:4
164）イザヤ書 **9**:1-6
165）イザヤ書 **20**
166）イザヤ書 **22**:4
167）イザヤ書 **10**:33-**11**:9
168）ミカ書 **2, 6**
169）ミカ書 **3**
170）ミカ書 **5**:1-5
171）エレミヤ書 **4**
172）エレミヤ書 **5**
173）エレミヤ書 **26**
174）エレミヤ書 **7, 19**
175）エレミヤ書 **22**
176）エレミヤ書 **25**:8 以下，**28**
177）エレミヤ書 **36**
178）エレミヤ書 **38**
179）エレミヤ書 **30-31**
180）エゼキエル書 **33**:11
181）エゼキエル書 **33**:13-15
182）エゼキエル書 **33**:1-6
183）出エジプト記 **6**:7
184）エゼキエル書 **39**:7-8
185）エゼキエル書 **34, 37**
186）イザヤ書 **40**:1
187）イザヤ書 **44**:28
188）イザヤ書 **45**:1
189）イザヤ書 **49**
190）イザヤ書 **45**
191）イザヤ書 **52**:7-10
192）イザヤ書 **52, 53**
193）イザヤ書 **55**
194）イザヤ書 **58**
195）イザヤ書 **59**

第 4 章

1）マルコによる福音書 **1**:15
2）サムエル記下 **7**:12
3）マタイによる福音書 **5**:27-28

4）レビ記 **16**:16
5）マルコによる福音書 **1**:15
6）コリントの信徒への手紙Ⅰ **15**:3
7）イザヤ書 **53**:5-6
8）フィリピの信徒への手紙 **3**:6
9）コリントの信徒への手紙Ⅰ **15**:3
10）ガラテヤの信徒への手紙 **1**:13
11）ガラテヤの信徒への手紙 **1**:12
12）使徒言行録 **9**:3-5
13）フィリピの信徒への手紙 **3**:6
14）ローマの信徒への手紙 **7**:14-15, 19-20
15）ローマの信徒への手紙 **7**:14-15
16）ローマの信徒への手紙 **7**:19
17）申命記 **21**:23
18）コリントの信徒への手紙Ⅰ **1**:23
19）コリントの信徒への手紙Ⅰ **2**:2
20）コリントの信徒への手紙Ⅰ **1**:25
21）マルコによる福音書 **12**:18
22）使徒言行録 **17**:22-33
23）コリントの信徒への手紙Ⅰ **15**:3-5
24）ローマの信徒への手紙 **10**:9
25）フィリピの信徒への手紙 **2**:9
26）ガラテヤの信徒への手紙 **1**:12
27）コリントの信徒への手紙Ⅰ **15**:8
28）マルコによる福音書 **16**:5-6
29）マタイによる福音書 **28**:9
30）マタイによる福音書 **28**:8-20
31）ルカによる福音書 **24**:4
32）ルカによる福音書 **24**:13-31
33）ルカによる福音書 **24**:36-43
34）ヨハネによる福音書 **20**:11-17
35）ヨハネによる福音書 **20**:27
36）ヨハネによる福音書 **20**:19
37）ヨハネによる福音書 **21**:12-15
38）ヨハネによる福音書 **20**:29
39）ヨハネの手紙Ⅰ **4**:20
40）マルコによる福音書 **6**:3
41）マタイによる福音書 **13**:55

42）マタイによる福音書 **1**:1
43）マタイによる福音書 **2**:16
44）ルカによる福音書 **3**:23
45）マルコによる福音書 **1**:9
46）ルカによる福音書 **4**:16-30 など
47）ヨハネによる福音書 **18**:28
48）マルコによる福音書 **10**:18
49）マルコによる福音書 **1**:9
50）ローマの信徒への手紙 **1**:3-4
51）ヨハネによる福音書 **18**:36
52）マタイによる福音書 **28**:18
53）使徒言行録 **2**:36
54）コリントの信徒への手紙Ⅰ **15**:3
55）サムエル記下 **7**:14
56）マルコによる福音書 **1**:9-11
57）ルカによる福音書 **1**:32-33
58）ローマの信徒への手紙 **5**:10
59）ローマの信徒への手紙 **8**:3
60）ガラテヤの信徒への手紙 **4**:5
61）ローマの信徒への手紙 **8**:32
62）コリントの信徒への手紙Ⅱ **1**:19-20
63）ガラテヤの信徒への手紙 **2**:20
64）ガラテヤの信徒への手紙 **1**:16 ；
 ローマの信徒への手紙 **1**:9
65）コリントの信徒への手紙Ⅱ **1**:19
66）コリントの信徒への手紙Ⅰ **15**:28
67）マルコによる福音書 **1**:1
68）マルコによる福音書 **15**:39
69）マルコによる福音書 **1**:11, **9**:7, **5**:7
70）ヨハネによる福音書 **3**:14
71）ヨハネの手紙Ⅰ **5**:20
72）マタイによる福音書 **11**:25, **9**:38
73）使徒言行録 **2**:34-35
74）コリントの信徒への手紙Ⅰ **2**:2
75）フィリピの信徒への手紙 **2**:6-11
76）ヨエル書 **3**:5
77）コリントの信徒への手紙Ⅰ **12**:3 ；
 ローマの信徒への手紙 **10**:9
78）ローマの信徒への手紙 **12**:11

79）ローマの信徒への手紙 **14**:8-11
80）コリントの信徒への手紙Ⅰ **4**:19
81）ヨハネの黙示録 **22**:20
82）マルコによる福音書 **2**:10
83）ヨハネによる福音書 **1**:18
84）ヨハネによる福音書 **20**:28
85）ヨハネによる福音書 **1**:18

第 5 章

1）ローマの信徒への手紙 **1**:3-4
2）士師記 **8**:23
3）サムエル記上 **8**:7
4）サムエル記上 **8**:17-18
5）ルカによる福音書 **10**:18
6）ルカによる福音書 **12**:27
7）マルコによる福音書 **3**:27
8）マルコによる福音書 **14**:36
9）ルカによる福音書 **15**:11-24
10）マタイによる福音書 **5**:45
11）ルカによる福音書 **14**:24
12）ルカによる福音書 **16**:19-26
13）ルカによる福音書 **6**:20
14）マルコによる福音書 **2**:17
15）マルコによる福音書 **4**:26-29
16）マルコによる福音書 **4**:30-32
17）マタイによる福音書 **13**:33
18）マタイによる福音書 **5**:5, 7-9, 44
19）ルカによる福音書 **6**:30a, 35b
20）マタイによる福音書 **12**:42
21）マルコによる福音書 **6**:2-3
22）マタイによる福音書 **10**:2-4
23）マルコによる福音書 **3**:16-19
24）マルコによる福音書 **1**:16-18
25）詩篇 **24**:7-10
26）マルコによる福音書 **1**:15
27）ルカによる福音書 **11**:20
28）ヨハネによる福音書 **1**:35-42
29）マルコによる福音書 **3**:13-19

註

30）ルカによる福音書 **5**:29
31）ルカによる福音書 **14**:33
32）ルカによる福音書 **19**:8
33）ルカによる福音書 **5**:28
34）ルカによる福音書 **18**:22
35）マルコによる福音書 **3**:15
36）マルコによる福音書 **6**:8-13
37）マタイによる福音書 **9**:9-13
38）ヨハネによる福音書 **12**:6, **13**:29
39）マルコによる福音書 **10**:41
40）マルコによる福音書 **14**:11
41）マタイによる福音書 **26**:15
42）ルカによる福音書 **22**:3
43）ヨハネによる福音書 **6**:70
44）ヨハネによる福音書 **12**:6
45）ヨハネによる福音書 **13**:2
46）マタイによる福音書 **27**:5
47）使徒言行録 **1**:18
48）コリントの信徒への手紙Ⅰ **15**:5
49）ルカによる福音書 **5**:1-11
50）使徒言行録 **4**:13
51）マタイによる福音書 **14**:22-33
52）マルコによる福音書 **8**:29-33
53）ルカによる福音書 **22**:33, 45
54）ルカによる福音書 **22**:54-62
55）コリントの信徒への手紙Ⅰ **15**:5
56）ルカによる福音書 **22**:32
57）ヨハネによる福音書 **21**:15-19
58）ミカ書 **6**:8
59）エレミヤ書 **22**:3
60）マタイによる福音書 **22**:40
61）マルコによる福音書 **1**:15
62）マタイによる福音書 **5**:44
63）マタイによる福音書 **9**:10
64）マタイによる福音書 **22**:37-39
65）マタイによる福音書 **25**:31-45
66）ヨハネの手紙Ⅰ **4**:20
67）ルカによる福音書 **15**:11-24
68）ルカによる福音書 **10**:25-42
69）フィリピの信徒への手紙 **2**:6-8
70）フィリピの信徒への手紙 **2**:3
71）マルコによる福音書 **10**:42-45
72）詩篇 **51**:19
73）マルコによる福音書 **1**:4
74）マタイによる福音書 **3**:7-12
75）マタイによる福音書 **11**:19
76）ルカによる福音書 **7**:36-50
77）マルコによる福音書 **2**:17
78）マタイによる福音書 **21**:31
79）ルカによる福音書 **7**:48
80）マルコによる福音書 **2**:5
81）マルコによる福音書 **2**:7
82）マタイによる福音書 **18**:22
83）ヨハネによる福音書 **8**:1-11
84）コリントの信徒への手紙Ⅱ **2**:7, 10, **12**:13
85）フィリピの信徒への手紙 **3**:6
86）コリントの信徒への手紙Ⅱ **5**:17
87）ルカによる福音書 **11**:20
88）マルコによる福音書 **5**:25-34
89）マルコによる福音書 **7**:25-30；マタイによる福音書 **8**:5-13
90）マルコによる福音書 **6**:5
91）マルコによる福音書 **6**:13
92）マルコによる福音書 **9**:14-27
93）マタイによる福音書 **11**:4-5
94）マタイによる福音書 **12**:28
95）使徒言行録 **3, 8, 9, 14, 28**
96）マルコによる福音書 **5**:1-20；マタイによる福音書 **8**:28-34
97）マタイによる福音書 **8**:17
98）ペテロの手紙Ⅰ **2**:24
99）コリントの信徒への手紙Ⅰ **12**:28
100）フィリピの信徒への手紙 **2**:26
101）コリントの信徒への手紙Ⅰ **11**:30
102）ヤコブの手紙 **5**:14
103）マルコによる福音書 **11**；ヨハネによる福音書 **5, 7, 12**

104) マルコによる福音書 **11**:15-19；マタイによる福音書 **21**:12-17；ルカによる福音書 **19**:45-48；ヨハネによる福音書 **2**:13-22
105) マルコによる福音書 **11**:18, **12**:12
106) ヨハネによる福音書 **7**
107) ヨハネによる福音書 **5**:18
108) ヨハネによる福音書 **8**:59
109) ヨハネによる福音書 **10**:39-40
110) ルカによる福音書 **4**:28-30
111) ヨハネによる福音書 **7**:1
112) ヨハネによる福音書 **4**:1-3
113) マルコによる福音書 **7**, **8**
114) ヨハネによる福音書 **11**:57
115) ゼカリヤ書 **9**:9
116) ヨハネによる福音書 **12**:12-19
117) マルコによる福音書 **14**:2
118) ヨハネによる福音書 **12**:36b
119) マタイによる福音書 **26**:15
120) マルコによる福音書 **14**:25
121) マルコによる福音書 **14**:32-41
122) 詩篇 **11**:6；エレミヤ書 **25**:15 以下；エゼキエル書 **23**:32 以下など
123) マルコによる福音書 **10**:38
124) マルコによる福音書 **15**:34
125) コリントの信徒への手紙Ⅰ **15**:3
126) コリントの信徒への手紙Ⅱ **5**:21；ローマの信徒への手紙 **5**:18
127) マルコによる福音書 **15**:39
128) マルコによる福音書 **3**:11
129) マルコによる福音書 **5**:2, 6-7
130) マタイによる福音書 **1**:23
131) マタイによる福音書 **6**:8, **26**:39, 42, 44
132) ルカによる福音書 **19**:10
133) 使徒言行録 **13**:33
134) 創世記 **12**:2-3
135) ルカによる福音書 **24**:44
136) ルカによる福音書 **24**:47
137) ルカによる福音書 **9**:51
138) ルカによる福音書 **23**:34
139) ルカによる福音書 **23**:43
140) ルカによる福音書 **23**:46
141) ルカによる福音書 **23**:4, 14, 22
142) ルカによる福音書 **23**:15
143) ルカによる福音書 **23**:47
144) ルカによる福音書 **23**:48, **18**:13 を参照
145) ヨハネの手紙Ⅰ **4**:8

第6章

1) コリントの信徒への手紙Ⅱ **12**:9
2) ルカによる福音書 **2**:41-52
3) マルコによる福音書 **2**:17
4) マタイによる福音書 **21**:31
5) レビ記 **20**:10
6) マルコによる福音書 **1**:40-44，その他多数
7) マルコによる福音書 **6**:7
8) 出エジプト記 **35**:2
9) ヨハネによる福音書 **5**:16-18
10) マルコによる福音書 **5**:30
11) マルコによる福音書 **6**:5
12) マルコによる福音書 **15**:34
13) 使徒言行録 **22**:3
14) コリントの信徒への手紙Ⅰ **15**:58
15) コリントの信徒への手紙Ⅱ **12**:10
16) 出エジプト記 **15**:24
17) 出エジプト記 **16**, **17**
18) ルカによる福音書 **10**:25-37
19) 使徒言行録 **16**:3, **21**:17 以下
20) コリントの信徒への手紙Ⅱ **11**:24
21) コリントの信徒への手紙Ⅰ **8**
22) コリントの信徒への手紙Ⅰ **9**:22
23) コリントの信徒への手紙Ⅰ **9**:27
24) コリントの信徒への手紙Ⅰ **9**:4 以下
25) コリントの信徒への手紙Ⅰ **6**:12

註

26) コリントの信徒への手紙Ⅰ **15**:24
27) コリントの信徒への手紙Ⅰ **6**:12
28) コリントの信徒への手紙Ⅰ **2**:2
29) コリントの信徒への手紙Ⅱ **8**:9
30) ローマの信徒への手紙 **15**:13
31) マタイによる福音書 **10**:34
32) マタイによる福音書 **26**:52
33) マタイによる福音書 **5**:39b
34) マタイによる福音書 **5**:45
35) 申命記 **32**:39
36) 申命記 **30**:15-20
37) 創世記 **15**:15
38) ヨブ記 **7**:9
39) イザヤ書 **38**:18
40) 詩篇 **49**:16
41) ルカによる福音書 **16**:19-26
42) マタイによる福音書 **8**:11
43) ローマの信徒への手紙 **6**:23
44) ローマの信徒への手紙 **5**:12, 14
45) ローマの信徒への手紙 **8**:19 以下
46) ローマの信徒への手紙 **8**:21-23
47) ローマの信徒への手紙 **6**:6
48) ローマの信徒への手紙 **7**:24
49) コリントの信徒への手紙Ⅰ **15**:46
50) ローマの信徒への手紙 **8**:11
51) コリントの信徒への手紙Ⅰ **15**:53
52) ローマの信徒への手紙 **12**:1；コリントの信徒への手紙Ⅰ **9**:27
53) コリントの信徒への手紙Ⅱ **11**:23-27
54) コリントの信徒への手紙Ⅰ **6**:12-20
55) ローマの信徒への手紙 **6**:6
56) ローマの信徒への手紙 **6**:8
57) ローマの信徒への手紙 **6**:5
58) フィリピの信徒への手紙 **3**:10-11
59) コリントの信徒への手紙Ⅱ **4**:17
60) ローマの信徒への手紙 **6**:13
61) テサロニケの信徒への手紙Ⅰ **4**:15
62) コリントの信徒への手紙Ⅰ **15**:24-28
63) ローマの信徒への手紙 **11**:26
64) コリントの信徒への手紙Ⅰ **15**:22-23
65) ローマの信徒への手紙 **11**:25-26, 32
66) ローマの信徒への手紙 **5**:15
67) ローマの信徒への手紙 **11**:36
68) ヨハネによる福音書 **5**:24
69) ヨハネによる福音書 **11**:25-26
70) ヨハネによる福音書 **14**:2-3
71) ヨハネの手紙Ⅰ **3**:2
72) マタイによる福音書 **5**:8 を参照
73) ヨハネの黙示録 **21**:1-4
74) コリントの信徒への手紙Ⅰ **15**:3-5
75) 使徒言行録 **2, 6**
76) 使徒言行録 **6-7**
77) フィリピの信徒への手紙 **2**:6-11；コリントの信徒への手紙Ⅰ **8**:6
78) 使徒言行録 **8**:26-40
79) ガラテヤの信徒への手紙 **1**:16
80) ローマの信徒への手紙 **11**
81) コリントの信徒への手紙Ⅱ **5**:21
82) ガラテヤの信徒への手紙 **3**:13
83) ローマの信徒への手紙 **10**:9
84) ガラテヤの信徒への手紙 **2**:21, 5:4
85) ローマの信徒への手紙 **3**:22
86) フィリピの信徒への手紙 **2**:8
87) コリントの信徒への手紙Ⅱ **12**:9
88) コリントの信徒への手紙Ⅰ **12**:22-24
89) マタイによる福音書 **18**:20
90) ガラテヤの信徒への手紙 **3**:29
91) コリントの信徒への手紙Ⅰ **12**:27
92) コリントの信徒への手紙Ⅰ **12**
93) コリントの信徒への手紙Ⅱ **11**:2
94) エフェソの信徒への手紙 **5**:25 以下
95) ヨハネの黙示録 **12**
96) ヨハネの黙示録 **7**
97) ヨハネの黙示録 **17**:14

註

98）ヨハネの黙示録 **21**
99）ヨハネによる福音書 **15**:1-17

むすび

　キリスト教についての本は多い。例えば，キリスト教とは何か，キリスト教の考え方，キリスト教と文化，キリスト教の歴史，キリスト教美術，キリスト教の人物伝，聖書の考古学，聖書の植物など，色々である。また，聖書の要約的な本や，聖書のトピック的な事項を紹介する本もある。しかし，聖書全般について，その醍醐味を味わう本となると，求道者向けの書物や専門書となってしまう傾向がある。つまり，それは，読者には「入信を願う心」や「一定の聖書知識」や「キリスト教信仰の理解」があることを前提に，執筆されている本となる。そうなると聖書そのものの本当の素晴らしさは，一般の人には少なからず手が届きにくい。そこで，そういう前提をもたない若者，ことにキリスト教の授業を初めて受ける学生のために，「学問的レベル」を保ったままで，聖書の素晴らしさに出会える「入門書」の執筆を目指した。執筆の間，キリスト教学の学生の意外な質問や意見，感想から新鮮な問題意識が与えられ，これらと対話しながら聖書と向き合い，同時に分かりやすい表現を目指した。学生には読みづらいキリスト教の用語の代表的なものは，「はじめに」に挙げた。多くはないので，幾度も音読するなどして親しんで頂きたい。

　解釈の方法に関する私の博士課程での学びについて述べると，歴史批判的解釈は，R. ブルトマンのヨハネ福音書注解を英訳された G. Beasley-Murray と文献比較を重視する D. E. Garland に学び，文学批判的解釈は，旧約聖書の Word 聖書注解シリーズ監修者 J. D. Watts とヨハネ研究者の R. A. Culpepper に学んだ。特に，青野太潮先生（日本新約学会会長，西南学院大学名誉教授）には，西

むすび

　南学院大学神学部の学生時代以来，パウロの「十字架」のもつ特別な意味をご教授いただき，「地を這う」釈義の大切さを教えられた。

　本書の執筆に関し，旧約聖書全般に関して守屋彰夫先生にご指導を賜り，新約聖書全般に関して大貫隆先生にご指導を賜わった。また，副題については，木村利人先生より貴重なご教示を賜り，心から感謝を申し上げる次第である。ユダヤ教に関しては，若き日の恩師であるヘブライ文学博士手島佑郎先生より引用につきご承諾を賜っていることを，感謝をもって明記したい。

　さて，本書は，勁草書房編集部の永田悠一氏が私のキリスト教学の授業スケジュールであるシラバスをご覧になり，出版のご依頼を下さったことが始まりで，3年の歳月をかけて完成した。その間，待っていただき多くのご指導と温かいお励ましをいただいたことに心から慎んで感謝を申し上げる次第である。

　最後に，先生方の貴重なお時間とご指導，お力添えを賜ったことに十分に応えきれないところ，過不足，誤りを改め，さらに学生にとってより分かりやすいものとなるものとなるように，今後，皆様からのご指導，ご指摘を賜ることができれば幸いである。

索引

【人名】

ア 行

アインシュタイン　6, 7
アキシュ　69
アダム　33-36, 38-40, 43, 105, 131, 178
アタルヤ　76, 77
アドニヤ　72, 73
アトロンゲス　91
アハズ　78, 83
アハズヤ　77
アハブ　75-77
アビメレク　51
アブサロム　71
アブネル　69
アブラハム　19, 28, 49-55, 61, 80, 81, 116, 121, 151, 177
アベル　38-43, 131
アムノン　71
アモス　21, 76, 77, 80, 81, 139
アレクサンドロス　94
アロン　62
アンデレ　119, 120
イエス　9-12, 23, 89, 92-94, 114, 115, 119-122, 128, 131
イエフ　76, 77
イーグルトン, T.　7
イサク　19, 49, 55, 121
イザヤ　22, 82-84, 86, 87
イシュ・ボシェト　69
イシュマエル　53, 54
イゼベル　76
ヴェスターマン, G.　32
ウェーバー, M.　150
ウェルズ, G.A.　12
ウリヤ　70, 71
エゼキエル　22, 85
エッサイ　68, 83
エトバアル　76
エバ　33, 34, 38-40, 43, 106
エリシャ　76, 80
エリヤ　76, 80
エレアザル　92
エレミヤ　22, 79, 84, 85
大貫隆　i, v, 14, 15
オーツ, W.　134, 148
オムリ　75-77

索　引

カ　行

カイン　　38-43, 131
カエサル　　98
ガダマー, H.　　16
ガマリエル　　160
ガリレオ　　5, 31
カレブ　　65
木村利人　　v
キューブラ＝ロス　　144
キュロス　　21, 86
クルップ, A.　　6
ゴータマ・シッダールタ　　27
ゴリアト　　68

サ　行

ザアカイ　　121
サウル　　20, 67-69, 71
サウロ　　96
サムエル　　67-69, 80
サラ　　50-55
サルゴン2世　　77
シェークスピア　　7, 12
シェバ　　71
司馬遷　　13
シムイ　　71, 73
シメオン　　56, 59
シモン（奴隷）　　91
シモン（熱心党の）　　119, 120
シャルム　　76
シュヴァイツア, A.　　144
シュヴァイツアー, E.　　158
ステファノ　　183
ステファンヌス, R.　　18
スマイルズ, S.　　iv
関根清三　　71
関根正雄　　8

ゼデキヤ　　79, 85
セト　　44
ソロモン　　20, 21, 34, 35, 53, 71-74, 77, 118

タ　行

タキトゥス　　11
ダビデ　　20, 21, 66, 68-73, 77-79, 85, 86, 91, 93, 94, 131
　新しい――　　83
タマル　　71
ダレイオス　　87
チウダ　　92
ツィバ　　70
ティグラト・ピレセル3世　　76, 81
ティリッヒ　　27
手島佑郎　　30
トマス　　100, 101, 119
ドミティアヌス帝　　26, 182, 187

ナ　行

中村正直　　iii, iv
ナタン　　70-72, 80, 131
ナボト　　76
新島襄　　iii, iv
ニーチェ　　5, 31, 44, 46, 102
ニュートン　　5, 115
ネブカドネツァル　　79
ノア　　19, 44

ハ　行

バウアー, B.　　12
ハーヴェイ, J.H.　　150
パウロ　　24, 25, 93, 96-100, 102, 103, 109, 110, 151, 157, 160-163, 184, 185
ハガル　　53

索　引

バッハ　144
バト・シェバ　70-72
パピアス　13
バルト, K.　104
ヒゼキヤ　77, 78, 83
ヒットラー　170, 174
ピラト　92, 149, 155
ヒレル　127, 129
フィリポ　119, 120
福沢諭吉　iii, iv
ブーバー, M.　125, 126
プラトン　125, 126
フランクル, V.　v, 144, 149, 152
ブリンツラー, J.　146
ブルトマン, R.　99, 103, 104
フロイト　144
ペカ　76, 77
ペカフヤ　76
ペトロ　119, 120, 124, 125, 183
ベニヤミン　56, 58, 59
ヘロデ1世　91, 106
ヘロデ・アグリッパ1世　92
ヘロデ・アンティパス　155
ヘロドトス　78
ホシェア　77
ホセア　22, 76, 77, 82
ホッブス, T.　164
ホメロス　7
ボンヘッファー, D.　174

マ　行

マタイ　23, 119, 122, 123
マナセ　78
マラキ　87
マリア　106
マルコ　23
ミカ　22
ミカル　68, 69

紫式部　7, 12, 13
メナヘム　76
メフィボシェト　70
モーセ　19, 60-63, 65, 66, 80, 85
本居宣長　13
守屋彰夫　v, 65, 85

ヤ　行

ヤコブ（族長）　19, 49, 55-59, 121
ヤコブ（弟子）　119, 120
ヤロブアム　74, 75, 82
ヤロブアム2世　76, 80
ユダ　56, 57, 59
ユダ（イスカリオテの）　91, 104, 119, 121, 123, 124, 147-149, 159
ユダ（ガリラヤの）　91
ヨアブ　70, 71
ヨシヤ　78, 79, 84
ヨシュア　20, 65, 66
ヨセフ　55-60
ヨセフ（イエスの養父）　106
ヨセフス　11
ヨナタン　68-70
ヨハネ（弟子）　119, 120
ヨハネ（バプテスマの）　11, 91, 106, 119, 132, 142
ヨヤキム　79, 84
ヨヤキン　79, 84
ヨラム　75

ラ　行

ラケル　56, 58
ラザロ　116, 177
ラメセス2世　61
リクール, P.　7, 31
リベカ　55
ルカ　23, 24

205

索引

ルーズベルト, E.　170
ルター, M.　166
ルベン　56, 57
レア　56
レハブアム　74
ロック, J.　164
ロト　50-52

【事項】

ア　行

愛　5, 8, 68, 73, 120, 125, 126
　——敵の原則　173, 174
　——の教え　127-129
　——の関係の回復　133, 155
　——の貫徹　155
　——の実践躬行　130, 131
　——の手本　122, 130
　——の普及　189
　——の和　131
　神の——　4, 32, 103, 106, 125, 127, 158
　神への——　128
　キリストの——　99, 110, 131
　実存的——　→　実存
　真実な——　133
　相互——　188
　包摂的——　166
　無条件な——　99, 106, 123, 125, 128, 129, 132, 173
　無償の——　125, 127
　赦される——　134
　隣人への——　→　隣人愛
アイデンティティ　21, 28, 29, 32, 60, 63-65, 94-96, 104, 107, 137, 175, 186
アウトサイダー　116, 117, 121
アウトロー　158, 159
アガペー　125-127

悪　28, 37, 49, 139
悪魔　123, 124, 155
悪霊　121, 139
　——祓い　143
アッバ　115, 128, 132, 148
油注ぎ　67
アメリカ病院協会　138
憐れみ　142, 159
安息日　64, 65, 145, 146, 158
アンモン人　67, 70, 71
イエス（生前）　→【人名】イエス
　——による癒し　139-143
　——の懐胎　108
　——の苦難と死の無価値性・無意味性　148-150
　——の自己理解　139, 150
　——の実在　11, 12
　——の視点　124
　——の死の意味　93, 105, 124, 130, 151
　——の死の価値　151
　——の死の受容　151
　——の使命　139, 158
　——の受難　124
　——の生涯　106-108
　——の処刑　89, 91, 93, 149, 150
　——の絶叫　150, 152, 153
　——の宣教　118
　——の逮捕　90, 91, 146, 149
　——のバプテスマ　106, 108
　——の父母　106
　——の赦しの宣言　132-134
　——の弱さ　159
　無力な——　157
イエス・キリスト　11, 66, 94, 107, 108
　——の献身的奉仕　130, 131
　——の再臨　102, 103, 186
　——の自己謙虚　130, 131

索引

──の死の意味　96, 101, 102, 143
──の名　143
──の復活　92, 93, 101, 103-105, 162
解放者──　155
贖罪的──　135, 143
神殿としての──　154
先在の──　185
全世界の──　154
復活の──　99-101, 105, 108, 125
　　──の顕現　99, 104, 123, 182, 183
　　──の証言　100
イエス・キリストの十字架　91, 93, 125
　　──刑の目的　98, 151
　　──の意味　93, 94, 99, 102, 103, 105
　　──の逆説　185
　　──の死の意味　109, 137
　　──の死の逆説的有意義性　151
　　──の呪い　98
　　──の弱さ　162
　　──のリアリティ　96
　　栄光の──　153
怒り　38, 42, 43
　　──からの解放　135
　　──の神　132
　　自分への──　134
いじめ　43
医者　122, 133, 158
イスラエル　57
　　──の基本　127
　　──部族連合　34
　　──民族（民）　18-21, 28, 34, 49, 60, 121, 135, 146
　　真の──　95
命（生命）　6, 36, 38, 43, 60
　　永遠の──　11, 177, 178, 181

祈り　51, 78, 110, 124, 126, 138, 143, 148, 149, 161
　　葛藤の──　153
　　賛美の──　147, 150
　　執り成す──　154
異変（現象）　153, 154
異邦人　51, 116, 140, 153, 154
　　──の土地　146
イマゴ・デイ　29, 32
意味　144
意味論的解釈学　i, v, 15-17
癒し　60, 123, 137
　　──の条件　141
　　──の（能）力　141, 143
　　イエスの──　138, 142, 143
岩　124
インマヌエル　83, 153, 154
失われた者　154
裏切り　→ 引き渡し
英雄　149
益　167
エクレシア　187
エゴイズム　93, 97, 99, 129, 130, 151
　　宗教的──　184
エテメナンキ　45
ABCの起源　45
エブス人　69
エルサレム入城　147
エロース　125-127
エローヒーム　33
王　20, 29, 114, 115
　　──位の世襲制　75, 77, 78
　　──的意識　117
　　──としての神　20, 67, 119
　　──の徳　117
王権僭称者　91, 114
黄金律　128-130
王制（王国）　18, 20, 34, 67
　　永遠の──　70, 91

207

索 引

神の―― 114
応報原理 55, 60
恐れ 52
重い皮膚病の人 141, 142

カ 行

階級（階層） 35
　――的闘争 173
　――下層 121
　――支配 82, 158
　――富裕 81, 118
格差（社会的） 35, 80
価値
　――観 170
　――創造 126, 130
　――賦与 130
葛藤 98, 157
　――の祈り 153
割礼 19
金持ち 116, 121
神 28, 100, 113, 149, 150
　子なる―― 11
　聖霊なる―― 11, 106, 143, 179
　父なる―― 11, 180
　独り子である―― 111
　唯一―― 86, 105, 109, 176
神との和解 109
神による革命 118
神による可能性 54
神の愚かさ 99
神の管理者 31
神の国 23, 106, 113-118, 145, 150
　――の基準 95
　――の実現 91, 142, 143
　――の支配者 128
　――の到来 90, 119, 128, 130, 132, 143
　――へ入る順 133

　天にある―― 177
神の子 108-110, 149
神の言葉 29, 30
神の小羊 119
神の定める秩序 139
神の死 5, 44, 102
神の支配 → 神の国
神の審判（判決） 33, 37, 38, 47, 66, 80, 81, 84
神の像 28-32, 105, 181, 182
神の代理人 84
神の民 84-86
神の知恵 98
神の力 98
神の名 64
神の独り子 155
神の右 102
神の恵み 70
神の予定の選び 180
神の弱さ 99
神の臨在 55, 153, 186
神の業 140
体 178, 179
　霊の―― 179
空の墓 100, 101
カリスマ 124, 140-142, 150, 158-160
カルタゴ会議 10
姦淫 64, 66, 82, 97, 131
　――の女 135, 158
　神に対する―― 82
関係の回復 136
患者の権利章典 138
帰還（カナンへ） 18, 22, 66, 80, 86, 87
記述預言者 80
北の10部族 20, 66, 69, 71, 74
希望 66, 80, 82, 86, 148, 173, 180
逆説 99, 105, 150, 162
　――的愛 119, 122, 124

208

──的意味　152
　　　──的価値　117, 118
　　　──的自由　168
　　　──的な幸い　121
　　　──的な力　163
　　神の国の──性　118, 119, 125, 174
Q資料　23
宮殿　73, 74
教育　122
教会　97, 99, 182-189
　　　──形成　122, 124
　　　──誕生記念日　183
　　　──の頭　187
　　　──のあり方　136
　　　──の招集者　187
　　　──の務め　143
　　　──のリーダー　124
共観福音書　23
共存　186
共同体　32, 35, 99, 118, 147, 187
　　　──のあり方　144
　　　──の責任　143
　　　──への復帰　133
　　　ユダヤ教の──　183
　　　ヨハネ──　156, 181, 188
虚無　151
清め　141, 175
ギリシア思想　125, 126, 127
ギリシア人の女　140
キリスト（メシア）　9, 69, 80, 84, 86, 87, 89, 92-94, 99, 119, 149, 157
　　　──出現の成就　94
　　　──出現の予言　9, 17, 18, 21, 91
　　　──信仰　94
　　　──待望論　80, 94
　　　──の婚約者　187
　　　──の受肉　10
　　　──の先在　10
　　　先在の──　110, 111

キリスト教　7, 17, 18, 27, 89, 92, 93, 97, 125, 150, 157
キリスト賛歌　102, 168
キリスト者　154, 183
寄留者　61
近代医学　137, 176
金の子牛　64, 75, 76, 82
悔い改め　67, 72, 84, 95, 128, 132, 133, 154
　　　──のバプテスマ　132
偶像　63, 64, 78, 82
苦難（苦，苦悩）　13, 18, 22, 23, 27, 28, 33, 35, 53, 55, 62, 66, 67, 72, 99, 102, 109, 138, 139, 144, 151, 160
　　　──の意味　60, 144, 148, 149
　　　──の僕　22, 86, 96
　　　──の排除　148
　　　──の道　188
　　　──の無意味性　148-150
群衆　149, 150
軍隊　174
啓示　93, 97-100, 184
契約　9, 10, 18, 61, 65, 70, 74, 80, 186
　　　──の書　63, 79
　　　──の箱（神の箱）　67, 70, 71, 73, 75, 77
　　　新しい──　9, 10, 85
　　　永遠の──　54
　　　シナイ──　85
　　　ダビデ──　85
汚れた霊　152
解脱　176
健康　137, 138
幻視　104
原始エルサレム教団　96, 108, 113, 125, 135, 143, 151, 182, 183
原始キリスト教団　130
原爆　6, 170
構想（plot）　55

索　引

公同書簡　25
枯渇感　127
五旬節　63, 183
コスモロジー　6
孤独　127, 162
言葉
　　イエスの――　142, 172, 181
　　ヨハネ共同体の――　181

サ　行

財（財産）　131
最高法院　146, 147, 179
最後の晩餐　90, 123, 124, 147, 148
祭司　85, 141, 142, 145,
　　――集団　78
　　――職　95
再臨　110, 177, 180
杯　148
挫折　86, 125, 162
サタン　114, 115, 123, 124, 138, 139,
　　187
　　――の使い　161
サドカイ派　99, 145, 177
サマリア人　86, 129
山上の説教　172
賛美の歌　148
死　13, 15, 55, 59, 61, 65, 69, 74, 144,
　　175, 176
ジェノサイド　48, 170
自己愛　129, 130
自己決定　164
自己顕示欲　46
自己充足　126
自己責任　163, 164
自己絶対化（神化）　37
自己相対化　36
自己贈与　126
自己中心主義（性）　97, 164, 169

自己のように　130
自己欲　126
自己理解　32, 66, 86, 133, 139
　　――の回復　140
　　新しい――　137, 168
　　惨めな――　160
自殺（自害・自決）　69, 123, 124, 146
　　集団――　92
士師　20, 34, 67
自然　114
　　――状態　164
自尊心　43
ジッグラト　44, 45
実証主義　14
実証主義的解釈　14-17, 99, 103
実存　97
　　――的愛　94, 99
　　――的意味の死　179
　　――的生命　178
　　――的罪　93, 97, 136, 137, 151, 178
　　――的人間　98
　　――的変化　16, 137
　　――的交わり　186
嫉妬（妬み）　38, 42, 55, 57, 68, 145
使徒言行録　24
シドン人　76
シナゴグ　186
使命（ミッション）　49, 55, 61, 110,
　　131, 139, 150
社会権　164
弱者　→　弱い者
主　33, 102, 103, 110, 111
　　歴史の――　154
自由
　　――権　164
　　――な実存的存在　168
　　――放任の原則　164
　　他者への――　169
　　奴隷となる――　166

索引

宗教　27
　　——の世俗化　34, 35, 47
　　世界の普遍的——　182, 185
十字架　→ イエス・キリストの十字
　　架
自由自在さ　165
修道士　126
12 弟子　118, 119, 121
12 部族　20, 66, 67, 121
12（小）預言書　21, 80, 87
終末　80, 87, 102, 109, 180
　　——論　181
祝宴　115, 116
祝福　38, 50, 55, 128
主体性　118, 130
十戒　20, 60, 63, 64, 70, 73, 80
出世　131
出エジプト　18, 19, 35, 60-63, 66, 77,
　　78, 128, 165
主の祈り　135
殉教　160, 188
巡礼者　145
障がい者　139, 140
成就　95
　　神の国の——　108
　　旧約聖書の——　186
　　キリスト出現の——　94
　　全人類救済の——　154
娼婦　→ 売春婦
召命　81
贖罪　93, 96, 132, 151
　　——の規定・儀式　95, 96
　　律法違反の——　136
食事　101, 116, 128, 132, 147
女性の群れ　149
除名　136
シリア－エフライム戦争　77, 78
知る　39
しるし　92

信教の自由　86
人権　164, 170
信仰　49, 50, 53, 95, 137, 160
　　——告白　93, 124, 183
　　——の対象　113
　　——の父　53
　　贖罪的——　94-96, 101, 102, 109,
　　125
　　連帯的——　94, 96-99, 102, 103
神殿　20, 66, 70, 73, 74, 77, 78, 82, 90,
　　96, 145, 183
　　——祭儀規定　154, 182
　　——再建　86, 87
　　——娼婦　76
　　——制度　145
　　——倒壊予告　145
　　——無き時代　154
　　——の外庭　145
　　——破壊　84, 91
　　第 2 ——　21
神道　141, 175
申命記　20, 63, 65, 78
過越祭　35, 60, 62, 78, 79, 107, 145
救い（救済）　22, 23, 28, 49, 50, 55, 60,
　　61, 66, 83, 86, 93, 109, 110, 130, 151,
　　183
　　——主　22, 66, 95
　　——の使信　117
　　——の道　185
　　——の目的　85
　　世界の——　154
　　万人——　151, 180, 181
　　ユダヤ人の——　180
　　世の——　155
ストア哲学　168
生活上の権利　167
正義　20, 42, 52, 76, 80, 82, 84-86, 103,
　　120, 127, 139, 175
聖書　9, 17

211

索　引

旧約——　9, 17, 18, 114, 119, 131, 135, 150
新約——　10, 17, 23
聖所　78
成人　158
精神的自由　152
生の質的転換　120, 176
聖霊　→ 神
西暦元年　106
世界平和　188
世界保健機構（WHO）　137
責任転嫁　37, 67
摂理　151
セム語　45
宣教　120, 121
　　イエス死後の——　119
　　イエスの——　118, 159
戦利品　52, 67
喪失感・体験　96, 101, 144, 146, 150
族長　49

タ　行

大祭司　149
正（義）しい人　122, 128, 133
種　116
　　パン——　117
ダビデの子　106
ターミナルケア　176
断食　87
地位　131
知恵　73, 118
力　157, 158, 160, 162, 163
　　——の結集　47, 48
　　——への意志　44, 46, 48
知識　37
地代資本主義　80, 82
中風の者　133, 138
徴税人　116, 120, 122, 128, 132, 133, 145
直説法　137
罪　33, 60
　　——の誘惑　43
　　——深い女　132, 133
　　告発者の——　158
　　実存的——　→ 実存
　　律法違反の——　11, 35, 66, 71, 81, 82, 85-87, 93, 95, 97, 105
罪人　116, 123, 128, 133, 145
　　——の仲間　132
剣　68, 71, 73, 172
抵抗　84, 92, 118, 173, 174
手紙集（書簡集）　24-26
テキスト　12
　　——的衝撃　16
　　——の意味　15, 16, 101
弟子　90, 92, 93, 132
弟子集団　77, 118
　　——の財務担当　123
　　——の代弁者　124
敵　117, 128
天　114
天地　28
　　新しい——　17, 22, 182, 188
伝道　92
　　異邦人——　184, 185
同害報復　43, 165, 172,
トゲ　161, 162
トラウマ　57, 60
奴隷　110, 122, 127, 130, 146

ナ　行

ナチ強制収容所　144
ナチス　6, 48
ナルシスト　130
ナレーター　55
肉　97, 98

索　引

憎しみ　57, 60
日本国憲法　163, 170
人間　28
　　――としての尊厳　118
　　新しい――　102
　　真の――　106
熱心党　120
納税拒否運動　91, 123

ハ　行

バアル（豊穣神）　76, 78
売春婦　116, 133, 145
パウロの名による手紙　25
迫害　93, 97, 183
派遣　100, 184
罰（神罰）　28, 81, 82, 133, 138, 151
バビロン捕囚　18, 21-23, 29, 30, 34, 35, 65, 72, 79, 80, 104, 114, 136
　　――民　84-86, 105
　　第1――　79, 84
　　第2――　79, 85
バプテスマ（洗礼）　11, 95, 106, 132, 183
バベルの塔　19, 44-46
パラダイス　155
パリサイ派　145, 177
燔祭　84
東アジアの宗教　141
東日本大震災　iii, 138
光　86
引き渡し（イエスの）　123, 124, 149
非神話化　48
悲嘆　70, 144, 146-148, 150
羊　125
羊飼い　40
人の子　111, 115
否認　124
非人間化　174

百人隊長　109, 140, 152-155
病気（病）　138
　　――代理論　143
　　――の因果論　140
　　悪霊による――　139
病人　90, 122, 133, 145, 158
ヒレル学派　160
貧者・貧農層　→ 貧しい者
ファラオ　19, 51, 55, 58, 61, 74
フェニキア人　74
福音　23, 142
　　――書　23, 24, 89, 119
　　――宣教　100, 182
　　――に生きる道　153
復讐の禁止　172
婦人　100
豚の群れ　143
復活　13, 99, 102
　　――信仰　99, 104
　　――のイエス　→ イエス・キリスト
仏教　7, 17, 27, 176
平和（シャーローム）　22, 73, 85, 86, 117, 138, 144, 171
平和（ローマの）　102, 171
　　表面的な――　172
ベニヤミン族　67, 71, 75
ヘブライ思想　125
ヘブライ文化　94
ペリシテ人　63, 67, 74
ヘレーニスタイ　183, 184
ヘレニズム教団　182
ヘレニズム文化　94
包摂的愛　166
包摂的社会　167
放蕩息子　116, 129
冒瀆　133, 149
報復の思想　173
ホスピス　176

索　引

母性愛　110, 128, 132
ボランティア　130

マ　行

貧しい者　79-82, 84, 87, 118, 121, 139,
　　　142, 151
幻　81
マルドゥク　86
南ユダ族　66, 69
見張り　85
宮清め事件　145, 146
無学な者　120, 124
無情な家臣　134
無暴力　172-175
命令　129
　　――法　137
恵み　127, 157
メシア　→　キリスト
メタファー　8, 97, 105, 110, 111, 113,
　　　124, 127, 139, 147, 148, 168, 179,
　　　186-189
　　ルート・――　115, 116
最も小さい者　16, 128, 175
模範的生き方　153

ヤ　行

ヤハウィスト　33-35, 44, 45
ヤハウェ（神）　33, 61-63, 77, 78, 80,
　　　84, 85, 105
　　――の戦争　67
ヤムニヤ会議　10
ユダヤ教　9, 10, 15, 18, 32, 39, 85, 92,
　　　96, 127, 133
ユダヤ人　65, 89, 105, 145
ユダヤ当局　90, 91, 123, 140, 145-147,
　　　149, 150, 159
　　――の指名手配　146, 147

ユダヤ民族　94
　　――主義　151
夢　51, 55, 57-59
揺らぎ　148
赦し　51, 55, 117, 132, 136, 137, 154
　　――の深層的な自覚　134, 135
　　――の宣言　133, 139
　　――の撤回　134
　　神の――　131
　　教会員同士の――　136
　　贖罪的な――　135
　　他者の――　134
　　無条件な――　131-133
　　律法の罪の――　71, 95, 105, 107
予言　21, 80-84
預言　21, 22, 79, 80
　　――書　18, 21, 22
　　事後――　21
預言者　51, 80, 139, 140, 147
　　――の弟子集団　77
世の支配者　155, 156
ヨハネ黙示録　25
陰府　116, 176,
弱い者　35, 80, 81, 87, 118, 139, 151,
　　　165
弱さ　94, 98, 124, 157, 160

ラ　行

リアリティ（現実 reality）　55, 109,
　　　124, 133
理想　124
律法（モーセの）　20, 22, 60, 65, 66,
　　　71, 85, 93, 94, 96, 97, 105, 145
　　――学者　107
　　――書　18, 19, 78
　　――全体　127
漁師　120
良心　43

索　引

隣人　84
　　——（への）愛　128
　　——の範囲　129
輪廻　176
倫理の模範　151
ルワンダ虐殺事件　48, 170
霊性　138
礼拝　38, 40, 41, 50, 65, 66, 80, 92
　　祭儀——　82
歴史認識　174, 175
レビ族（人）　77, 145
連帯　94, 136
ロバ　147
ローマ皇帝　149
　　——崇拝　152
ローマ総督　147, 149

ワ　行

和解　117, 132
　　神との——　137, 185
分ける（分割）　31
我と汝・我とそれ　125-127, 142

【地名・国】

ア　行

葦の海　63
アッカド帝国　45
アッシリア帝国　20, 21, 72, 73, 75-78, 80-84
　　——集団移民政策　82
　　——の衛星国　78
アファク　67
イスカリオテ　123
イスラエル王国　69, 94
エジプト　19, 51, 55-63, 65, 74, 79, 85, 127, 146

大国——　73, 78, 79, 84
エルサレム　69, 72-74, 77-79, 84, 89, 90, 182
　　——回復（再建）　85-87
　　——陥落（滅亡）　84, 85
　　——不可侵　84
エン・ゲディ　68
オリーブ山　148

カ　行

カナン（の地）　18-20, 22, 34, 49, 50, 53, 60, 61, 73
カファルナウム　89
ガリラヤ　106, 146, 149
　　——湖　89, 119
北王国（イスラエル王国）　20-22, 35, 72, 75-77, 80-83
クエ　74, 146
ゲッセマネ　144
ゴモラ　52

サ　行

サマリア　75, 77
シェバ　74
シオン　69
シケム　66, 75
シナイ（山）　19, 63
シリア　75, 77, 78
シンアルの地　44
ソドム　52

タ　行

ダビデ王国（王朝）　72, 79, 82, 108, 121
ダビデの町　69
ティルス　74

215

索 引

ナ 行

ナザレ　106

ハ 行

バビロニア地方　44, 81
バビロニア帝国　20, 21, 29, 30, 65, 72, 78, 79, 84, 85, 105
バビロン（首都）　86
ハラン　50
ピスガの山頂　20
ベツレヘム　68, 84, 106
ヘブロン　69, 71
ペルシア帝国　18, 21, 86, 87

マ 行

マサダ（要塞）　92

マハナイム　71
南王国（ユダ王国）20-23, 29, 72, 75, 77-79, 84
モリヤ　54

ヤ 行

ユダ（部族，地）　68, 69
ユダヤ（地方）　90, 146
ユーフラテス川　74
ヨルダン川　106

ラ 行

ラメセス　61
ラモト・ギレアド　75
ローマ帝国　90-92, 98, 116, 122, 142, 144, 150

古川　敬康（ふるかわ　たかやす）

1950年生まれ。西南学院大学神学部，同神学専攻科，The Southern Baptist Theological Seminary 博士課程修了（哲学博士）。教会牧師，西南女学院大学保健福祉学部教授，同学院宗教主任，同学院キリスト教センター長を経て，学校法人北星学園理事長，学園長。私大協北海道支部理事，元日本基督教学会九州支部幹事，元日本キリスト教文化学会理事，元日本バプテスト連盟常任理事。

キリスト教概論　新たなキリスト教の架け橋
2014年4月20日　第1版第1刷発行
2023年9月10日　第1版第6刷発行

著　者　古　川　敬　康
発行者　井　村　寿　人

発行所　株式会社　勁草書房
112-0005 東京都文京区水道 2-1-1　振替　00150-2-175253
　　　（編集）電話　03-3815-5277／FAX 03-3814-6968
　　　（営業）電話　03-3814-6861／FAX 03-3814-6854
大日本法令印刷・中永製本

©FURUKAWA Takayasu　2014

ISBN978-4-326-10233-4　　Printed in Japan

JCOPY〈出版者著作権管理機構　委託出版物〉
本書の無断複製は著作権法上での例外を除き禁じられています。
複製される場合は，そのつど事前に，出版者著作権管理機構
（電話 03-5244-5088, FAX 03-5244-5089, e-mail: info@jcopy.or.jp）
の許諾を得てください。

＊落丁本・乱丁本はお取替いたします。
　ご感想・お問い合わせは小社ホームページから
　お願いいたします。

https://www.keisoshobo.co.jp

岸 清香
基礎から学ぶ宗教と宗教文化 2,640 円

武藤慎一
宗教を再考する 2,530 円
中東を要に，東西へ

宇都宮輝夫
宗教の見方 2,640 円
人はなぜ信じるのか

高橋典史・塚田穂高・岡本亮輔 編著
宗教と社会のフロンティア 2,970 円
宗教社会学からみる現代日本

ロナルド・イングルハート／山﨑聖子 訳
宗教の凋落？ 4,180 円
100か国・40年間の世界価値観調査から

髙木慶子 編著／上智大学グリーフケア研究所 制作協力
グリーフケア入門 2,640 円
悲嘆のさなかにある人を支える

森田敬史・打本弘祐・山本佳世子 編著
宗教者は病院で何ができるのか 2,970 円
非信者へのケアの諸相

勁草書房

＊表示価格は 2023 年 9 月現在，消費税（10%）を含みます。